Redes Neuronales
y aplicaciones
Ajuste de funciones, clúster,
patrones y series temporales
Ejemplos con MATLAB

César Pérez López

Instituto de Estudios Fiscales (IEF)
Universidad Complutense de Madrid

Redes Neuronales y aplicaciones

Ajuste de funciones, clúster, patrones y series temporales

Ejemplos con MATLAB

Redes Neuronales y aplicaciones.
Ajuste de funciones, clúster, patrones y series temporales.
Ejemplos con MATLAB

César Pérez López

ISBN: 978-84-1903-465-6
IBERGARCETA PUBLICACIONES, S.L., Madrid 2024

Edición: 1.ª
Impresión: 1.ª
N.º de páginas: 318
Formato: 17 x 24 cm

Thema: UYQN. Redes neuronales y sistemas difusos

Redes Neuronales y aplicaciones.
Ajuste de funciones, clúster, patrones y series temporales. Ejemplos con MATLAB

César Pérez López

1.ª edición, 1.ª impresión

ISBN: 978-84-1903-465-6
Imagen de cubierta: cortesía de Isabel Capella

Deposito Legal: M-22812-2024

OI: 0373/2024
Impresión: Imprime Tu Letra S.L.

IMPRESO EN ESPAÑA - PRINTED IN SPAIN

CONTENIDO

Capítulo 1

ANÁLISIS DE DATOS Y REDES NEURONALES

1.1 MODELOS PREDICTIVOS Y ANÁLISIS DE DATOS. REDES NEURONALES

Aplicados a los negocios, los modelos predictivos sirven para analizar datos actuales y hechos históricos con el fin de comprender mejor a los clientes y productos e identificar posibles riesgos y oportunidades para una empresa. Utilizando una serie de técnicas, como la minería de datos, el modelado estadístico y el aprendizaje automático, los modelos predictivos ayudan a los analistas a realizar previsiones empresariales futuras. También suelen utilizarse para pronosticar probabilidades de fraude, riego, etc.

Entre los modelos predictivos más interesantes se encuentran las redes neuronales. MATLAB implementa la herramienta Neural Network Toolbox especializada en las técnicas de analítica basadas en redes neuronales. A lo largo de este libro las técnicas de analítica basadas en redes neuronales se desarrollan utilizando el software MATLAB y en concreto Neural Network Toolbox.

1.2 CAJA DE HERRAMIENTAS DE REDES NEURONALES

MATLAB cuenta con la herramienta Neural Network Toolbox (Deep Learning Toolbox a partir de la versión 18) que proporciona algoritmos, funciones y aplicaciones para crear, entrenar, visualizar y simular redes neuronales. Puede realizar tareas de clasificación, regresión, agrupación, reducción dimensional, previsión de series temporales y modelado y control de sistemas dinámicos. La caja de herramientas incluye algoritmos de aprendizaje profundo de redes neuronales convolucionales y autocodificadores para tareas de clasificación de imágenes y aprendizaje de características (Deep Learning).

Para acelerar el tratamiento de grandes conjuntos de datos (Big Data), puede distribuir los cálculos y los datos entre procesadores multinúcleo, GPU y clústeres informáticos mediante Parallel Computing Toolbox.

Las características más importantes de la herramienta Deep Learning Toolbox son las siguientes:

- Aprendizaje profundo, incluidas redes neuronales convolucionales y autocodificadores

- Computación paralela y soporte de GPU para acelerar el procesamiento (con Parallel Computing Toolbox)

- Algoritmos de aprendizaje supervisado, incluidos las redes multicapa, de base radial, de cuantificación vectorial del aprendizaje (LVQ), de retardo temporal, autorregresivos no lineales (NARX) y de redes neuronales recurrentes (RNN).

- Algoritmos de aprendizaje no supervisado, incluidos los mapas autoorganizados y las capas competitivas.

- Aplicaciones para el ajuste de datos, el reconocimiento de patrones y la agrupación (clustering)

- Preprocesamiento, postprocesamiento y visualización de la red para mejorar la eficacia del entrenamiento y evaluar el rendimiento de la red.

- Bloques Simulink para construir y evaluar redes neuronales y para aplicaciones de sistemas de control

Las redes neuronales se componen de elementos simples que funcionan en paralelo. Estos elementos se inspiran en los sistemas nerviosos biológicos. Como en la naturaleza, las conexiones entre elementos determinan en gran medida la función de la red. Puedes entrenar una red neuronal para que realice una función determinada ajustando los valores de las conexiones (pesos) entre elementos.

Normalmente, las redes neuronales se ajustan, o se entrenan, para que una entrada concreta conduzca a una salida objetivo específica. La siguiente figura ilustra una situación de este tipo. Aquí, la red se ajusta, basándose en una comparación de la salida y el objetivo, hasta que la salida de la red coincide con el objetivo. Normalmente, se necesitan muchos pares de entrada/objetivo para entrenar una red.

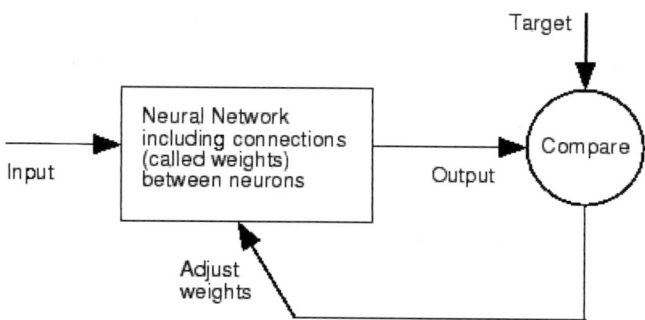

Las redes neuronales se han entrenado para realizar funciones complejas en diversos campos, como el reconocimiento de patrones, la identificación, la clasificación, el reconocimiento de voz, la visión y los sistemas de control.

Las redes neuronales también pueden entrenarse para resolver problemas difíciles para los ordenadores convencionales o los seres humanos. La caja de herramientas hace hincapié en el uso de paradigmas de redes neuronales que se construyen -o se utilizan- en aplicaciones de ingeniería, financieras y otras aplicaciones prácticas.

1.3 USO DE LA CAJA DE HERRAMIENTAS DE REDES NEURONALES

Existen cuatro formas de utilizar el software Neural Network Toolbox.

- La primera forma es a través de sus asistentes. Puede abrir cualquiera de estos desde una herramienta maestra iniciada mediante el comando *nnstart*. Estos asistentes son herramientas que proporcionan una forma cómoda de trabajar en las siguientes tareas:

    o   Ajuste de funciones (*nftool*)

    o   Reconocimiento de patrones (*nprtool*)

    o   Agrupación de datos (*nctool*)

    o   Análisis de series temporales (*ntstool*)

- La segunda forma de utilizar la caja de herramientas es mediante operaciones básicas de línea de comandos. Las operaciones de línea de comandos ofrecen más flexibilidad que las herramientas, pero con cierta complejidad añadida. Si ésta es su primera experiencia con la caja de herramientas, las herramientas proporcionan la mejor introducción. Además, las herramientas pueden generar scripts de código MATLAB documentado para proporcionarle plantillas para crear sus propias funciones de línea de comandos personalizadas. El proceso de utilizar primero las herramientas y, a continuación, generar y modificar scripts de MATLAB, es una forma excelente de conocer la funcionalidad de la caja de herramientas.

- La tercera forma de utilizar la caja de herramientas es a través de la personalización. Esta capacidad avanzada le permite crear sus propias redes neuronales personalizadas, sin dejar de tener acceso a la funcionalidad completa de la caja de herramientas. Puede crear redes con conexiones arbitrarias y seguir entrenándolas con las funciones de entrenamiento existentes (siempre que los componentes de la red sean diferenciables).

- La cuarta forma de utilizar la caja de herramientas es mediante la posibilidad de modificar cualquiera de las funciones que contiene. Cada componente computacional está escrito en código MATLAB y es totalmente accesible.

Estos cuatro niveles de uso de la caja de herramientas abarcan desde el principiante hasta el experto: las herramientas sencillas guían al nuevo usuario a través de aplicaciones específicas, y la personalización de redes permite a los investigadores probar arquitecturas novedosas con el mínimo esfuerzo. Sea cual sea su nivel de conocimientos sobre redes neuronales y MATLAB, existen funciones de la caja de herramientas que se adaptan a sus necesidades.

1.4 GENERACIÓN AUTOMÁTICA DE GUIONES

Las propias herramientas constituyen una parte importante del proceso de aprendizaje del software Neural Network Toolbox. Le guiarán a través del proceso de diseño de redes neuronales para resolver problemas en cuatro importantes áreas de aplicación, sin necesidad de conocimientos previos sobre redes neuronales ni sofisticación en el uso de MATLAB. Además, las herramientas pueden generar automáticamente scripts de MATLAB tanto sencillos como avanzados que pueden reproducir los pasos realizados por la herramienta, pero con la opción de anular la configuración predeterminada. Estos scripts pueden proporcionarle plantillas para crear código personalizado y pueden ayudarle a familiarizarse con la funcionalidad de la línea de comandos de la caja de herramientas. Se recomienda encarecidamente utilizar la función de generación automática de scripts de estas herramientas.

Capítulo 2

AJUSTAR DATOS CON UNA RED NEURONAL. REGRESION. INTERFAZ GRÁFICA

2.1 INTRODUCCIÓN

Las redes neuronales son adecuadas para ajustar funciones. De hecho, está demostrado que una red neuronal bastante sencilla puede ajustar cualquier función práctica.

Supongamos, por ejemplo, que dispone de datos de una aplicación inmobiliaria. Quiere diseñar una red que pueda predecir el valor de una casa (en miles de dólares), dados 13 datos geográficos e inmobiliarios. Tiene un total de 506 viviendas de ejemplo para las que dispone de esos 13 datos y sus valores de mercado asociados.

Puedes resolver este problema de dos maneras:

- Utilice una interfaz gráfica de usuario, *nftool*, como se describe en Uso de la herramienta de ajuste de redes neuronales.

- Utilice las funciones de la línea de comandos, como se describe en Uso de las funciones de la línea de comandos.

Por lo general, es mejor empezar con la GUI, y luego utilizar la GUI para generar automáticamente scripts de línea de comandos. Antes de utilizar cualquiera de los dos métodos, defina primero el problema seleccionando un conjunto de datos. Cada GUI tiene acceso a muchos conjuntos de datos de muestra que puede utilizar para experimentar con la caja de herramientas (consulte Conjuntos de datos de muestra de la caja de herramientas de redes neuronales). Si tiene un problema específico que desea resolver, puede cargar sus propios datos en el área de trabajo. La siguiente sección describe el formato de los datos.

Para definir un problema de ajuste para la caja de herramientas, disponga un conjunto de Q vectores de entrada como columnas en una matriz. A continuación, disponga otro conjunto de Q vectores objetivo (los vectores de salida correctos para cada uno de los vectores de entrada) en una segunda matriz (consulte "Estructuras de datos" para obtener una descripción detallada del formateo de datos para datos estáticos y de series temporales). Por ejemplo, puede definir el problema de ajuste para una puerta AND booleana con cuatro conjuntos de vectores de entrada de dos elementos y objetivos de un elemento de la siguiente manera:

inputs = [0 1 0 1; 0 0 1 1];
targets = [0 0 0 1];

La siguiente sección muestra cómo entrenar una red para que se ajuste a un conjunto de datos, utilizando la GUI de la herramienta de ajuste de redes neuronales, *nftool*. En este ejemplo se utiliza el conjunto de datos sobre viviendas que se proporciona con la caja de herramientas.

2.2 USO DE LA HERRAMIENTA DE AJUSTE DE REDES NEURONALES PARA REGRESIÓN

- Abra la interfaz gráfica de inicio de la red neuronal con este comando: *nnstart*

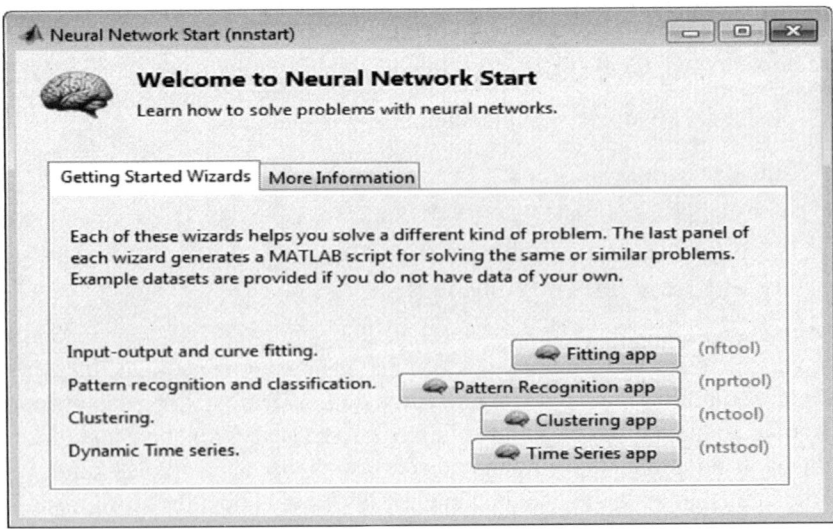

- Haga clic en *Fitting Tool* para abrir la Herramienta de ajuste de redes neuronales. (También puede utilizar el comando *nftool*).

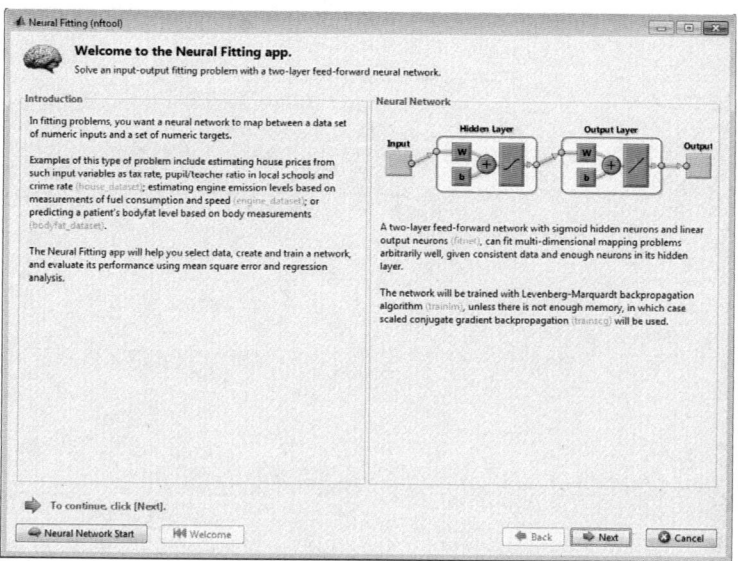

- Haga clic en *Next* para continuar.

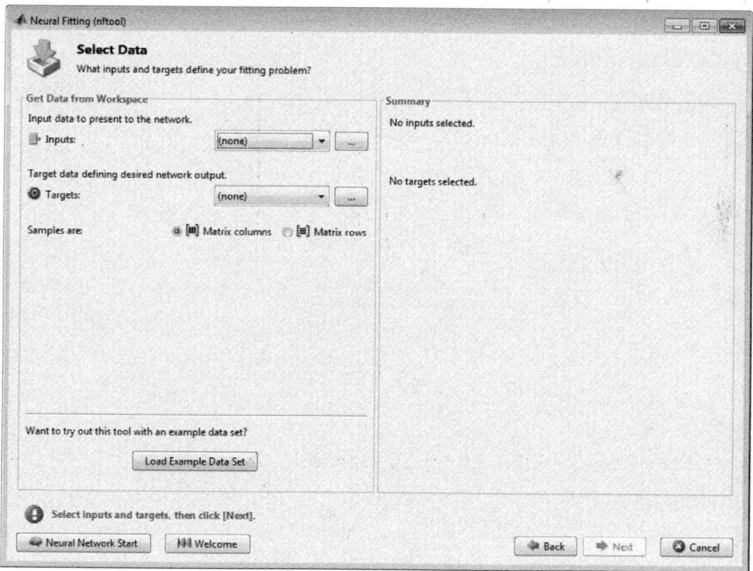

- Haga clic en *Load Example Data Set* en la ventana Seleccionar datos. Se abre la ventana de selección del conjunto de datos de ajuste.

Nota Utilice las opciones **Inputs** y**Targets** de la ventana Seleccionar datos cuando necesite cargar datos del espacio de trabajo de MATLAB.

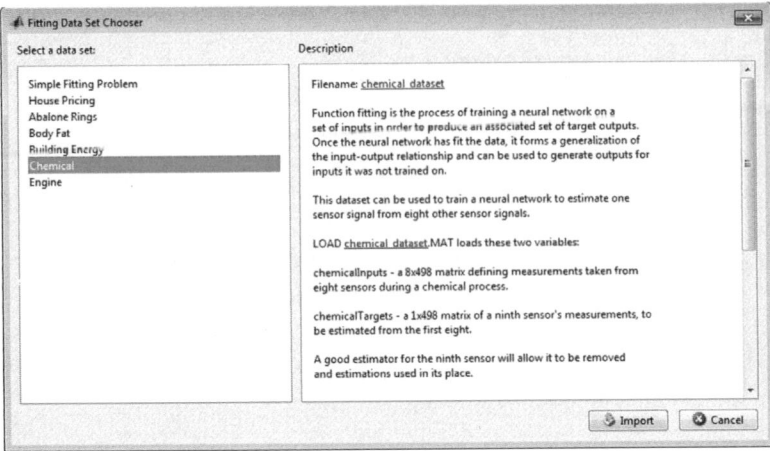

- Seleccione **Chemical**, y haga clic en **Import**. Volverá a la ventana Seleccionar datos.

- Haga clic en **Next** para visualizar la ventana Validation and Test Data , que se muestra en la siguiente figura.

Los conjuntos de datos de validación y de prueba representan cada uno el 15% de los datos originales.

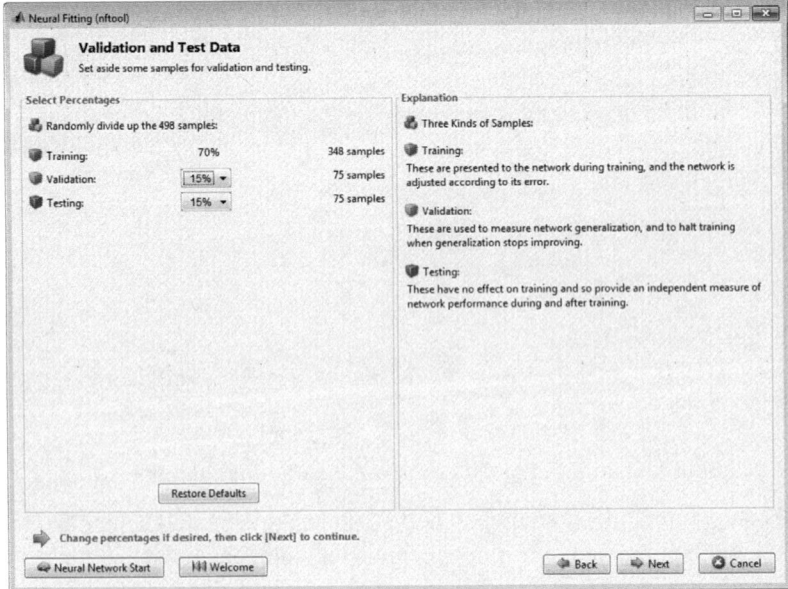

Con estos ajustes, los vectores de entrada y los vectores objetivo se dividirán aleatoriamente en tres conjuntos, como se indica a continuación:

1. El 70% se destinará a formación.

2. 15% se utilizará para validar que la red está generalizando y para detener el entrenamiento antes de sobreajustar.

3. El último 15% se utilizará como prueba totalmente independiente de la generalización de la red.

Haga clic en **Next** .

La red estándar que se utiliza para el ajuste de funciones es una red feedforward de dos capas, con una función de transferencia sigmoidea en la capa oculta y una función de transferencia lineal en la capa de salida. El número de neuronas ocultas por defecto es 10. Es posible que desee aumentar este número más adelante, si el rendimiento de entrenamiento de la red es pobre.

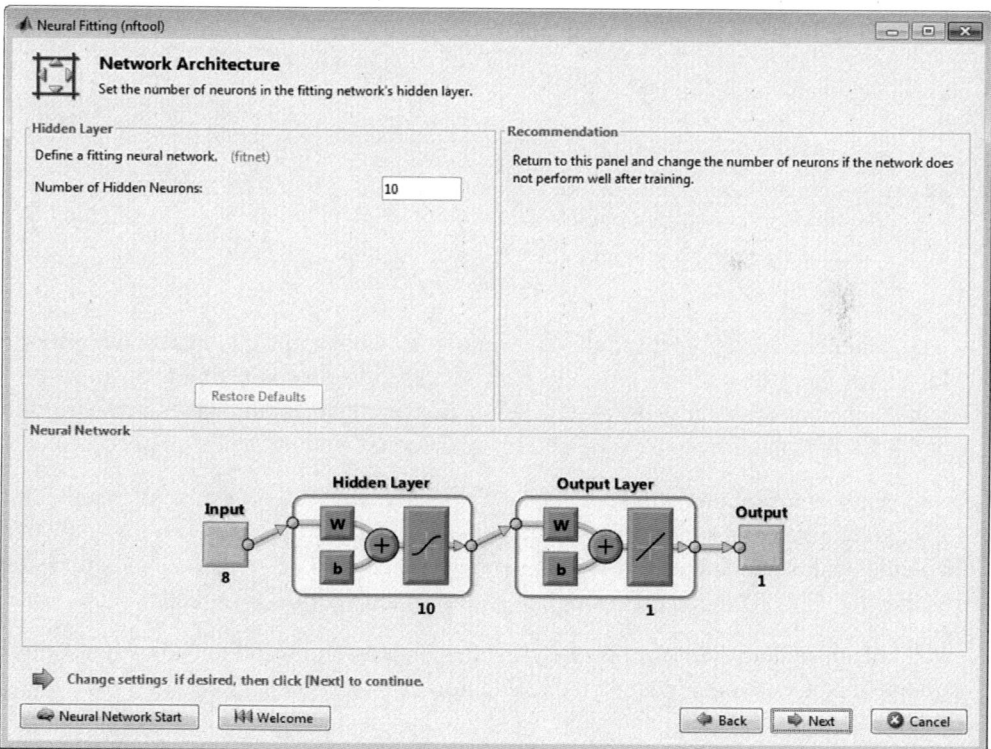

Haga clic en **Next** .

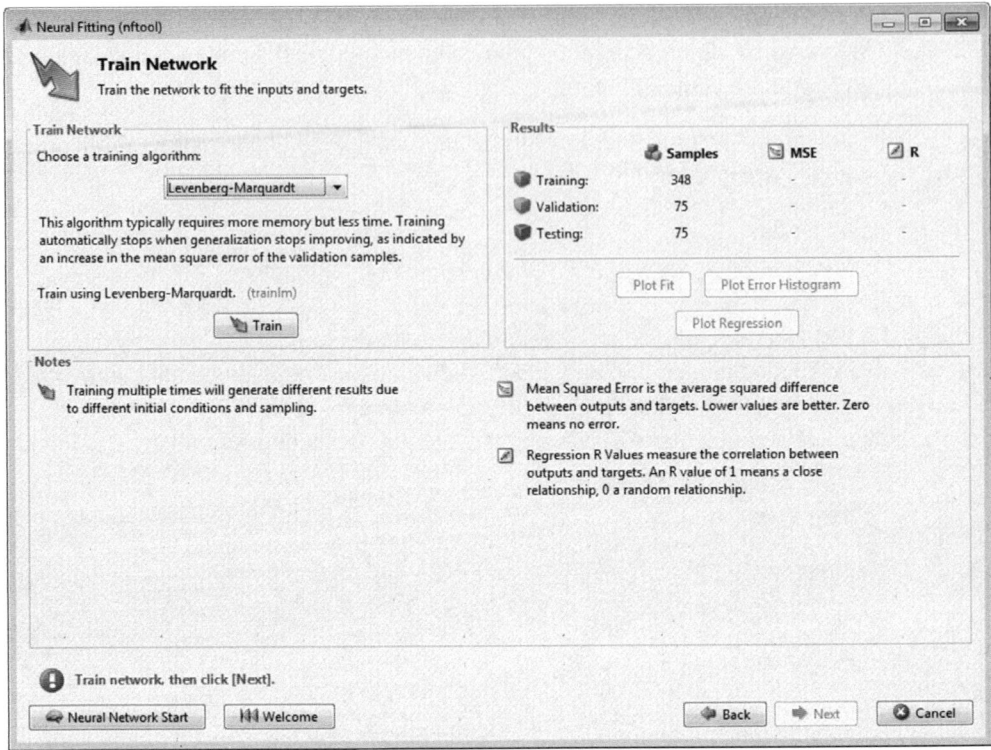

Seleccione un algoritmo de entrenamiento y haga clic en **Train.** Levenberg-Marquardt (trainlm) se recomienda para la mayoría de los problemas, pero para algunos problemas ruidosos y pequeños la Regularización Bayesiana (trainbr) puede llevar más tiempo, pero obtener una solución mejor.

Para problemas grandes, sin embargo, se recomienda el Gradiente Conjugado Escalado (trainscg) ya que utiliza cálculos de gradiente que son más eficientes en memoria que los cálculos Jacobianos que utilizan los otros dos algoritmos. Este ejemplo utiliza el Levenberg-Marquardt por defecto.

El entrenamiento continuó hasta que el error de validación no disminuyó durante seis iteraciones (parada de validación).

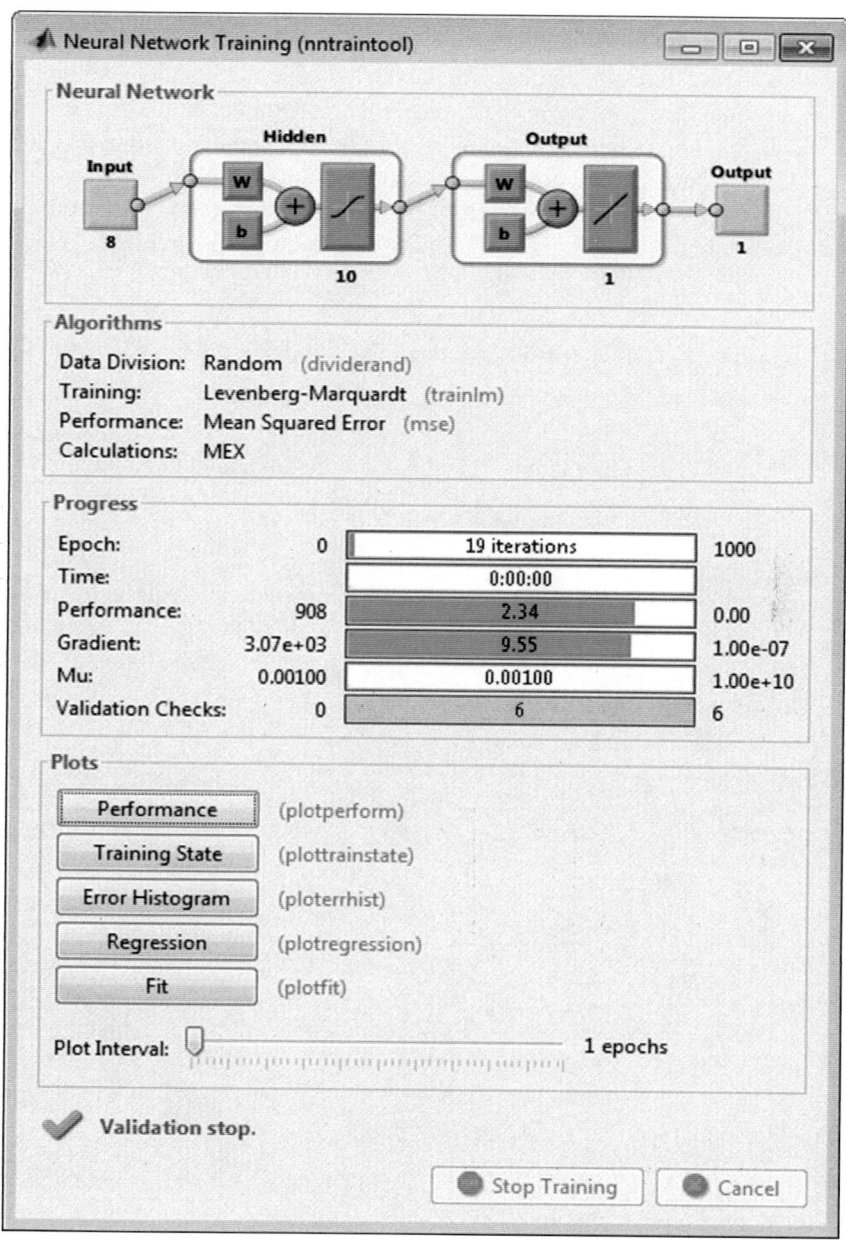

En **Plots**, haga clic en **Regression**. Se utiliza para validar el rendimiento de la red.

Los siguientes gráficos de regresión muestran las salidas de la red con respecto a los objetivos para los conjuntos de entrenamiento, validación y prueba. Para un ajuste perfecto, los datos deben caer a lo largo de una línea de 45 grados, donde los resultados de la red son iguales a los objetivos. Para este problema, el ajuste es razonablemente bueno para todos los conjuntos de datos, con valores R en cada caso de 0,93 o superiores. Si se necesitaran resultados aún más precisos, se podría volver a entrenar la red haciendo clic en **Retrain** en nftool. Esto cambiará los pesos y sesgos iniciales de la red, y puede producir una red mejorada después del reentrenamiento. En el panel siguiente se ofrecen otras opciones.

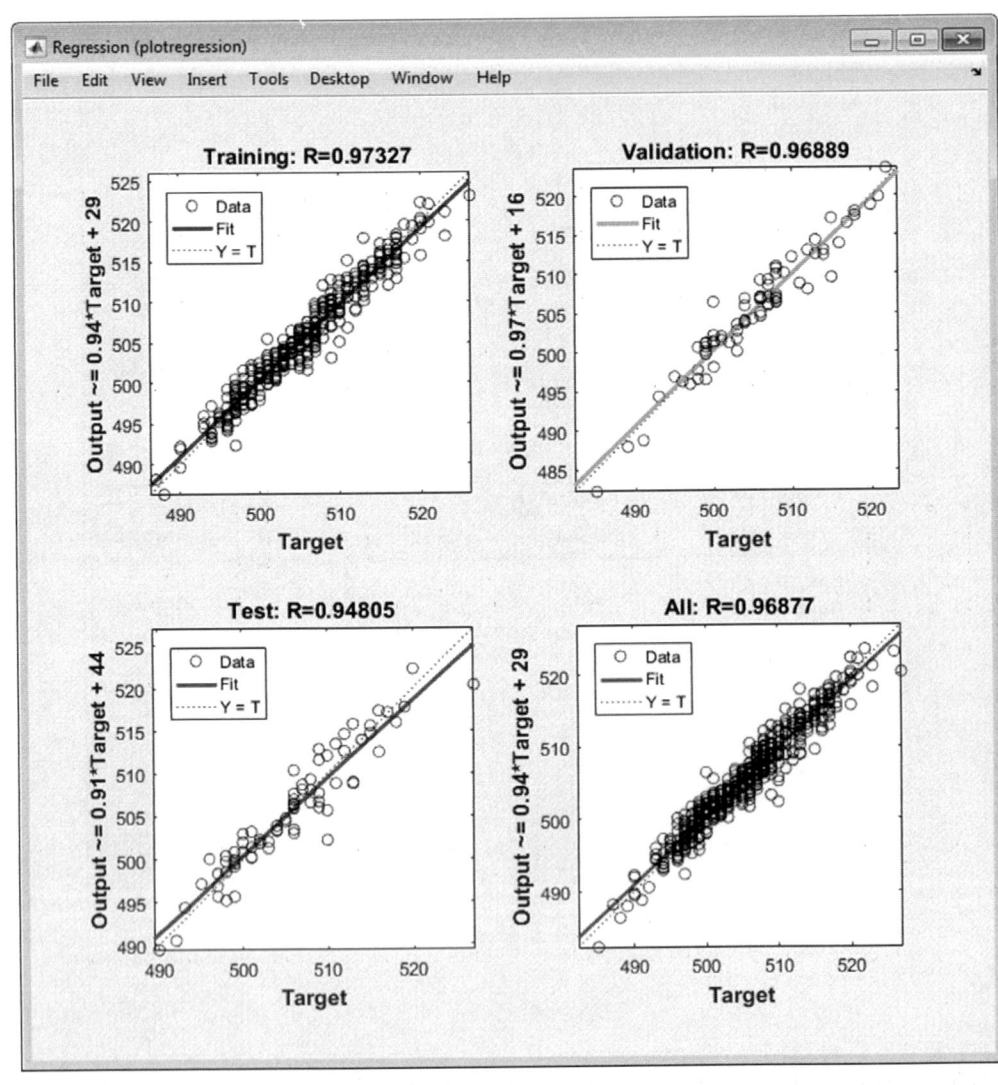

Vea el histograma de errores para obtener una verificación adicional del rendimiento de la red. En el panel **Plots** , haga clic en **Histogram** .

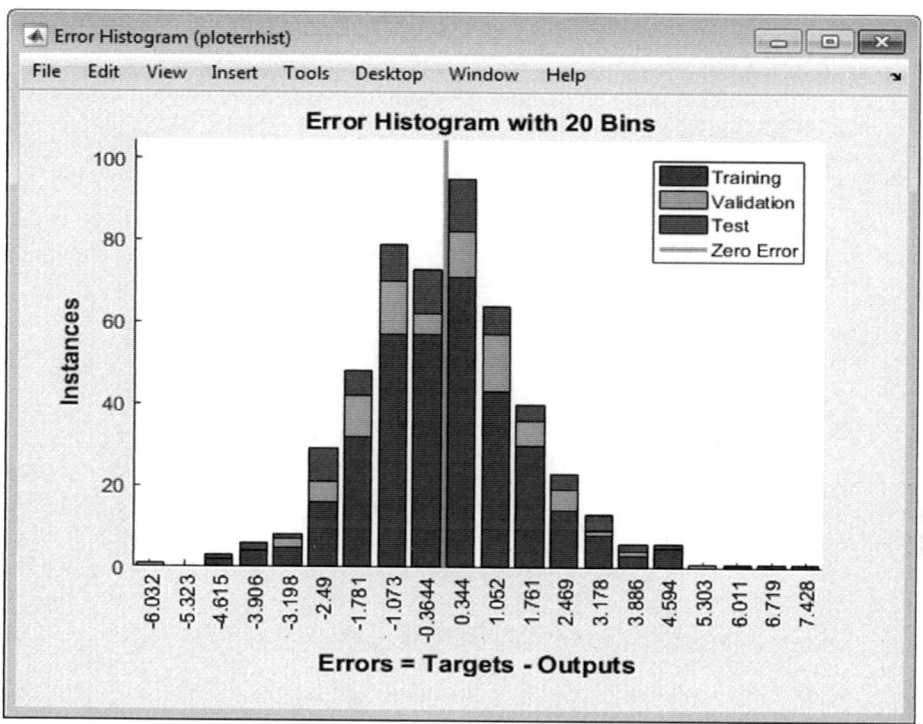

Las barras azules representan los datos de entrenamiento, las barras verdes representan los datos de validación y las barras rojas representan los datos de prueba. El histograma puede dar una indicación de los valores atípicos, que son puntos de datos en los que el ajuste es significativamente peor que la mayoría de los datos. En este caso, puede ver que, aunque la mayoría de los errores se sitúan entre -5 y 5, hay un punto de entrenamiento con un error de 17 y puntos de validación con errores de 12 y 13. Estos valores atípicos también son visibles en el histograma. Estos valores atípicos también son visibles en el gráfico de regresión de prueba. El primero corresponde al punto con un objetivo de 50 y un resultado cercano a 33. Es una buena idea comprobar los valores atípicos para determinar si los datos son malos, o si esos puntos de datos son diferentes del resto del conjunto de datos. Si los valores atípicos son puntos de datos válidos, pero son diferentes al resto de los datos, entonces la red está extrapolando para estos puntos. Debería recopilar más datos que se parezcan a los puntos atípicos y volver a entrenar la red.

Haga clic en **Next** en la Herramienta de ajuste de redes neuronales para evaluar la red.

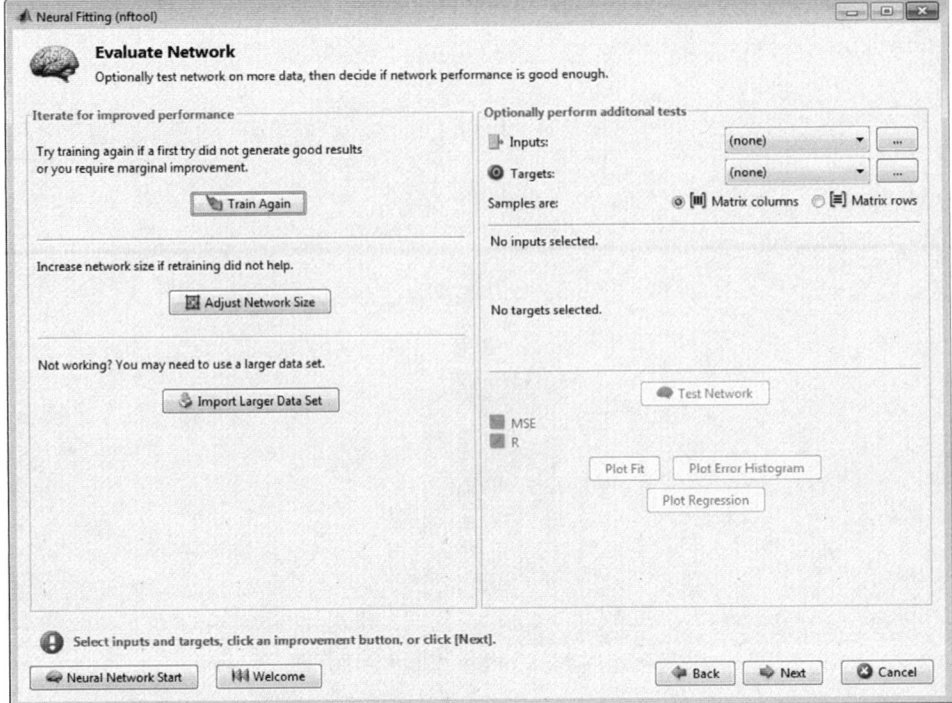

En este punto, puede probar la red con nuevos datos.

Si no estás satisfecho con el rendimiento de la red en los datos originales o nuevos, puedes hacer una de las siguientes cosas:

1. Vuelve a entrenarlo.

2. Aumentar el número de neuronas.

3. Obtener un conjunto de datos de entrenamiento más amplio.

Si el rendimiento en el conjunto de entrenamiento es bueno, pero el rendimiento en el conjunto de prueba es significativamente peor, lo que podría indicar sobreajuste, entonces reducir el número de neuronas puede mejorar sus resultados. Si el rendimiento en el entrenamiento es bajo, puede ser conveniente aumentar el número de neuronas.

Si está satisfecho con el rendimiento de la red, haga clic en **Next** .

Utilice este panel para generar una función de MATLAB o un diagrama de Simulink para simular su red neuronal. Puede utilizar el código generado o el diagrama para comprender mejor cómo su red neuronal calcula las salidas a partir de las entradas, o implementar la red con las herramientas del compilador de MATLAB y otras herramientas de generación de código de MATLAB.

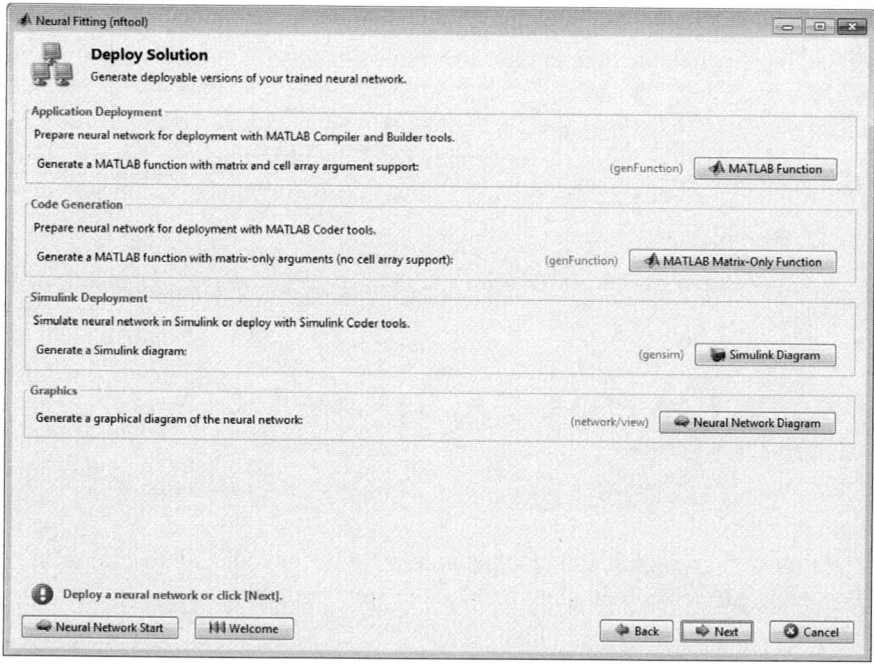

Utilice los botones de esta pantalla para generar guiones o guardar los resultados.

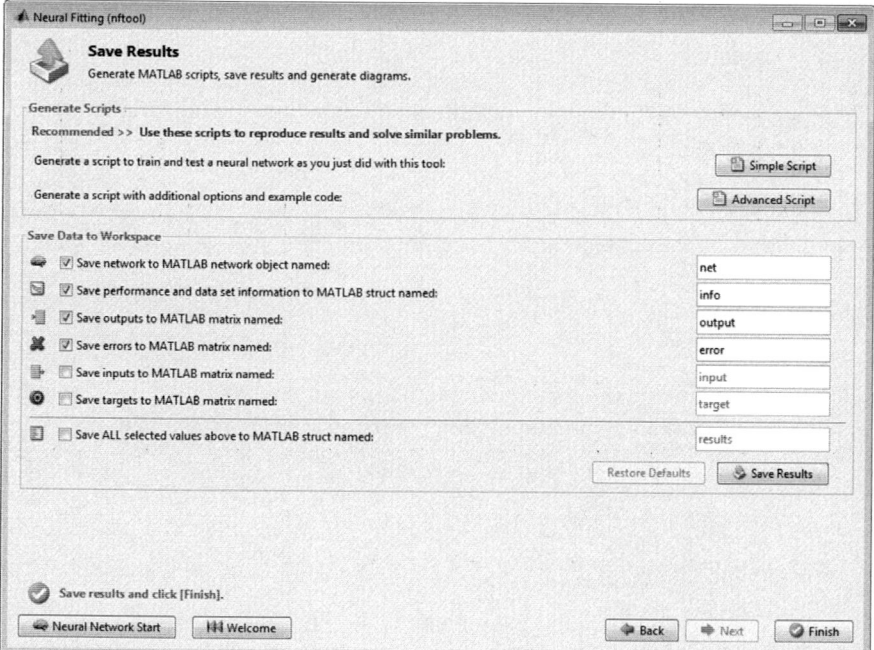

Puede hacer clic en **Simple Script** o **Advanced Script** para crear código MATLAB que puede utilizarse para reproducir todos los pasos anteriores desde la línea de comandos. La creación de código MATLAB puede ser útil si desea aprender a utilizar la funcionalidad de línea de comandos de la caja de herramientas para personalizar el proceso de entrenamiento. También puede hacer que la red se guarde como red en el área de trabajo. Puedes realizar pruebas adicionales con ella o ponerla a trabajar con nuevas entradas.

Cuando haya creado el código MATLAB y guardado los resultados, haga clic en **Finish** .

2.3 USO DE LAS FUNCIONES DE LA LÍNEA DE COMANDOS

La forma más fácil de aprender a utilizar la funcionalidad de la línea de comandos de la caja de herramientas es generar scripts a partir de las GUIs, y luego modificarlos para personalizar el entrenamiento de la red. Como ejemplo, mire el sencillo script que se creó en el paso 14 de la sección anterior.

```
% Solve an Input-Output Fitting problem with a Neural Network

% Script generated by NFTOOL

%

% This script assumes these variables are defined:

%

%    houseInputs - input data.

%    houseTargets - target data.

inputs = houseInputs;

targets = houseTargets;

% Create a Fitting Network

hiddenLayerSize = 10;

net = fitnet(hiddenLayerSize);

% Set up Division of Data for Training, Validation, Testing

net.divideParam.trainRatio = 70/100;

net.divideParam.valRatio = 15/100;

net.divideParam.testRatio = 15/100;

% Train the Network

[net,tr] = train(net,inputs,targets);
```

```
% Test the Network
outputs = net(inputs);
errors = gsubtract(outputs,targets);
performance = perform(net,targets,outputs)
% View the Network
view(net)
% Plots
% Uncomment these lines to enable various plots.
% figure, plotperform(tr)
% figure, plottrainstate(tr)
% figure, plotfit(targets,outputs)
% figure, plotregression(targets,outputs)
% figure, ploterrhist(errors)
```

Puede guardar el script y, a continuación, ejecutarlo desde la línea de comandos para reproducir los resultados de la sesión GUI anterior. También puede editar el script para personalizar el proceso de entrenamiento. En este caso, siga cada paso del script.

El script asume que los vectores de entrada y los vectores objetivo ya están cargados en el espacio de trabajo. Si los datos no están cargados, puede cargarlos de la siguiente manera:

```
1. load house_dataset
2. inputs = houseInputs;
3. targets = houseTargets;
```

Este conjunto de datos es uno de los conjuntos de datos de muestra que forman parte de la caja de herramientas (véase Conjuntos de datos de muestra de la caja de herramientas de redes neuronales). Puede ver una lista de todos los conjuntos de datos disponibles introduciendo el comando help nndatasets. El comando load también le permite cargar las variables de cualquiera de estos conjuntos de datos utilizando sus propios nombres de variables. Por ejemplo, el comando

```
[inputs,targets] = house_dataset;
```

cargará las entradas de la carcasa en las entradas de la matriz y los objetivos de la carcasa en los objetivos de la matriz.

Crear una red. La red por defecto para problemas de ajuste de funciones (o regresión), fitnet, es una red feedforward con la función de transferencia por defecto tan-sigmoide en la capa oculta y función de transferencia lineal en la capa de salida. En la sección anterior, usted asignó diez neuronas (algo arbitrario) a la capa oculta. La red tiene una neurona de salida, porque sólo hay un valor objetivo asociado a cada vector de entrada.

```
hiddenLayerSize = 10;

net = fitnet(hiddenLayerSize);
```

Nota. Más neuronas requieren más cálculo, y tienen tendencia a sobreajustar los datos cuando el número es demasiado alto, pero permiten a la red resolver problemas más complicados. Más capas requieren más computación, pero su uso puede hacer que la red resuelva problemas complejos de forma más eficiente. Para utilizar más de una capa oculta, introduzca los tamaños de las capas ocultas como elementos de una matriz en el comando fitnet.

Establezca la división de los datos.

```
net.divideParam.trainRatio = 70/100;

net.divideParam.valRatio = 15/100;

net.divideParam.testRatio = 15/100;
```

Con estos ajustes, los vectores de entrada y los vectores objetivo se dividirán aleatoriamente, utilizándose el 70% para el entrenamiento, el 15% para la validación y el 15% para las pruebas.

Entrenar la red. La red utiliza el algoritmo Levenberg-Marquardt por defecto (trainlm) para el entrenamiento. Para problemas en los que Levenberg-Marquardt no produce resultados tan precisos como se desea, o para problemas de datos grandes, considere configurar la función de entrenamiento de la red a Regularización Bayesiana (trainbr) o Gradiente Conjugado Escalado (trainscg), respectivamente, con

```
net.trainFcn = 'trainbr';

net.trainFcn = 'trainscg';
```

Para entrenar la red, introduzca:

```
[net,tr] = train(net,inputs,targets);
```

Durante el entrenamiento, se abre la siguiente ventana de entrenamiento. Esta ventana muestra el progreso del entrenamiento y te permite interrumpirlo en cualquier momento haciendo clic en **Stop Training**.

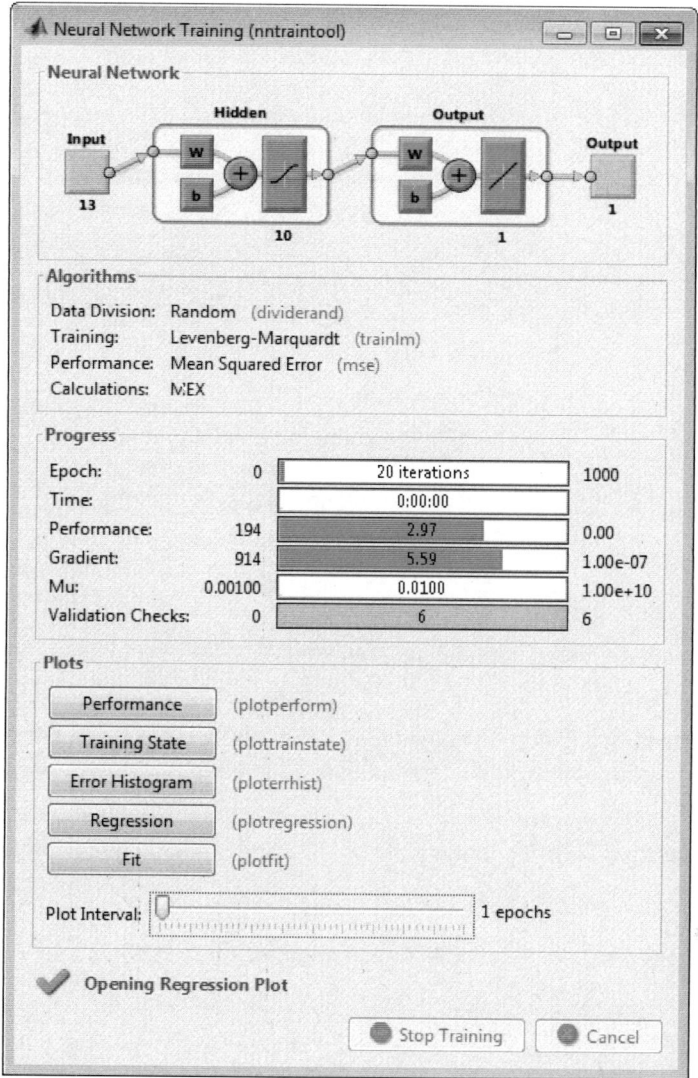

Este entrenamiento se detuvo cuando el error de validación aumentó durante seis iteraciones, lo que ocurrió en la iteración 20. Si hace clic en **Performance** en la ventana de entrenamiento, aparece un gráfico de los errores de entrenamiento, errores de validación y errores de prueba, como se muestra en la siguiente figura. En este ejemplo, el resultado es razonable debido a las siguientes consideraciones:

1. El error cuadrático medio final es pequeño.

2. El error del conjunto de prueba y el error del conjunto de validación tienen características similares.

3. No se ha producido ningún sobreajuste significativo en la iteración 14 (donde se produce el mejor rendimiento de validación).

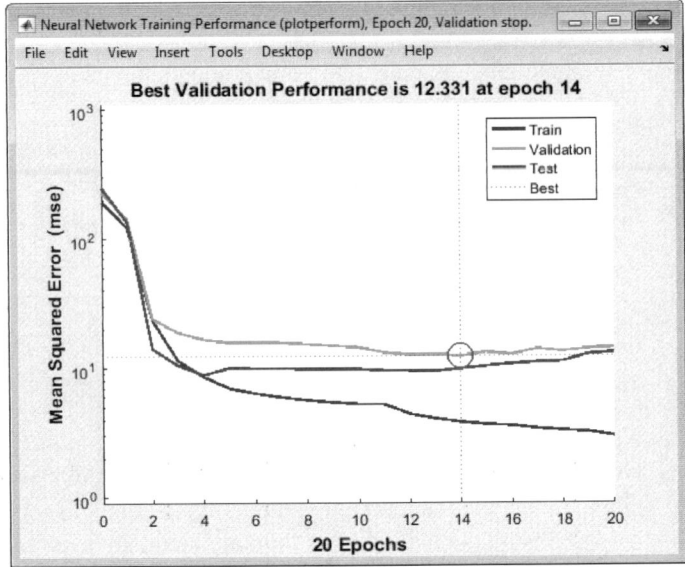

Probar la red. Una vez entrenada la red, puedes utilizarla para calcular sus resultados. El siguiente código calcula las salidas de la red, los errores y el rendimiento general.

```
outputs = net(inputs);

errors = gsubtract(targets,outputs);

performance = perform(net,targets,outputs)

performance =

    6.0023
```

También es posible calcular el rendimiento de la red sólo en el conjunto de pruebas, utilizando los índices de prueba, que se encuentran en el registro de entrenamiento.

```
tInd = tr.testInd;

tstOutputs = net(inputs(:,tInd));

tstPerform = perform(net,targets(tInd),tstOutputs)

tstPerform =
    9.8912
```

Realice algún análisis de la respuesta de la red. Si hace clic en **Regresión** en la ventana de entrenamiento, puede realizar una regresión lineal entre las salidas de la red y los objetivos correspondientes.

La siguiente figura muestra los resultados.

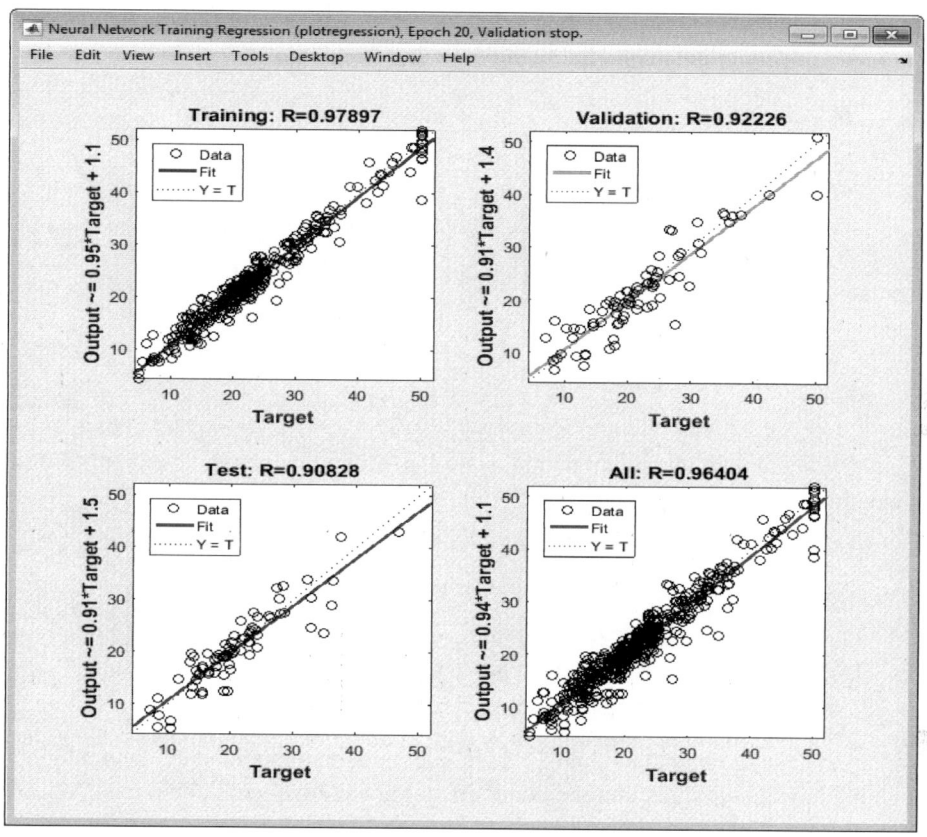

El resultado sigue muy bien los objetivos de entrenamiento, prueba y validación, y el valor R es superior a 0,96 para la respuesta total. Si se necesitaran resultados aún más precisos, se podría probar cualquiera de estos enfoques:

1. Restablece los pesos y sesgos iniciales de la red a los nuevos valores con init y vuelve a entrenar.

2. Aumentar el número de neuronas ocultas.

3. Aumentar el número de vectores de entrenamiento.

4. Aumente el número de valores de entrada si dispone de más información relevante.

5. Pruebe con otro algoritmo de entrenamiento.

En este caso, la respuesta de la red es satisfactoria y ya puede utilizarla con nuevas entradas.

Visualiza el diagrama de la red.

`Véase (red)`

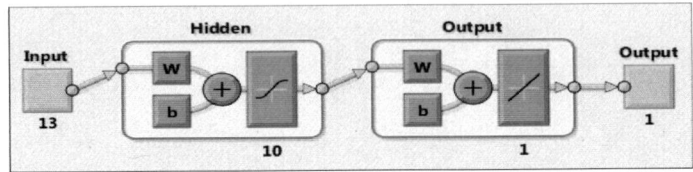

Para adquirir más experiencia en las operaciones de línea de comandos, pruebe algunas de estas tareas:

1. Durante el entrenamiento, abra una ventana de gráfico (como el gráfico de regresión) y observe cómo se anima.

2. Trace desde la línea de comandos con funciones como plotfit, plotregression, plottrainstate y plotperform. (Para más información sobre el uso de estas funciones, consulte sus páginas de referencia).

Además, consulte el script avanzado para obtener más opciones, cuando se entrena desde la línea de comandos.

Cada vez que se entrena una red neuronal, puede dar lugar a una solución diferente debido a los distintos valores iniciales de peso y sesgo y a las distintas divisiones de los datos en conjuntos de entrenamiento, validación y prueba. Como resultado, distintas redes neuronales entrenadas para el mismo problema pueden dar resultados diferentes para la misma entrada. Para asegurarse de que se ha encontrado una red neuronal de buena precisión, vuelva a entrenarla varias veces.

Capítulo 3

AJUSTE DE REDES NEURONALES CON MATLAB. EJEMPLOS

3.1 EJEMPLO COMPLETO: ESTIMACIÓN DEL PRECIO DE LA VIVIENDA

Este ejemplo ilustra cómo una red neuronal de ajuste de funciones puede estimar el precio medio de la vivienda en un barrio de Boston basándose en los datos demográficos del mismo.

3.1.1 El problema: estimar el valor de la vivienda

En este ejemplo intentamos construir una red neuronal que pueda estimar el precio medio de una vivienda en un barrio descrito por trece atributos demográficos:

- Índice de delincuencia per cápita por ciudad

- Proporción de suelo residencial zonificado para lotes de más de 25.000 pies cuadrados.

- Proporción de acres comerciales no minoristas por ciudad

- 1 si el tramo limita con el río Charles, 0 en caso contrario

- Concentración de óxidos nítricos (partes por 10 millones)

- Número medio de habitaciones por vivienda

- Proporción de unidades ocupadas por sus propietarios construidas antes de 1940

- Distancias ponderadas a cinco centros de empleo de Boston

- Índice de accesibilidad a las autopistas radiales
- Tipo del impuesto sobre bienes inmuebles de valor íntegro por 10.000 dólares
- Ratio alumnos-profesor por ciudad
- 1000(Bk - 0,63)^2
- Porcentaje más bajo de la población

Este es un ejemplo de un problema de ajuste, en el que las entradas se emparejan con las salidas objetivo asociadas, y nos gustaría crear una red neuronal que no sólo estime los objetivos conocidos dadas las entradas conocidas, sino que pueda generalizar para estimar con precisión las salidas de las entradas que no se utilizaron para diseñar la solución.

3.1.2 ¿Por qué redes neuronales?

Las redes neuronales son muy buenas en problemas de ajuste de funciones. Una red neuronal con suficientes elementos (llamados neuronas) puede ajustar cualquier dato con una precisión arbitraria. Son especialmente adecuadas para abordar problemas no lineales. Dada la naturaleza no lineal de fenómenos del mundo real, como la tasación de viviendas, las redes neuronales son un buen candidato para resolver el problema.

Los trece atributos del barrio actuarán como entradas de una red neuronal, y el precio medio de la vivienda será el objetivo.

La red se diseñará utilizando los atributos de barrios cuyo valor medio de la vivienda ya se conoce para entrenarla a producir las valoraciones objetivo.

3.1.3 Preparación de los datos

Los datos para los problemas de ajuste de funciones se configuran para una red neuronal organizando los datos en dos matrices, la matriz de entrada X y la matriz objetivo T.

Cada columna ith de la matriz de entrada tendrá trece elementos que representan un barrio cuyo valor medio de la vivienda ya se conoce. Cada columna correspondiente de la matriz objetivo tendrá un elemento, que representará el precio medio de la vivienda en miles de dólares.

Aquí se carga un conjunto de datos de este tipo.

```
[x,t] = house_dataset;
```

Podemos ver los tamaños de las entradas X y los objetivos T.

Observe que tanto X como T tienen 506 columnas. Representan 506 atributos del barrio (entradas) y valores medios de la vivienda asociados (objetivos).

La matriz de entrada X tiene trece filas, correspondientes a los trece atributos. La matriz objetivo T sólo tiene una fila, ya que para cada ejemplo sólo tenemos un resultado deseado, el valor medio de la casa.

```
size(x)
size(t)
ans =

    13   506

ans =

     1   506
```

3.1.4 Ajuste de una función con una red neuronal

El siguiente paso es crear una red neuronal que aprenda a estimar los valores medios de las viviendas.

Dado que la red neuronal comienza con pesos iniciales aleatorios, los resultados de este ejemplo diferirán ligeramente cada vez que se ejecute. La semilla aleatoria se establece para evitar esta aleatoriedad. Sin embargo, esto no es necesario para sus propias aplicaciones.

setdemorandstream(491218382)

Las redes neuronales feed forward de dos capas (es decir, una capa oculta) pueden ajustarse a cualquier relación entrada-salida si hay suficientes neuronas en la capa oculta. Las capas que no son de salida se denominan capas ocultas.

Para este ejemplo probaremos con una única capa oculta de 10 neuronas. En general, los problemas más difíciles requieren más neuronas y quizá más capas. Los problemas más sencillos requieren menos neuronas.

La entrada y la salida tienen tamaños de 0 porque la red aún no se ha configurado para que coincida con nuestros datos de entrada y de destino. Esto ocurrirá cuando se entrene la red.

```
net = fitnet(10);
view(net)
```

Ahora la red está lista para ser entrenada.

3.1.5 Entrenar la red neuronal

Las muestras se dividen automáticamente en conjuntos de entrenamiento, validación y prueba. El conjunto de entrenamiento se utiliza para enseñar a la red. El entrenamiento continúa mientras la red siga mejorando en el conjunto de validación. El conjunto de prueba proporciona una medida completamente independiente de la precisión de la red.

La herramienta de entrenamiento de NN muestra la red que se está entrenando y los algoritmos utilizados para entrenarla. También muestra el estado de entrenamiento durante el mismo y los criterios que detuvieron el entrenamiento se resaltarán en verde.

Los botones de la parte inferior abren gráficos útiles que pueden abrirse durante y después del entrenamiento. Los enlaces situados junto a los nombres de los algoritmos y los botones de gráficos abren documentación sobre esos temas.

```
[net,tr] = train(net,x,t);
nntraintool
```

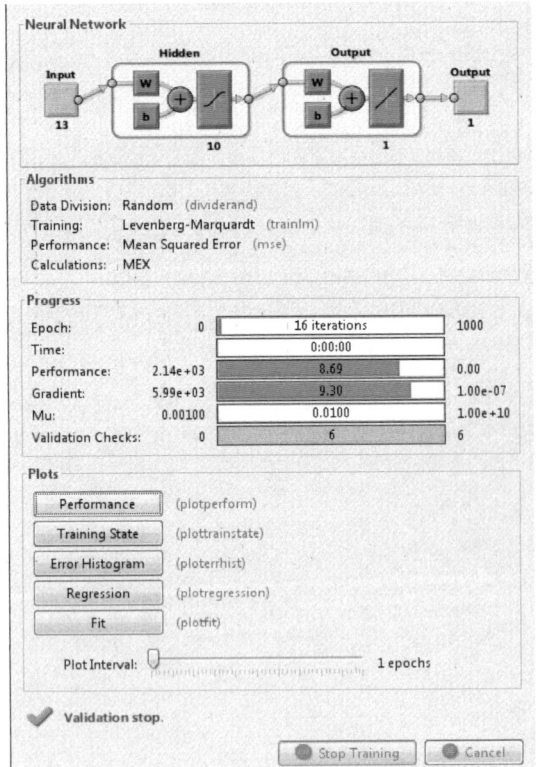

Para ver cómo ha mejorado el rendimiento de la red durante el entrenamiento, haz clic en el botón "Rendimiento" de la herramienta de entrenamiento o llama a PLOTPERFORM.

El rendimiento se mide en términos de error cuadrático medio y se muestra en escala logarítmica. Disminuye rápidamente a medida que se entrena la red.

El rendimiento se muestra para cada uno de los conjuntos de entrenamiento, validación y prueba. La versión de la red que obtuvo mejores resultados en el conjunto de validación es la que se muestra después del entrenamiento.

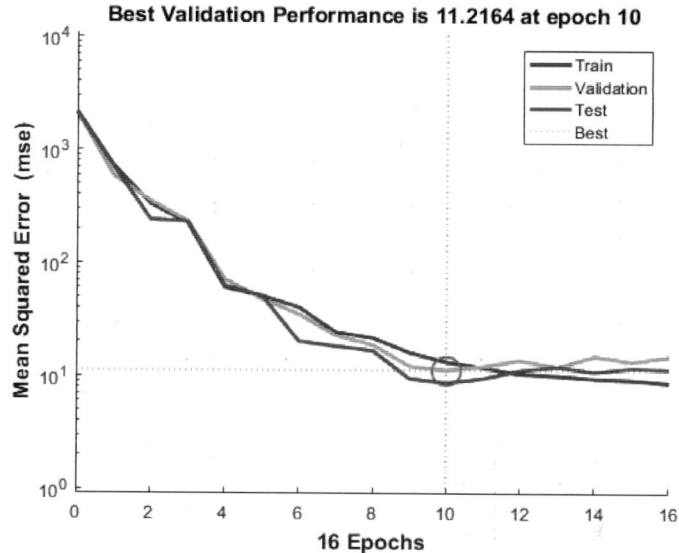

3.1.6 Probar la red neuronal

El error cuadrático medio de la red neuronal entrenada puede medirse ahora con respecto a las muestras de prueba. Esto nos dará una idea de lo bien que funcionará la red cuando se aplique a datos del mundo real.

```
testX = x(:,tr.testInd);
testT = t(:,tr.testInd);
testY = net(testX);

perf = mse(net,testT,testY)
perf =
    8.6959
```

Otra medida de lo bien que la red neuronal se ha ajustado a los datos es el gráfico de regresión. Aquí se representa la regresión en todas las muestras.

El gráfico de regresión muestra las salidas reales de la red en términos de los valores objetivo asociados. Si la red ha aprendido a ajustarse bien a los datos, el ajuste lineal de esta relación salida-objetivo debería intersecar estrechamente las esquinas inferior izquierda y superior derecha del gráfico.

Si no es así, sería aconsejable seguir entrenando o entrenar una red con más neuronas ocultas.

```
y = net(x);
plotregression(t,y)
```

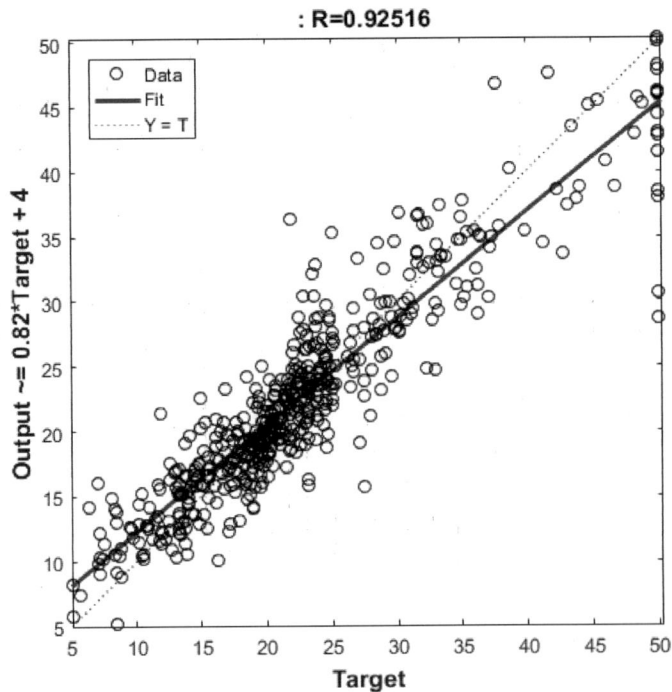

Otra tercera medida de lo bien que la red neuronal se ha ajustado a los datos es el histograma de errores. Muestra cómo se distribuyen los tamaños de los errores. Normalmente, la mayoría de los errores se acercan a cero y muy pocos se alejan de esa cifra.

```
e = t - y;
```

```
ploterrhist(e)
```

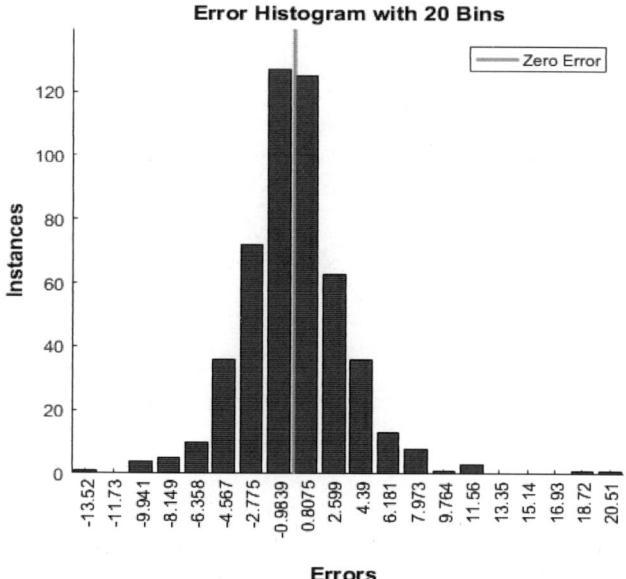

Este ejemplo ilustra cómo diseñar una red neuronal que estime el valor medio de la vivienda a partir de las características del vecindario.

3.2 RED NEURONAL DE AJUSTE DE FUNCIONES. EJEMPLOS

```
net = fitnet(hiddenSizes)
net = fitnet(hiddenSizes,trainFcn)
net = fitnet(hiddenSizes)
```

devuelve una red neuronal de ajuste de funciones con un tamaño de capa oculta de `hiddenSizes(default=10)`.

El argumento `hiddenSizes` representa el tamaño de las capas ocultas de la red, especificado como un vector de filas. La longitud del vector determina el número de capas ocultas de la red. Por ejemplo, puede especificar una red con 3 capas ocultas, donde el tamaño de la primera capa oculta es 10, el de la segunda es 8 y el de la tercera es 5, de la siguiente manera: [10,8,5]

`net = fitnet(hiddenSizes,trainFcn)` devuelve una red neuronal de ajuste de funciones con un tamaño de capa oculta de `hiddenSizes` y función de entrenamiento, especificada por `trainFcn (deafut='trainlm')`. Las funciones de entrenamiento son las siguientes

Training Function	Algorithm
'trainlm'	Levenberg-Marquardt
'trainbr'	Bayesian Regularization
'trainbfg'	BFGS Quasi-Newton
'trainrp'	Resilient Backpropagation
'trainscg'	Scaled Conjugate Gradient
'traincgb'	Conjugate Gradient with Powell/Beale Restarts
'traincgf'	Fletcher-Powell Conjugate Gradient
'traincgp'	Polak-Ribiére Conjugate Gradient
'trainoss'	One Step Secant
'traingdx'	Variable Learning Rate Gradient Descent
'traingdm'	Gradient Descent with Momentum
'traingd'	Gradient Descent

3.2.1 Construir y entrenar una red de ajuste de funciones

Carga los datos de entrenamiento.

```
[x,t] = simplefit_dataset;
```

La matriz x de 1 por 94 contiene los valores de entrada y la matriz t de 1 por 94 contiene los valores objetivo de salida asociados.

Construye una red neuronal de ajuste de funciones con una capa oculta de tamaño 10.

```
net = fitnet(10);
```

Ver la red.

```
view(net)
```

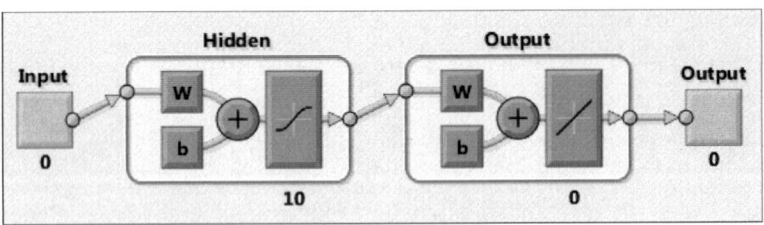

Los tamaños de la entrada y la salida son cero. El software ajusta los tamaños de estos durante el entrenamiento en función de los datos de entrenamiento.

Entrena la red utilizando los datos de entrenamiento.

```
net = train(net,x,t);
```

Véase la red entrenada.

```
view(net)
```

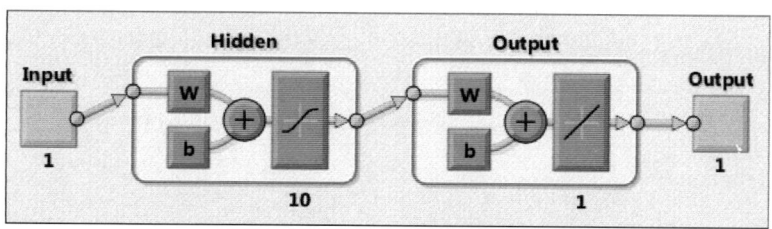

Puedes ver que los tamaños de la entrada y la salida son 1.

Estima los objetivos utilizando la red entrenada.

```
y = net(x);
```

Evalúa el rendimiento de la red entrenada. La función de rendimiento por defecto es el error cuadrático medio.

```
perf = perform(net,y,t)
perf =

   1.4639e-04
```

El algoritmo de entrenamiento por defecto para una red de ajuste de funciones es Levenberg-Marquardt

(`'trainlm'`). Utilice el algoritmo de entrenamiento de regularización bayesiana y compare los resultados de rendimiento.

```
net = fitnet(10,'trainbr');
net = train(net,x,t);
y = net(x);
perf = perform(net,y,t)
perf =

   3.3416e-10
```

El algoritmo de entrenamiento de regularización bayesiana mejora el rendimiento de la red en términos de estimación de los valores objetivo.

3.2.2 Crear y entrenar una red neuronal

```
feedforwardnet(hiddenSizes,trainFcn)
```

Este comando construye la red neuronal feedforward. Las redes feedforward constan de una serie de capas. La primera capa tiene una conexión desde la entrada de la red. Cada capa subsiguiente tiene una conexión desde la capa anterior. La última capa produce la salida de la red.

Las redes feedforward pueden utilizarse para cualquier tipo de mapeo entrada-salida. Una red feedforward con una capa oculta y suficientes neuronas en las capas ocultas, puede adaptarse a cualquier problema finito de mapeo entrada-salida.

Las versiones especializadas de la red feedforward incluyen el ajuste (fitnet) y el reconocimiento de patrones (patternnet). Una variación de la red de avance es la red de avance en cascada (red en cascada hacia adelante) que tiene conexiones adicionales desde la entrada a cada capa, y desde cada capa a todas las capas siguientes.

`feedforwardnet(hiddenSizes,trainFcn)` toma estos argumentos,

hiddenSizes	Row vector of one or more hidden layer sizes (default = 10)
trainFcn	Training function (default = 'trainlm')

y devuelve una red neuronal feedforward.

Este ejemplo muestra cómo utilizar una red neuronal feedforward para resolver un problema sencillo.

```
[x,t] = simplefit_dataset;
net = feedforwardnet(10);
net = train(net,x,t);
view(net)
y = net(x);
perf = perform(net,y,t)
perf =

    1.4639e-04
```

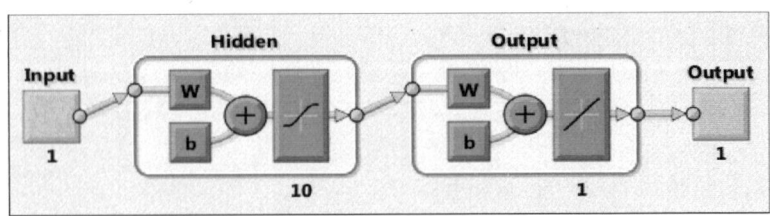

3.2.3 Crear y formar una red en cascada

cascadeforwardnet(tallasocultas,trainFcn)

Las redes en cascada son similares a las redes feed-forward, pero incluyen una conexión desde la entrada y cada capa anterior a las capas siguientes. Al igual que las redes feed-forward, una red en cascada de dos o más capas puede aprender cualquier relación finita de entrada-salida de forma arbitraria si dispone de suficientes neuronas ocultas.

`cascadeforwardnet(hiddenSizes,trainFcn)` toma estos argumentos,

hiddenSizes	Row vector of one or more hidden layer sizes (default = 10)
trainFcn	Training function (default = 'trainlm')

y devuelve una nueva red neuronal en cascada.

Aquí se crea una red en cascada y se entrena en un problema de ajuste sencillo.

```
[x,t] = simplefit_dataset;
net = cascadeforwardnet(10);
net = train(net,x,t);
view(net)
y = net(x);
perf = perform(net,y,t)
perf =

    1.9372e-05
```

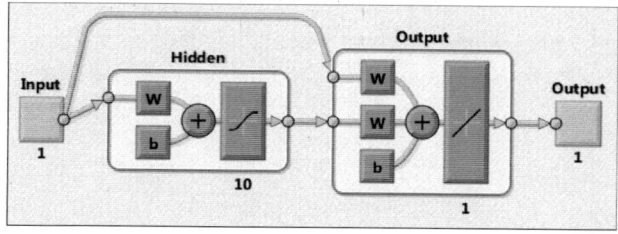

3.3 RENDIMIENTO DE LA RED

En MATLAB, mse es una función de rendimiento de red. Mide el rendimiento de la red en función de la media de errores al cuadrado.

3.3.1 Descripción

`perf = mse(net,t,y,ew)` toma estos argumentos:

net	Neural network
t	Matrix or cell array of targets
y	Matrix or cell array of outputs
ew	Error weights (optional)

y devuelve el error cuadrático medio.

Esta función tiene dos parámetros opcionales, que se asocian a las redes cuya `net.trainFcn` se establece en esta función:

- `'regularization'` puede establecerse en cualquier valor entre 0 y 1. Cuanto mayor sea el valor de regularización, más pesos al cuadrado y sesgos se incluirán en el cálculo del rendimiento en relación con los errores. El valor por defecto es 0, que corresponde a ninguna regularización.

- `'normalization'` puede establecerse en 'ninguno' (por defecto); 'estándar', que normaliza los errores entre -2 y 2, lo que corresponde a normalizar las salidas y los objetivos entre -1 y 1; y 'porcentaje', que normaliza los errores entre -1 y 1. Esta característica es útil para redes con salidas multielemento. Garantiza que la precisión relativa de los elementos de salida con diferentes rangos de valores objetivo, se traten con la misma importancia, en lugar de dar prioridad a la precisión relativa del elemento de salida con el mayor rango de valores objetivo.

Puede crear una red estándar que utilice mse con `feedforwardnet` o `cascadeforwardnet`. Para preparar una red personalizada para ser entrenada con mse, configure `net.performFcn to 'mse'`. Esto configura automáticamente `net.performParam` en una estructura con los valores de parámetros opcionales predeterminados.

3.3.2 Ejemplos

Aquí se crea una red feedforward de dos capas y se entrena para predecir los precios medios de la vivienda utilizando la función de rendimiento mse y un valor de regularización de 0,01, que es la función de rendimiento por defecto para feedforwardnet.

```
[x,t] = house_dataset;

net = feedforwardnet(10);

net.performFcn = 'mse';  % Redundant, MSE is default

net.performParam.regularization = 0.01;

net = train(net,x,t);

y = net(x);

perf  = perform(net,t,y);
```

También puede llamar directamente a esta función.

```
perf = mse(net,x,t,'regularization',0.01);
```

3.4 AJUSTE DEL MODELO DE REGRESIÓN Y TRAZADO DE LOS VALORES AJUSTADOS EN FUNCIÓN DE LOS OBJETIVOS. EJEMPLOS

3.4.1 Descripción

`[r,m,b] = regression(t,y)` toma estos argumentos,

t	Target matrix or cell array data with a total of N matrix rows
y	Output matrix or cell array data of the same size

y devuelve estas salidas,

r	Regression values for each of the N matrix rows
m	Slope of regression fit for each of the N matrix rows
b	Offset of regression fit for each of the N matrix rows

`[r,m,b] = regression(t,y,'one')` combina todas las filas de la matriz antes de aplicar la regresión y devuelve valores escalares únicos de regresión, pendiente y desplazamiento.

`plotregression(targets,outputs)` traza la regresión lineal de los objetivos en relación con `outputs`.

`plotregression(targs1,outs1,'name1',targs2,outs2,'name2',...)` genera múltiples parcelas.

3.4.2 Ejemplos

Entrena una red feedforward, calcula y traza la regresión entre sus objetivos y salidas.

```
[x,t] = simplefit_dataset;
net = feedforwardnet(20);
net = train(net,x,t);
y = net(x);
[r,m,b] = regression(t,y)
plotregression(t,y)
r =

    1.0000

m =

    1.0000

b =

    1.0878e-04
```

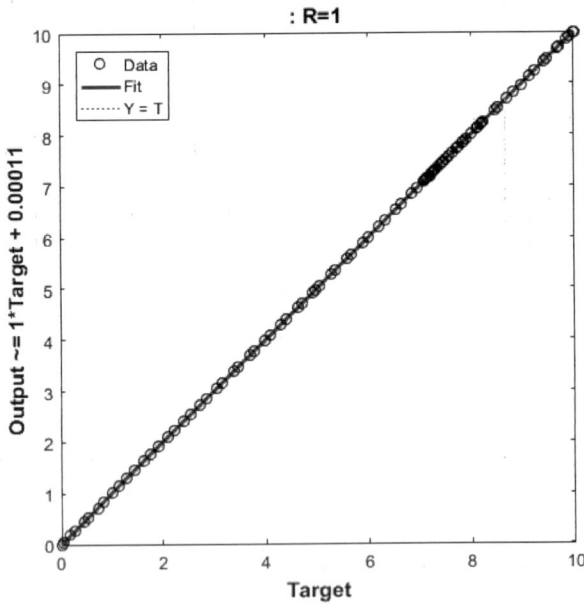

El siguiente ejemplo Plot Linear Regression

```
[x,t] = simplefit_dataset;
net = feedforwardnet(10);
net = train(net,x,t);
y = net(x);
plotregression(t,y,'Regression')
```

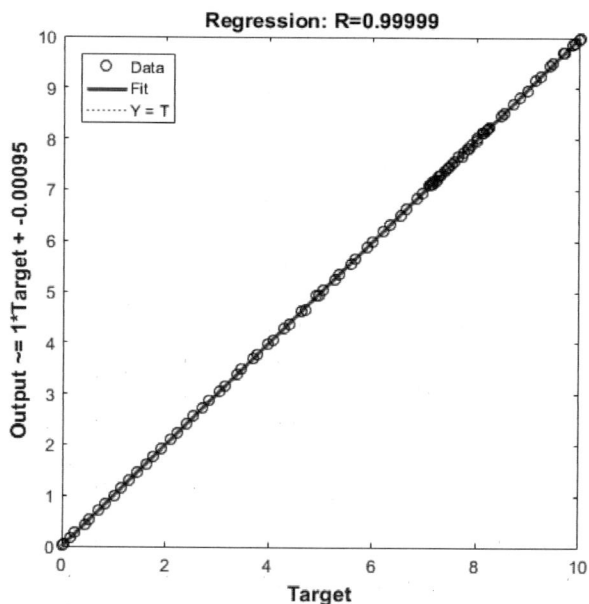

3.5 TRAZAR LA SALIDA Y LOS VALORES OBJETIVO. EJEMPLOS

3.5.1 Descripción

`plotfit(net,inputs,targets)` traza la función de salida de una red a través del rango de las entradas `inputs` y también traza el objetivo `targets` y los puntos de datos de salida asociados con los valores en `inputs`. Las barras de error muestran la diferencia entre las salidas y `targets`.

El gráfico sólo aparece para redes con una entrada.

Sólo aparece la primera salida/objetivos si la red tiene más de una salida.

`plotfit(targets1,inputs1,'name1',...)` muestra una serie de gráficos.

3.5.2 Ejemplos

Este ejemplo muestra cómo utilizar una red feedforward para resolver un sencillo problema de ajuste.

```
[x,t] = simplefit_dataset;
net = feedforwardnet(10);
net = train(net,x,t);
plotfit(net,x,t)
```

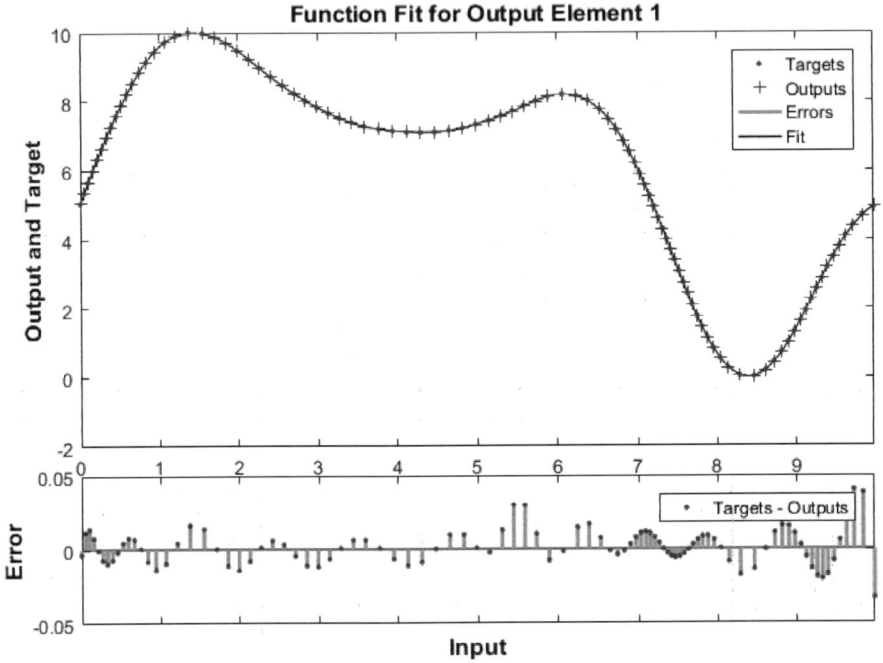

3.6 TRAZAR VALORES DE ESTADO DE ENTRENAMIENTO. EJEMPLOS

`plottrainstate(tr)` traza el estado de entrenamiento de un registro de entrenamiento tr devuelto por `train` .

He aquí un ejemplo:

```
[x,t] = house_dataset;
net = feedforwardnet(10);
[net,tr] = train(net,x,t);
plottrainstate(tr)
```

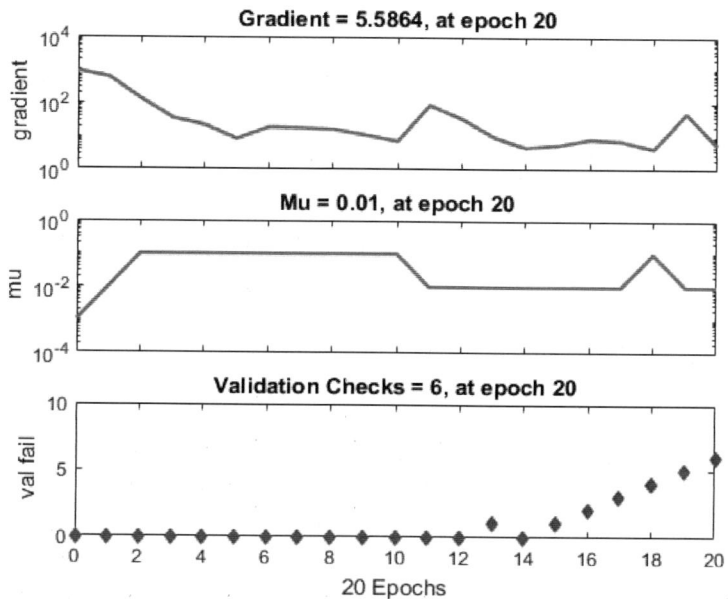

3.7 ÉPOCAS. EJEMPLOS

`plotperform(TR)` traza el error en función de la época para los rendimientos de entrenamiento, validación y prueba del registro de entrenamiento TR devuelto por la función `train` .

Este ejemplo muestra cómo utilizar `plotperform` para obtener un gráfico de los valores de error de registro de entrenamiento frente al número de épocas de entrenamiento.

```
[x,t] = house_dataset;
net = feedforwardnet(10);
[net,tr] = train(net,x,t);
plotperform(tr)
```

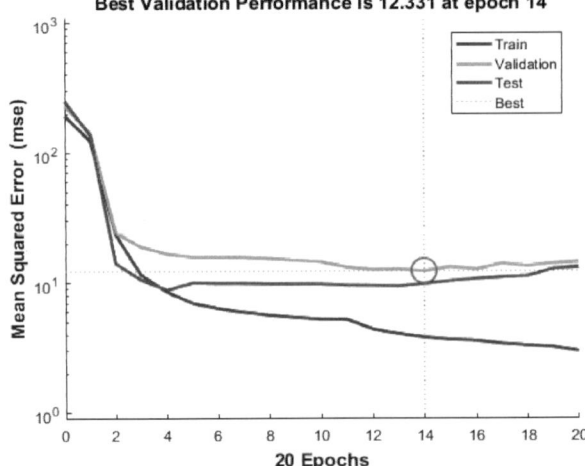

Generalmente, el error se reduce después de más épocas de entrenamiento, pero puede empezar a aumentar en el conjunto de datos de validación a medida que la red empieza a sobreajustar los datos de entrenamiento. En la configuración por defecto, el entrenamiento se detiene después de seis incrementos consecutivos en el error de validación, y el mejor rendimiento se toma de la época con el error de validación más bajo.

3.8 HISTOGRAMA DE VALORES DE ERROR. EJEMPLOS

3.8.1 Sintaxis

```
    ploterrhist(e)
ploterrhist(e1,'nombre1',e2,'nombre2',...)
ploterrhist(...,'bins',bins)
```

3.8.2 Descripción

`ploterrhist(e)` traza un histograma de los valores de error e.

`ploterrhist(e1,'name1',e2,'name2',...)` toma cualquier número de errores y nombra y traza cada par.

`ploterrhist(...,'bins',bins)` toma un par opcional de propiedad nombre/valor que define el número de bins a utilizar en el gráfico del histograma. El valor predeterminado es 20.

3.8.3 Ejemplos

Aquí se utiliza una red feedforward para resolver un sencillo problema de ajuste:

```
[x,t] = simplefit_dataset;
net = feedforwardnet(20);
net = train(net,x,t);
y = net(x);
e = t - y;
ploterrhist(e,'bins',30)
```

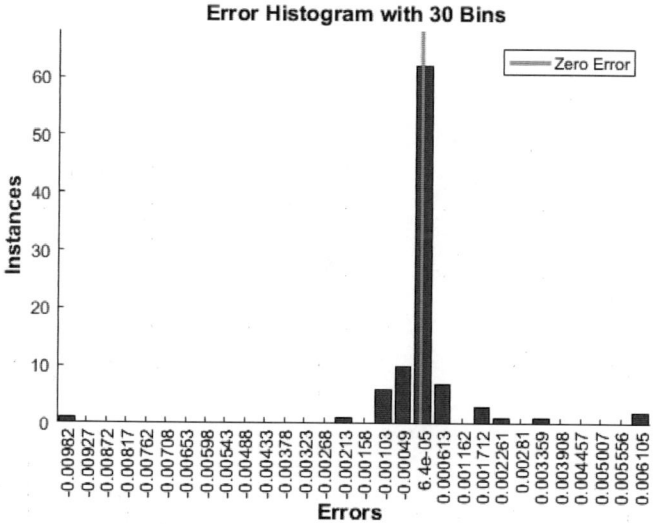

3.9 GENERAR UNA FUNCIÓN MATLAB PARA SIMULAR UNA RED NEURONAL. EJEMPLOS

genFunction(net,pathname) genera una función completa e independiente de MATLAB para simular una red neuronal, incluyendo todos los ajustes, valores de peso y sesgo, funciones de módulo y cálculos en un solo archivo. El resultado es un archivo de función independiente de MATLAB. También puede utilizar esta función con las herramientas MATLAB Compiler™ y MATLAB Coder™.

genFunction(__,'MatrixOnly','yes') anula la notación predeterminada de celda/matriz y, en su lugar, genera una función que sólo utiliza argumentos de matriz compatibles con las herramientas de MATLAB Coder. Para redes estáticas, las columnas de la matriz se interpretan como muestras independientes. Para redes dinámicas, las columnas de la matriz se interpretan como una serie de pasos temporales. El valor por defecto es "no".

genFunction(__,'ShowLinks','no') desactiva el comportamiento por defecto de mostrar enlaces a la ayuda generada y al código fuente. El valor predeterminado es "sí".

3.9.1 Crear funciones a partir de una red neuronal estática

Este ejemplo muestra cómo crear una función MATLAB y una función MEX a partir de una red neuronal estática.

En primer lugar, se entrena una red estática y se calculan sus salidas para los datos de entrenamiento.

```
[x,t] = house_dataset;
houseNet = feedforwardnet(10);
houseNet = train(houseNet,x,t);
y = houseNet(x);
```

A continuación, se genera y prueba una función de MATLAB. A continuación, se compila la nueva función en una biblioteca compartida/vinculada dinámicamente con mcc.

```
genFunction(houseNet,'houseFcn');
y2 = houseFcn(x);
accuracy2 = max(abs(y-y2))
mcc -W lib:libHouse -T link:lib houseFcn
```

A continuación, genere otra versión de la función MATLAB que sólo admita argumentos matriciales (sin matrices de celdas) y pruebe la función. Utilice la herramienta codegen de MATLAB Coder para generar una función MEX, que también se prueba.

```
genFunction(houseNet,'houseFcn','MatrixOnly','yes');
y3 = houseFcn(x);
accuracy3 = max(abs(y-y3))

x1Type = coder.typeof(double(0),[13 Inf]); % Coder type of input 1
codegen houseFcn.m -config:mex -o houseCodeGen -args {x1Type}
y4 = houseCodeGen(x);
accuracy4 = max(abs(y-y4))
```

3.9.2 Crear funciones a partir de una red neuronal dinámica

Este ejemplo muestra cómo crear una función MATLAB y una función MEX a partir de una red neuronal dinámica.

En primer lugar, se entrena una red dinámica y se calculan sus salidas para los datos de entrenamiento.

```
[x,t] = maglev_dataset;
maglevNet = narxnet(1:2,1:2,10);
[X,Xi,Ai,T] = preparets(maglevNet,x,{},t);
maglevNet = train(maglevNet,X,T,Xi,Ai);
[y,xf,af] = maglevNet(X,Xi,Ai);
```

A continuación, genere y pruebe una función MATLAB. Utilice la función para crear una biblioteca compartida/vinculada dinámicamente con mcc.

```
genFunction(maglevNet,'maglevFcn');
[y2,xf,af] = maglevFcn(X,Xi,Ai);
accuracy2 = max(abs(cell2mat(y)-cell2mat(y2)))
mcc -W lib:libMaglev -T link:lib maglevFcn
```

A continuación, genere otra versión de la función MATLAB que sólo admita argumentos matriciales (sin matrices de celdas) y pruebe la función. Utilice la herramienta codegen de MATLAB Coder para generar una función MEX, que también se prueba.

```
genFunction(maglevNet,'maglevFcn','MatrixOnly','yes');

x1 = cell2mat(X(1,:)); % Convert each input to matrix
x2 = cell2mat(X(2,:));
xi1 = cell2mat(Xi(1,:)); % Convert each input state to matrix
xi2 = cell2mat(Xi(2,:));
[y3,xf1,xf2] = maglevFcn(x1,x2,xi1,xi2);
accuracy3 = max(abs(cell2mat(y)-y3))

x1Type = coder.typeof(double(0),[1 Inf]); % Coder type of input 1
x2Type = coder.typeof(double(0),[1 Inf]); % Coder type of input 2
xi1Type = coder.typeof(double(0),[1 2]); % Coder type of input 1
states
xi2Type = coder.typeof(double(0),[1 2]); % Coder type of input 2
states
codegen maglevFcn.m -config:mex -o maglevNetCodeGen -args {x1Type
x2Type xi1Type xi2Type}
[y4,xf1,xf2] = maglevNetCodeGen(x1,x2,xi1,xi2);
dynamic_codegen_accuracy = max(abs(cell2mat(y)-y4))
```

Capítulo 4

ANÁLISIS CLÚSTER CON REDES NEURONALES. AGRUPAR DATOS CON UN MAPA AUTOORGANIZATIVO

4.1 INTRODUCCIÓN

La agrupación de datos es otra aplicación excelente de las redes neuronales. Este proceso consiste en agrupar datos por similitud. Por ejemplo, se puede realizar:

- Segmentación del mercado agrupando a las personas según sus pautas de compra

- Extracción de datos mediante partición en subconjuntos relacionados

- Análisis bioinformático mediante la agrupación de genes con patrones de expresión relacionados

Supongamos que desea agrupar tipos de flores según la longitud de los pétalos, la anchura de los pétalos, la longitud de los sépalos y la anchura de los sépalos. Tiene 150 casos de ejemplo para los que dispone de estas cuatro medidas.

Como ocurre con el ajuste de funciones y el reconocimiento de patrones, hay dos formas de resolver este problema:

- Utilice la nctool GUI.

- Utilice una solución de línea de comandos.

Para definir un problema de clustering, simplemente disponga Q vectores de entrada a ser clusterizados como columnas en una matriz de entrada (vea "Estructuras de Datos" para una descripción detallada del formato de datos para datos estáticos y de series temporales). Por ejemplo, es posible que desee agrupar este conjunto de 10 vectores de dos elementos:

```
inputs = [7 0 6 2 6 5 6 1 0 1; 6 2 5 0 7 5 5 1 2 2]
```

La siguiente sección muestra cómo entrenar una red utilizando la herramienta nctool GUI.

4.2 USO DE LA HERRAMIENTA DE AGRUPACIÓN DE REDES NEURONALES. ANÁLISIS CLÚSTER CON REDES

Si es necesario, abra la interfaz gráfica de inicio de la red neuronal con este comando:

```
nnstart
```

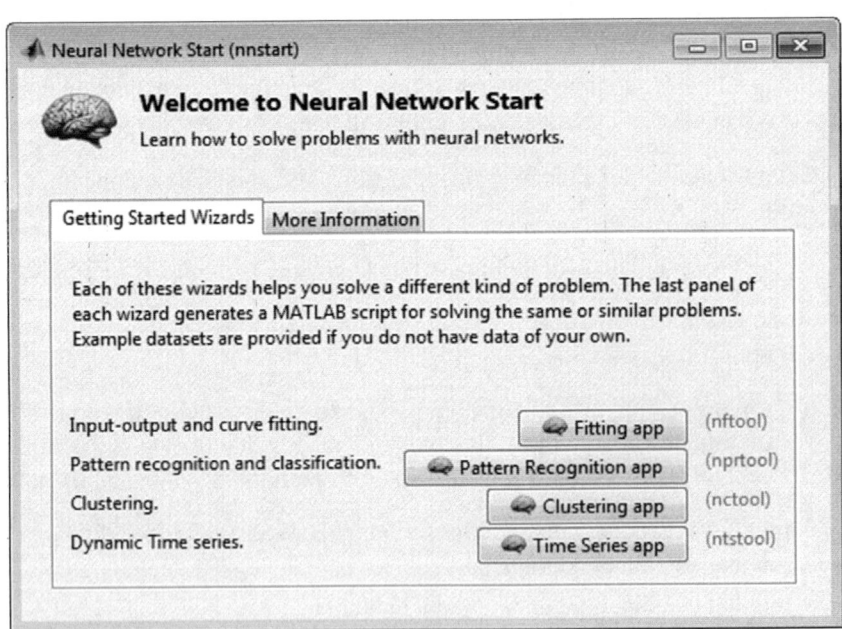

Haga clic en **Herramienta de Clustering** para abrir la Herramienta de Clustering de Redes Neuronales. (También puede utilizar el comando nctool.)

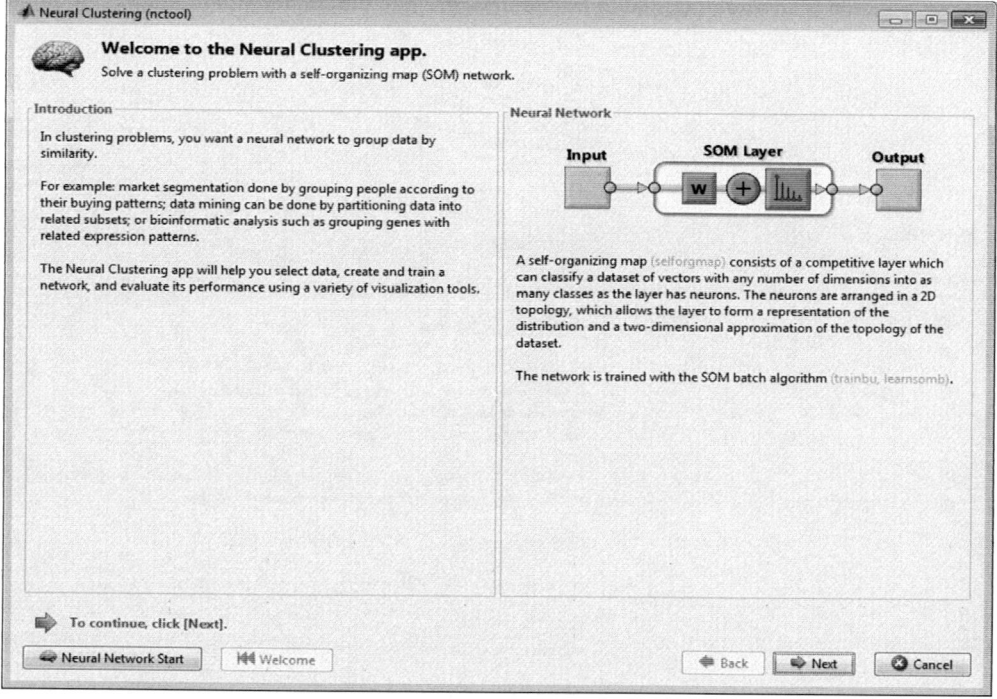

Haga clic en **Next**. Aparece la ventana Seleccionar datos.

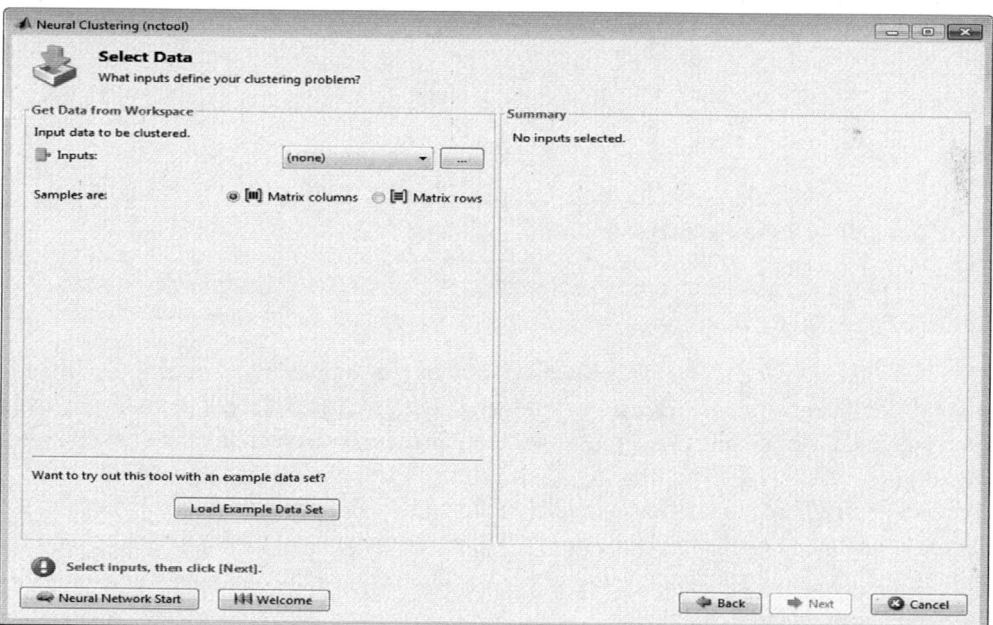

Haga clic en **Load Example Data Set**. .

Aparece la ventana Clustering Data Set Chooser .

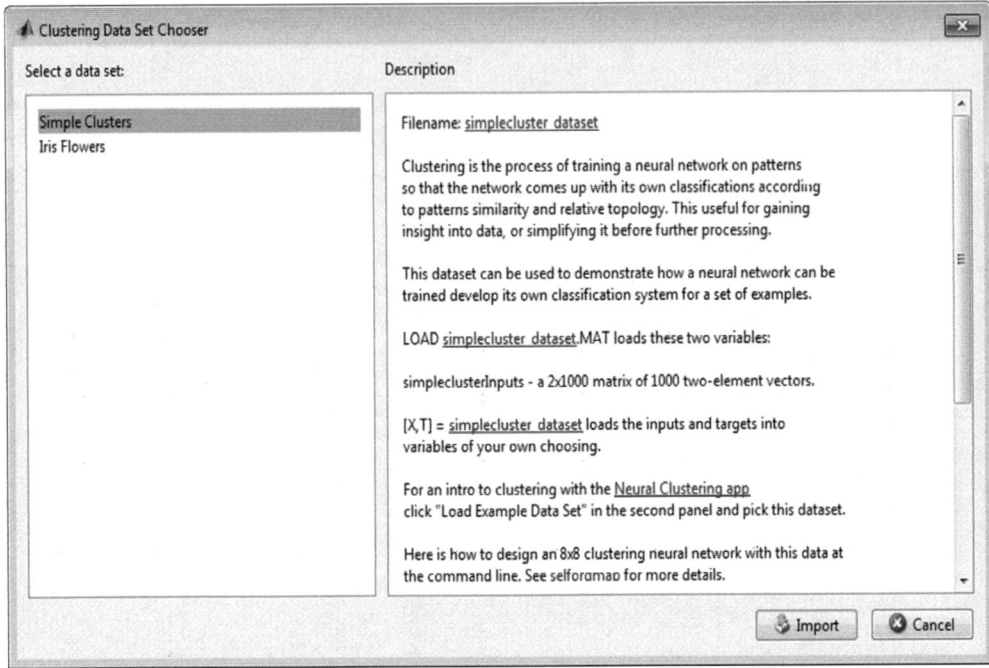

En esta ventana, seleccione Simple Clusters , y haga clic en Import .
Volverá a la ventana Seleccionar datos.

Haga clic en Next para continuar en Network Size window , como se
muestra en la siguiente figura.

Para los problemas de clustering, el mapa de características autoorganizado
(SOM) es la red más utilizada, ya que una vez entrenada la red, existen muchas
herramientas de visualización que pueden utilizarse para analizar los clústeres
resultantes. Esta red tiene una capa, con neuronas organizadas en una cuadrícula.
Al crear la red, se especifica el número de filas y columnas de la rejilla. En este
caso, el número de filas y columnas es 10. El número total de neuronas es 100. El
número total de neuronas es 100. Si lo desea, puede cambiar este número en otra
ejecución.

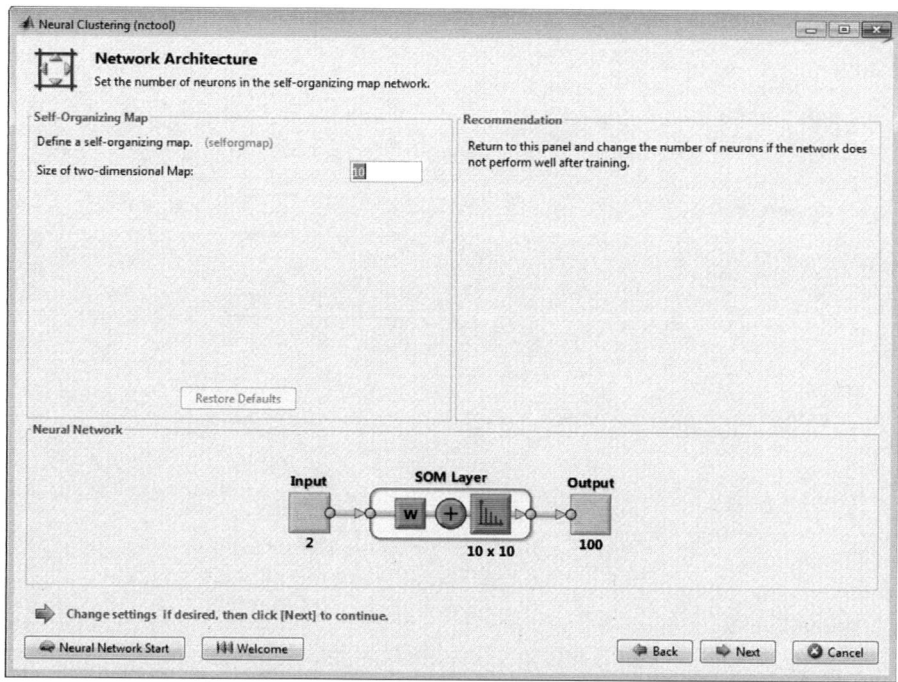

Haga clic en **Next**. Aparece la ventana Train Network.

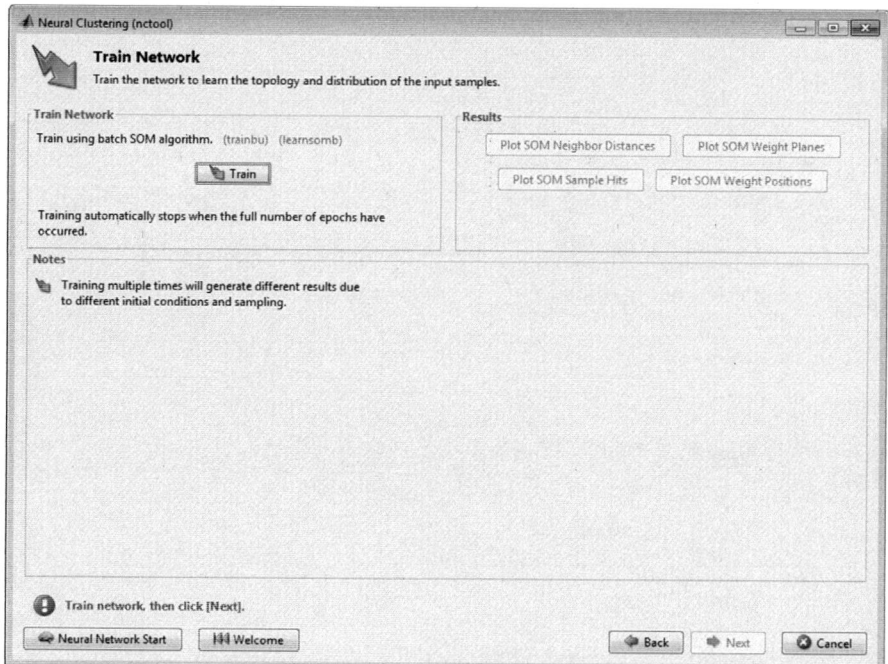

Haga clic en **Train** .

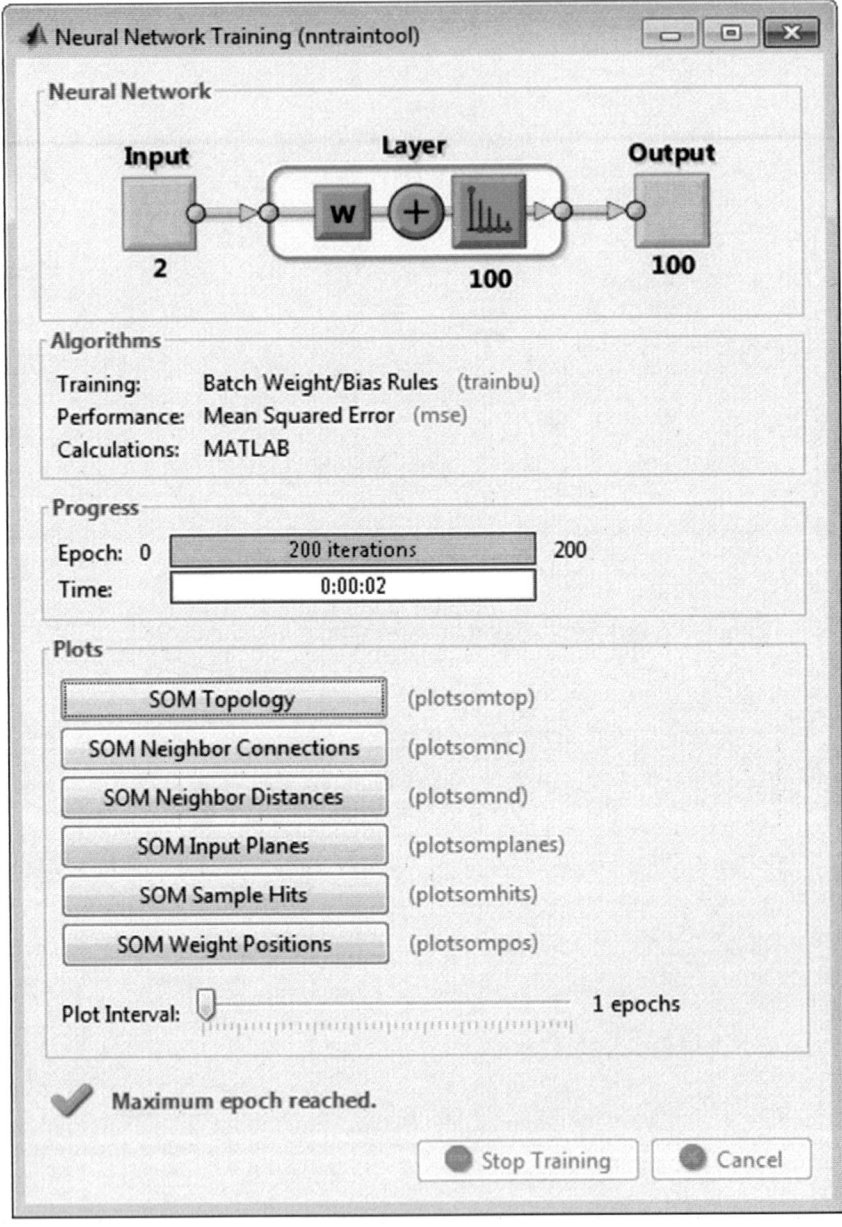

El entrenamiento se ejecuta para el número máximo de épocas, que es 200.

Para el entrenamiento SOM, el vector de peso asociado a cada neurona se mueve para convertirse en el centro de un clúster de vectores de entrada. Además, las neuronas que son adyacentes entre sí en la topología también deben moverse cerca unas de otras en el espacio de entrada, por lo que es posible visualizar un espacio de entradas de alta dimensión en las dos dimensiones de la topología de la red. Investigue algunas de las herramientas de visualización para el SOM. En el panel **Plots**, haga clic en **SOM Sample Hits**.

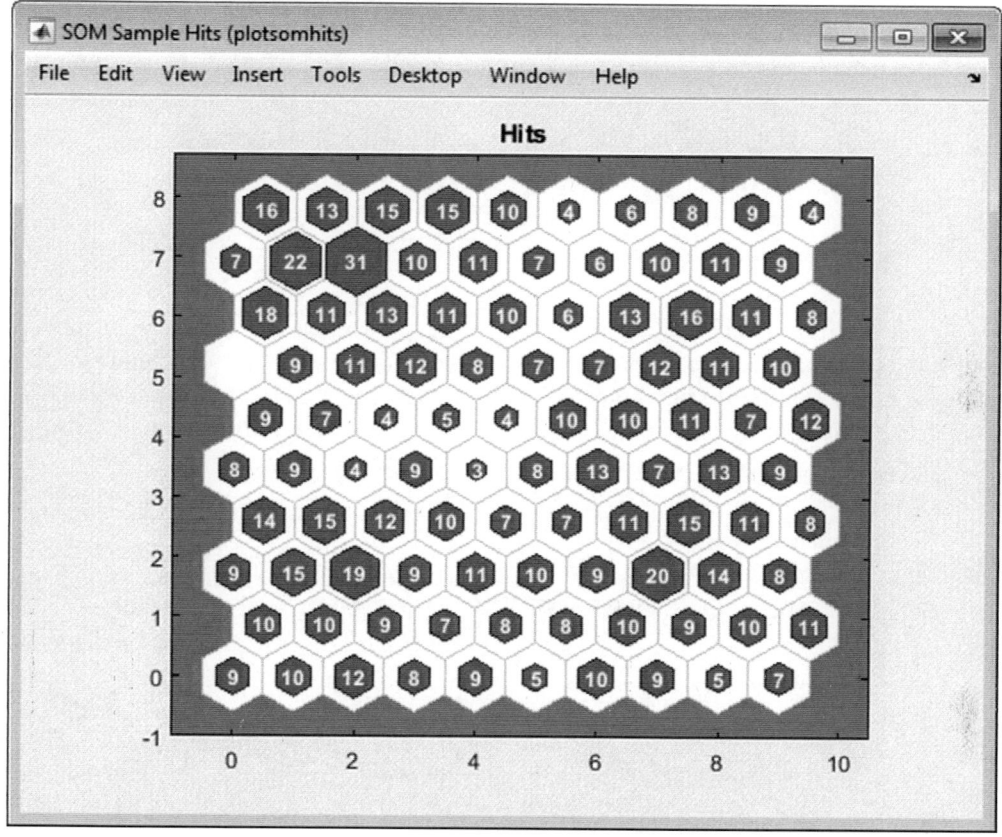

La topología por defecto del SOM es hexagonal. Esta figura muestra las ubicaciones de las neuronas en la topología, e indica cuántos de los datos de entrenamiento están asociados con cada una de las neuronas (centros de clúster). La topología es una cuadrícula de 10 por 10, por lo que hay 100 neuronas. El número máximo de aciertos asociados a cualquier neurona es 22. Por lo tanto, hay 22 vectores de entrada en ese clúster.

También puede visualizar el SOM mostrando los planos de pesos (también denominados *planos de componentes*). Haga clic en **SOM Weight Planes** en la Herramienta de agrupación de redes neuronales.

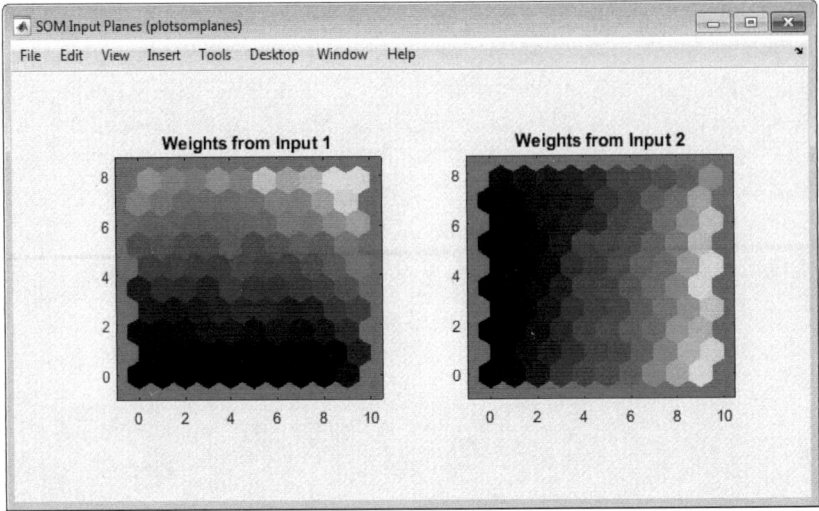

Esta figura muestra un plano de pesos para cada elemento del vector de entrada (dos, en este caso). Son visualizaciones de los pesos que conectan cada entrada con cada una de las neuronas. (Los colores más oscuros representan pesos mayores.) Si los patrones de conexión de dos entradas fueran muy similares, se puede suponer que las entradas están altamente correlacionadas. En este caso, la entrada 1 tiene conexiones muy diferentes a las de la entrada 2.

En la herramienta de agrupación de redes neuronales, haga clic en **Next** para evaluar la red.

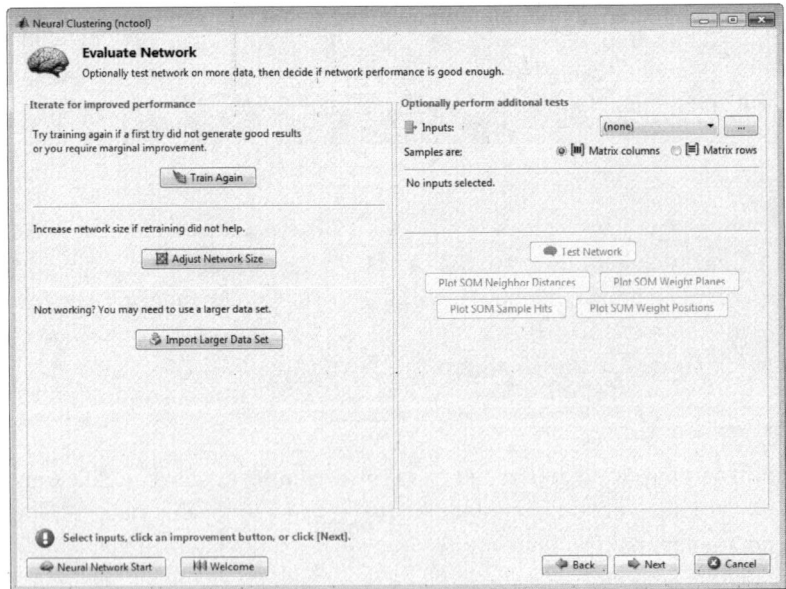

En este punto puede probar la red con nuevos datos.

Si no estás satisfecho con el rendimiento de la red en los datos originales o en los nuevos, puedes aumentar el número de neuronas, o quizás conseguir un conjunto de datos de entrenamiento mayor.

Cuando esté satisfecho con el rendimiento de la red, haga clic en **Next** .

Utilice este panel para generar una función de MATLAB o un diagrama de Simulink para simular su red neuronal.

Puede utilizar el código o diagrama generado para comprender mejor cómo su red neuronal calcula las salidas a partir de las entradas o implementar la red con las herramientas del compilador de MATLAB y otras herramientas de generación de código de MATLAB y Simulink.

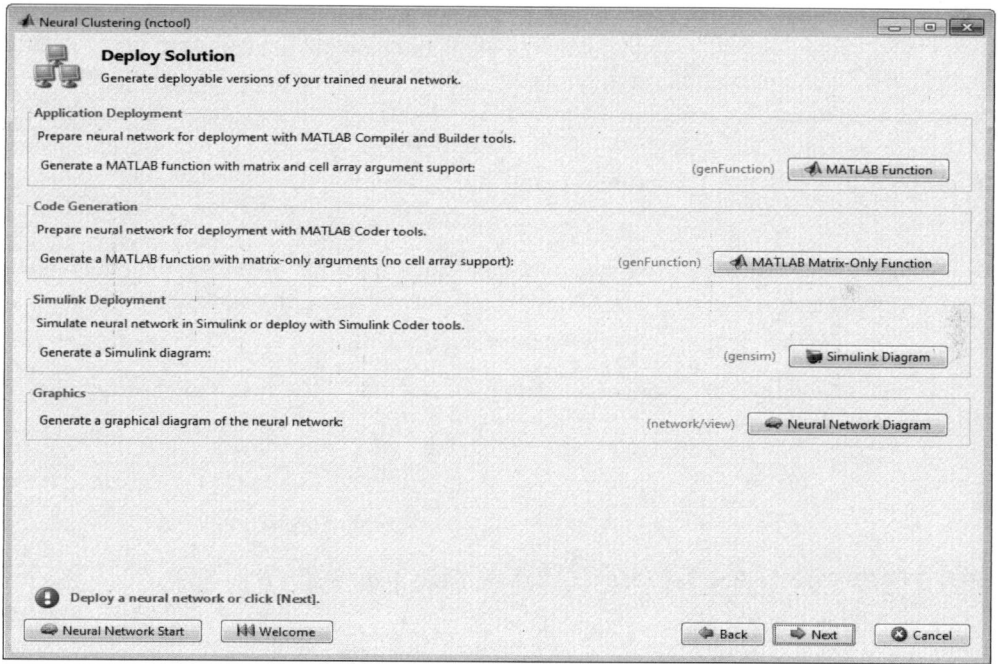

Utilice los botones de esta pantalla para guardar los resultados.

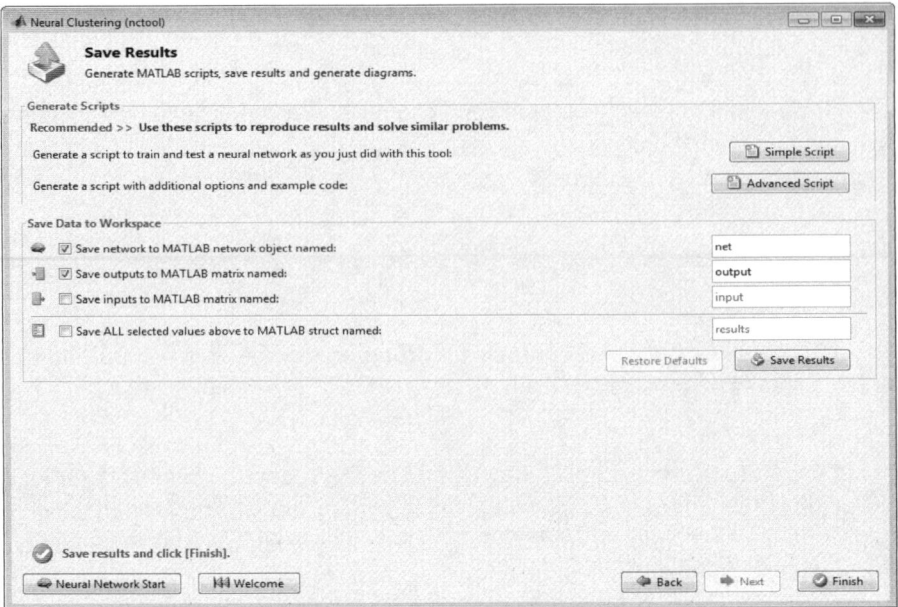

Puede hacer clic en **Simple Script** o **Advanced Script** para crear código MATLAB® que puede utilizarse para reproducir todos los pasos anteriores desde la línea de comandos. La creación de código MATLAB puede ser útil si desea aprender a utilizar la funcionalidad de línea de comandos de la caja de herramientas para personalizar el proceso de entrenamiento.

También puedes guardar la red como red en el área de trabajo. Puedes realizar pruebas adicionales con ella o ponerla a trabajar con nuevas entradas.

Cuando haya generado los guiones y guardado los resultados, haga clic en **Finish** .

4.3 USO DE LAS FUNCIONES DE LA LÍNEA DE COMANDOS

La forma más fácil de aprender a utilizar la funcionalidad de la línea de comandos de la caja de herramientas es generar scripts a partir de las GUIs, y luego modificarlos para personalizar el entrenamiento de la red. Como ejemplo, mire el sencillo script que se creó en el paso 14 de la sección anterior.

```
% Solve a Clustering Problem with a Self-Organizing Map
% Script generated by NCTOOL
%
% This script assumes these variables are defined:
%
%    simpleclusterInputs - input data.

inputs = simpleclusterInputs;

% Create a Self-Organizing Map
dimension1 = 10;
dimension2 = 10;
net = selforgmap([dimension1 dimension2]);

% Train the Network
[net,tr] = train(net,inputs);

% Test the Network
outputs = net(inputs);

% View the Network
view(net)

% Plots
% Uncomment these lines to enable various plots.
% figure, plotsomtop(net)
% figure, plotsomnc(net)
% figure, plotsomnd(net)
% figure, plotsomplanes(net)
% figure, plotsomhits(net,inputs)
% figure, plotsompos(net,inputs)
```

Puede guardar el script y, a continuación, ejecutarlo desde la línea de comandos para reproducir los resultados de la sesión GUI anterior. También puedes editar el script para personalizar el proceso de entrenamiento. En este caso, vamos a seguir cada uno de los pasos del script.

El script asume que los vectores de entrada ya están cargados en el espacio de trabajo. Para mostrar las operaciones de la línea de comandos, puede utilizar un conjunto de datos diferente del que utilizó para la operación de la GUI. Utilice el conjunto de datos de flores como ejemplo. El conjunto de datos iris consta de 150 vectores de entrada de cuatro elementos.

```
load iris_dataset
inputs = irisInputs;
```

Cree una red. Para este ejemplo, se utiliza un mapa autoorganizado (SOM). Esta red tiene una capa, con las neuronas organizadas en una cuadrícula. Al crear la red con selforgmapse especifica el número de filas y columnas de la cuadrícula:

```
dimension1 = 10;
dimension2 = 10;
net = selforgmap([dimension1 dimension2]);
```

Entrene la red. La red SOM utiliza el algoritmo SOM por lotes predeterminado para el entrenamiento.

```
[net,tr] = train(net,inputs);
```

Durante el entrenamiento, la ventana de entrenamiento se abre y muestra el progreso del entrenamiento. Para interrumpir el entrenamiento en cualquier momento, haz clic en **Stop Training** .

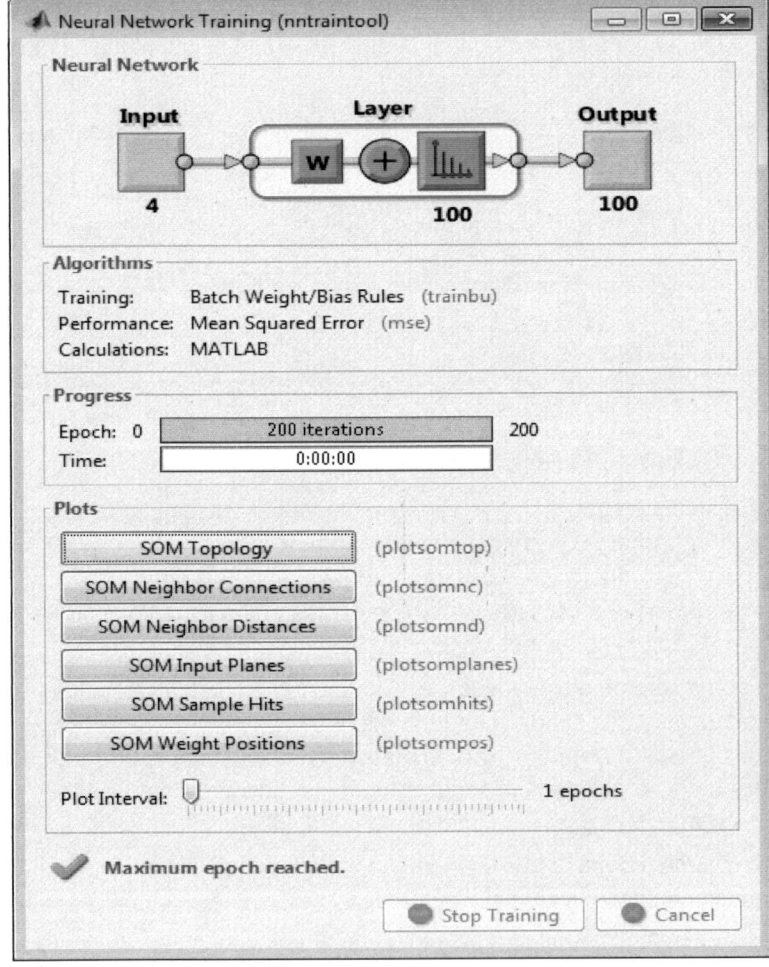

Probar la red. Una vez entrenada la red, puedes utilizarla para calcular las salidas de la red.

```
outputs = net(inputs);
```

Visualiza el diagrama de la red.

```
view(net)
```

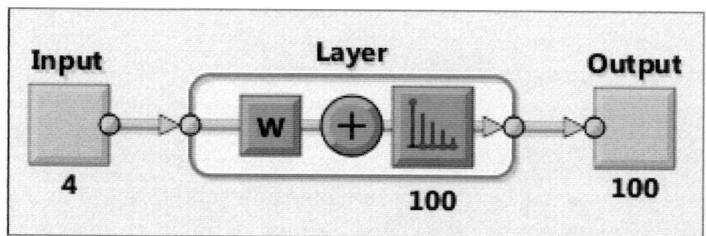

Para el entrenamiento SOM, el vector de peso asociado a cada neurona se mueve para convertirse en el centro de un clúster de vectores de entrada. Además, las neuronas que son adyacentes entre sí en la topología también deben moverse cerca unas de otras en el espacio de entrada, por lo que es posible visualizar un espacio de entradas de alta dimensión en las dos dimensiones de la topología de la red. La topología SOM por defecto es hexagonal; para visualizarla, introduzca los siguientes comandos.

```
figure, plotsomtop(net)
```

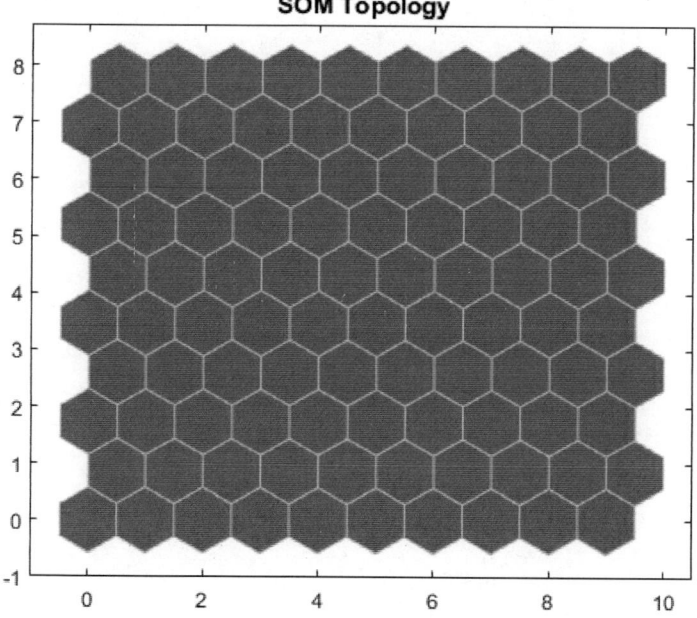

En esta figura, cada uno de los hexágonos representa una neurona. La cuadrícula es de 10 por 10, por lo que hay un total de 100 neuronas en esta red. Hay cuatro elementos en cada vector de entrada, por lo que el espacio de entrada es cuatridimensional. Los vectores de pesos (centros de conglomerados) se encuentran dentro de este espacio.

Debido a que este SOM tiene una topología bidimensional, se pueden visualizar en dos dimensiones las relaciones entre los centros de clúster de cuatro dimensiones. Una herramienta de visualización para el SOM es la *matriz de distancia de pesos* (también llamada *matriz U*).

Para ver la matriz U, haga clic en **SOM Neighbor Distances** en la ventana de entrenamiento.

En esta figura, los hexágonos azules representan las neuronas. Las líneas rojas conectan las neuronas vecinas. Los colores de las regiones que contienen las líneas rojas indican las distancias entre neuronas. Los colores más oscuros representan distancias mayores y los más claros, distancias menores. Una banda de segmentos oscuros cruza desde la región inferior central hasta la región superior derecha. La red SOM parece haber agrupado las flores en dos grupos distintos.

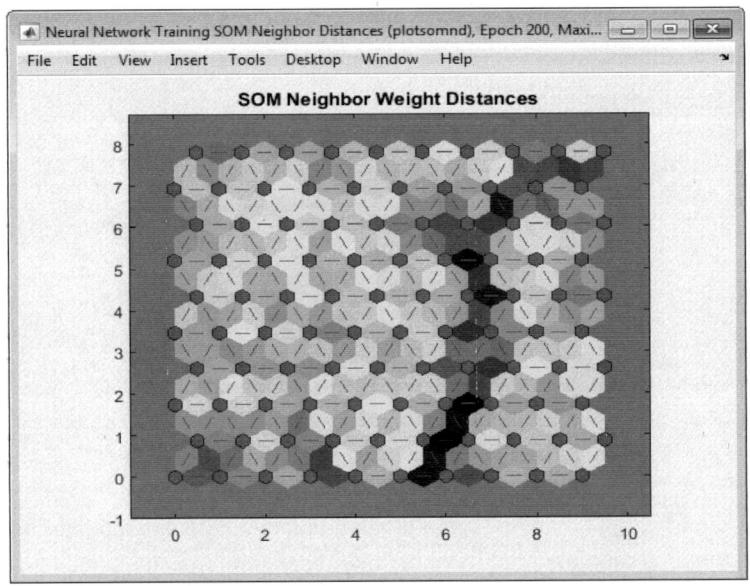

Para adquirir más experiencia en las operaciones de línea de comandos, pruebe algunas de estas tareas:

Durante el entrenamiento, abra una ventana de gráfico (como el gráfico de posición del peso SOM) y observe cómo se anima.

Trace desde la línea de comandos con funciones como `plotsomhits`, `plotsomnc`, `plotsomnd`, `plotsomplanes`, `plotsompos`, and `plotsomtop`.

Capítulo 5

CLÚSTER CON RED NEURONAL DE MAPA AUTOORGANIZADO. EJEMPLOS

5.1 CLÚSTER CON RED NEURONAL DE MAPA AUTOORGANIZADO

Los mapas autoorganizativos de características (SOFM) aprenden a clasificar los vectores de entrada en función de cómo se agrupan en el espacio de entrada. Se diferencian de las capas competitivas en que las neuronas vecinas del mapa autoorganizado aprenden a reconocer secciones vecinas del espacio de entrada. Así, los mapas autoorganizativos aprenden tanto la distribución (como las capas competitivas) como la topología de los vectores de entrada con los que se entrenan.

Las neuronas de la capa de un SOFM están dispuestas originalmente en posiciones físicas según una función de topología. La función gridtop, hextopo randtop pueden disponer las neuronas en una topología reticular, hexagonal o aleatoria. Las distancias entre neuronas se calculan a partir de sus posiciones con una función de distancia. Existen cuatro funciones de distancia, dist, boxdist, linkdisty mandist. La distancia de enlace es la más común.

Aquí, una red de mapas de características autoorganizada identifica una neurona ganadora $i*$ utilizando el mismo procedimiento que emplea una capa competitiva. Sin embargo, en lugar de actualizar sólo la neurona ganadora, se actualizan todas las neuronas dentro de un cierto vecindario $N_{i*}(d)$ de la neurona ganadora, utilizando la regla de Kohonen.

Aquí el *vecindario* N_{i*} (d) contiene los índices de todas las neuronas que se encuentran dentro de un radio d de la neurona ganadora $i*$.

Así, cuando se presenta un vector **p**, los pesos de la neurona ganadora *y de* sus vecinas cercanas se mueven hacia **p**. En consecuencia, después de muchas presentaciones, las neuronas vecinas han aprendido vectores similares entre sí.

Otra versión del entrenamiento SOFM, denominada *algoritmo por lotes*, presenta todo el conjunto de datos a la red antes de actualizar los pesos. A continuación, el algoritmo determina una neurona ganadora para cada vector de entrada. A continuación, cada vector de peso se desplaza a la posición media de todos los vectores de entrada para los que es ganador, o para los que se encuentra en la vecindad de un ganador.

Para ilustrar el concepto de vecindad, considere la siguiente figura. El diagrama de la izquierda muestra una vecindad bidimensional de radio $d = 1$ alrededor de la neurona 13. El diagrama de la derecha muestra una vecindad de radio $d = 2$. El diagrama de la derecha muestra una vecindad de radio $d = 2$.

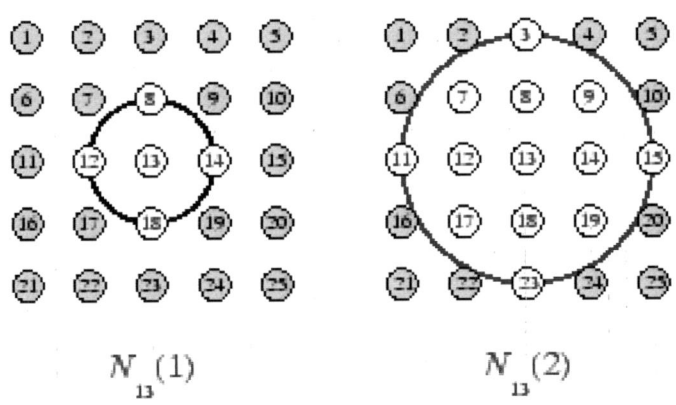

$$N_{13}(1) \qquad\qquad N_{13}(2)$$

Estos barrios podrían escribirse como $N_{13}(1) = \{8, 12, 13, 14, 18\}$ y $N_{13}(2) = \{3, 7, 8, 9, 11, 12, 13, 14, 15, 17, 18, 19, 23\}$.

Las neuronas de un SOFM no tienen por qué estar dispuestas en un patrón bidimensional. Se puede utilizar una disposición unidimensional, o tres o más dimensiones. Para un SOFM unidimensional, una neurona tiene sólo dos vecinos dentro de un radio de 1 (o un solo vecino si la neurona está al final de la línea). También puede definir la distancia de diferentes maneras, por ejemplo, utilizando disposiciones rectangulares y hexagonales de neuronas y vecindarios. El rendimiento de la red no es sensible a la forma exacta de los vecindarios.

5.2 ARQUITECTURA

A continuación, se muestra la arquitectura de este SOFM.

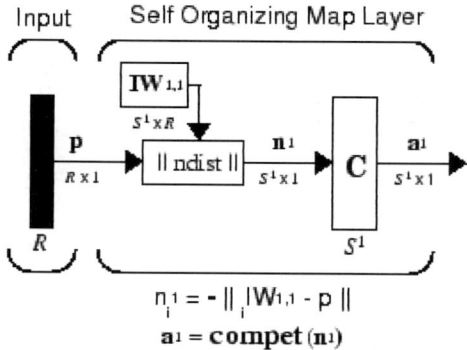

Esta arquitectura es como la de una red competitiva, salvo que aquí no se utiliza ningún sesgo. La función de transferencia competitiva produce un 1 para el elemento de salida a^1_i correspondiente a $i*$, la neurona ganadora. Todos los demás elementos de salida en a^1 son 0.

Ahora, sin embargo, como se ha descrito anteriormente, las neuronas cercanas a la neurona ganadora se actualizan junto con ésta. Puede elegir entre varias topologías de neuronas. Del mismo modo, puede elegir entre varias expresiones de distancia para calcular las neuronas que están cerca de la neurona ganadora.

5.3 CREAR UNA RED NEURONAL DE MAPA AUTOORGANIZATIVO (SELFORGMAP). EJEMPLOS

Puede crear una nueva red SOM con la función autoforgmap. Esta función define variables utilizadas en dos fases de aprendizaje:

Tasa de aprendizaje en fase de pedido

Pasos de la fase de pedido

Tasa de aprendizaje de la fase de sintonización

Distancia de vecindad sintonía-fase

Estos valores se utilizan para el entrenamiento y la adaptación.

Considere el siguiente ejemplo.

Supongamos que queremos crear una red que tenga vectores de entrada con dos elementos, y que queremos tener seis neuronas en una red hexagonal de 2 por 3. El código para obtener esta red es:

```
net = selforgmap([2,3]);
```

Supongamos que los vectores sobre los que entrenar son:

```
P = [.1 .3 1.2 1.1 1.8 1.7 .1 .3 1.2 1.1 1.8 1.7;...
0.2 0.1 0.3 0.1 0.3 0.2 1.8 1.8 1.9 1.9 1.7 1.8];
```

Puede configurar la red para introducir los datos y trazar todo esto con:

```
net = configure(net,P);
plotsompos(net,P)
```

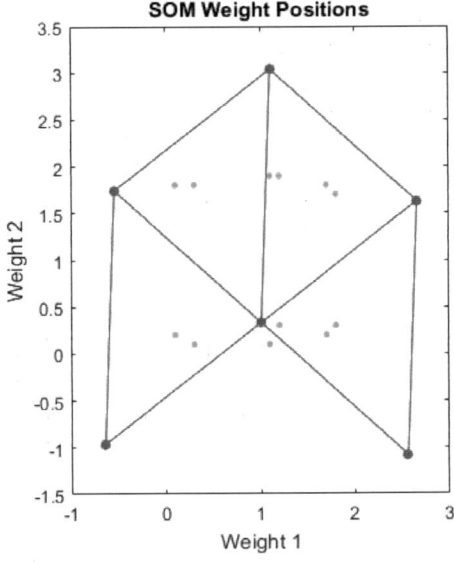

Los puntos verdes son los vectores de entrenamiento. La inicialización de autoforgmap distribuye los pesos iniciales en el espacio de entrada. Nótese que inicialmente están a cierta distancia de los vectores de entrenamiento.

Al simular una red, se calculan las distancias negativas entre el vector de pesos de cada neurona y el vector de entrada (negdist) para obtener las entradas ponderadas. Las entradas ponderadas son también las entradas netas (netsum). Las entradas netas compiten (compiten) de modo que sólo la neurona con la entrada neta más positiva producirá un 1.

5.4 APRENDIZAJE (LEARNSOMB). EJEMPLOS

El aprendizaje por defecto en un mapa autoorganizado de características se produce en el modo por lotes (trainbu). La función de aprendizaje de pesos para el mapa autoorganizativo es learnsomb.

En primer lugar, la red identifica la neurona ganadora para cada vector de entrada. A continuación, cada vector de peso se desplaza a la posición media de todos los vectores de entrada para los que es ganador o para los que se encuentra en la vecindad de un ganador. La distancia que define el tamaño de la vecindad se modifica durante el entrenamiento a través de dos fases.

Fase de pedido

Esta fase dura un número determinado de pasos. La distancia de vecindad comienza a una distancia inicial dada y disminuye hasta la distancia de vecindad de sintonización (1,0). A medida que la distancia de vecindad disminuye durante esta fase, las neuronas de la red suelen ordenarse en el espacio de entrada con la misma topología en la que se ordenan físicamente.

Fase de ajuste

Esta fase dura el resto del entrenamiento o adaptación. El tamaño del vecindario ha disminuido por debajo de 1, por lo que sólo la neurona ganadora aprende para cada muestra.

Veamos ahora algunos de los valores específicos utilizados habitualmente en estas redes.

El aprendizaje se produce según el learnsomb mostrado aquí con su valor por defecto.

Learning Parameter	Default Value	Purpose
LP.init_neighborhood	3	Initial neighborhood size
LP.steps	100	Ordering phase steps

El tamaño del vecindario NS se modifica mediante dos fases: una fase de ordenación y una fase de ajuste.

La fase de ordenación dura tantos pasos como `LP.steps` . Durante esta fase, el algoritmo ajusta ND desde el tamaño de vecindad inicial `LP.init neighborhood` hasta 1. Es durante esta fase cuando los pesos de las neuronas se ordenan en el espacio de entrada de forma coherente con las posiciones de las neuronas asociadas.

Durante la fase de ajuste, ND es inferior a 1. Durante esta fase, se espera que los pesos se repartan de forma relativamente uniforme por el espacio de entrada, conservando su orden topológico encontrado durante la fase de ordenación.

Así, los vectores de pesos de la neurona dan inicialmente grandes pasos todos juntos hacia la zona del espacio de entrada donde se presentan los vectores de entrada. Luego, a medida que el tamaño de vecindad disminuye a 1, el mapa tiende a ordenarse topológicamente sobre los vectores de entrada presentados. Una vez que el tamaño de la vecindad es 1, la red debería estar bastante bien ordenada. El entrenamiento continúa para dar tiempo a las neuronas a repartirse uniformemente por los vectores de entrada.

Como ocurre con las capas competitivas, las neuronas de un mapa autoorganizado se ordenarán con distancias aproximadamente iguales entre ellas si los vectores de entrada aparecen con una probabilidad uniforme en toda una sección del espacio de entrada. Si los vectores de entrada aparecen con una frecuencia variable en todo el espacio de entrada, la capa del mapa de características tiende a asignar neuronas a un área en proporción a la frecuencia de los vectores de entrada en ella.

Así, los mapas de características, al tiempo que aprenden a categorizar su entrada, también aprenden tanto la topología como la distribución de su entrada.

Puede entrenar la red durante 1000 épocas con

```
net.trainParam.epochs = 1000;
net = train(net,P);
plotsompos(net,P)
```

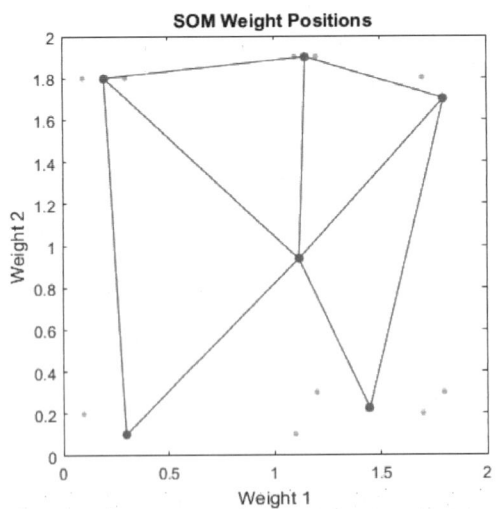

Puede ver que las neuronas han empezado a moverse hacia los distintos grupos de entrenamiento. Es necesario un entrenamiento adicional para que las neuronas se acerquen a los distintos grupos.

Como ya se ha señalado, los mapas autoorganizados difieren del aprendizaje competitivo convencional en cuanto a las neuronas cuyos pesos se actualizan. En lugar de actualizar sólo al ganador, los mapas de características actualizan los pesos del ganador y de sus vecinos. El resultado es que las neuronas vecinas tienden a tener vectores de pesos similares y a responder a vectores de entrada similares.

5.5 EJEMPLOS

A continuación, se describen brevemente dos ejemplos.

5.5.1 Mapa unidimensional autoorganizado

Consideremos 100 vectores unitarios de entrada de dos elementos repartidos uniformemente entre 0° y 90°.

```
angles = 0:0.5*pi/99:0.5*pi;
```

He aquí un gráfico de los datos.

```
P = [sin(angles); cos(angles)];
```

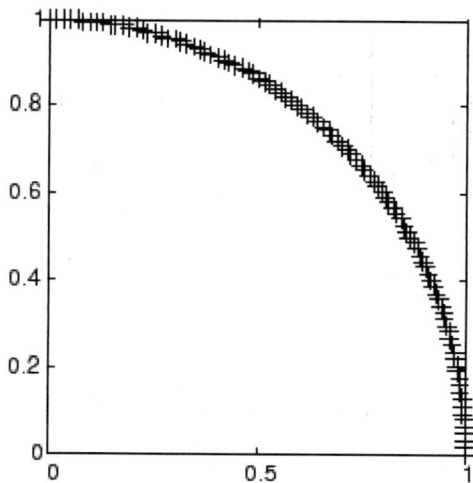

Un mapa autoorganizado se define como una capa unidimensional de 10 neuronas. Este mapa se va a entrenar con los vectores de entrada mostrados arriba. Originalmente, estas neuronas están en el centro de la figura.

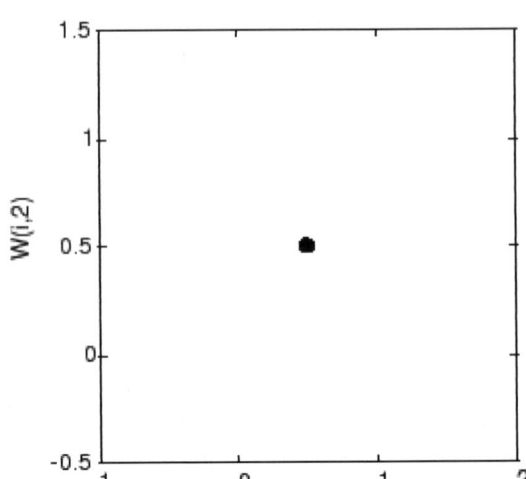

Por supuesto, como todos los vectores de peso comienzan en el centro del espacio vectorial de entrada, todo lo que se ve ahora es un único círculo.

A medida que comienza el entrenamiento, los vectores de pesos se mueven juntos hacia los vectores de entrada. También se ordenan a medida que disminuye el tamaño de la vecindad. Finalmente, la capa ajusta sus pesos para que cada neurona responda con fuerza a una región del espacio de entrada ocupada por los vectores de entrada. La colocación de los vectores de pesos de las neuronas vecinas también refleja la topología de los vectores de entrada.

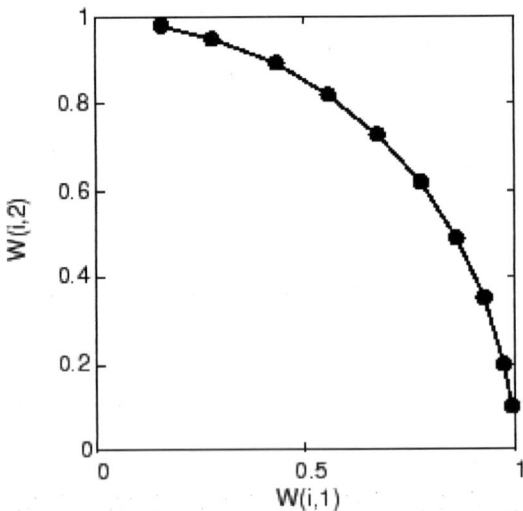

Tenga en cuenta que los mapas autoorganizativos se entrenan con vectores de entrada en un orden aleatorio, por lo que empezar con los mismos vectores iniciales no garantiza resultados de entrenamiento idénticos.

5.5.2 Mapa de autoorganización bidimensional

Este ejemplo muestra cómo se puede entrenar un mapa autoorganizado bidimensional.

Primero se crean unos datos de entrada aleatorios con el siguiente código:

```
P = rands(2,1000);
```

A continuación, se muestra un gráfico de estos 1.000 vectores de entrada.

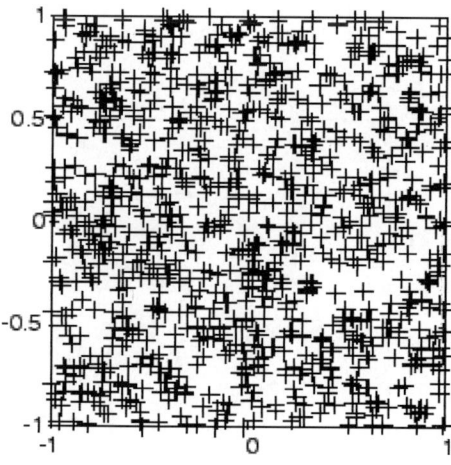

Para clasificar estos vectores de entrada se utiliza un mapa bidimensional de 5 por 6 neuronas. El mapa bidimensional es de cinco neuronas por seis neuronas, con distancias calculadas según la función de vecindad de distancia Manhattan mandista.

A continuación, el mapa se entrena durante 5000 ciclos de presentación, con visualizaciones cada 20 ciclos.

Este es el aspecto del mapa autoorganizado después de 40 ciclos.

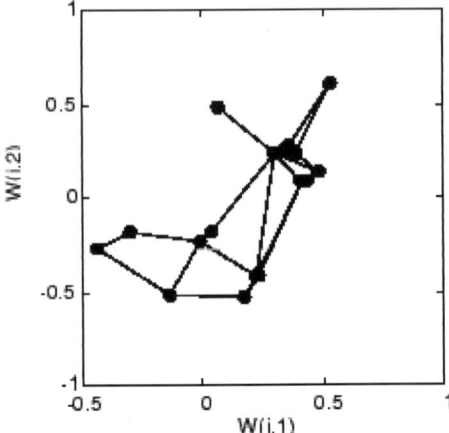

Los vectores de peso, mostrados con círculos, están colocados casi al azar. Sin embargo, incluso después de sólo 40 ciclos de presentación, las neuronas vecinas, conectadas por líneas, tienen vectores de peso próximos entre sí.

Este es el mapa después de 120 ciclos.

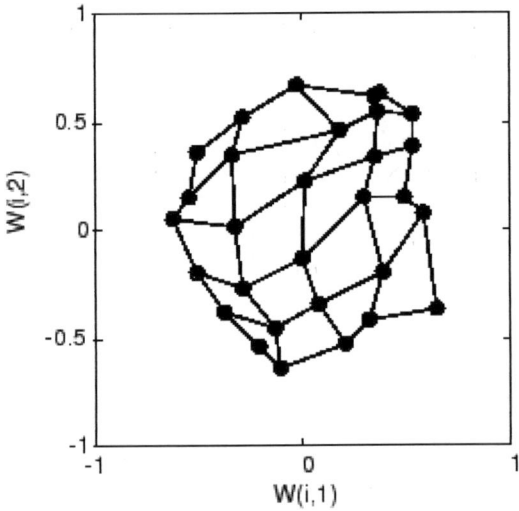

Después de 120 ciclos, el mapa ha empezado a organizarse según la topología del espacio de entrada, lo que limita los vectores de entrada.

El siguiente gráfico, después de 500 ciclos, muestra el mapa más uniformemente distribuido en el espacio de entrada.

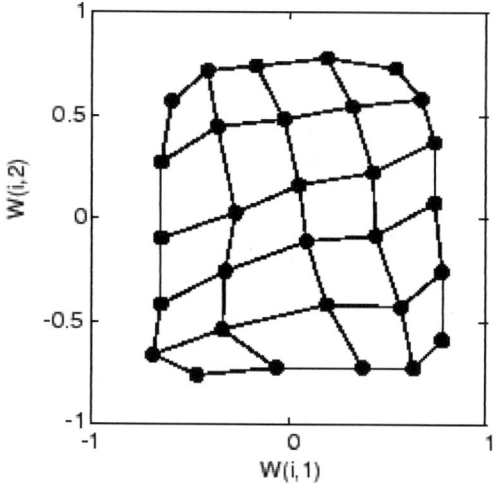

Por último, después de 5000 ciclos, el mapa se distribuye de forma bastante uniforme en el espacio de entrada. Además, las neuronas están muy uniformemente espaciadas, lo que refleja la distribución uniforme de los vectores de entrada en este problema.

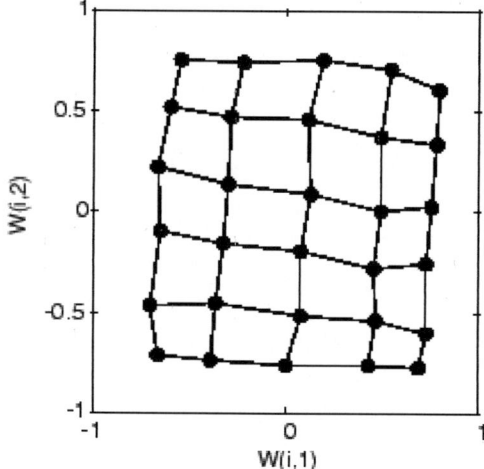

Así, un mapa autoorganizado bidimensional ha aprendido la topología del espacio de sus entradas.

Es importante señalar que, aunque un mapa autoorganizado no tarda mucho en organizarse para que las neuronas vecinas reconozcan entradas similares, el mapa puede tardar mucho tiempo en organizarse finalmente según la distribución de los vectores de entrada.

5.5.3 Entrenamiento con el algoritmo de lotes

El algoritmo de entrenamiento por lotes es generalmente mucho más rápido que el algoritmo incremental, y es el algoritmo por defecto para el entrenamiento SOFM. Puede experimentar con este algoritmo en un conjunto de datos simple con los siguientes comandos:

```
x = simplecluster_dataset
net = selforgmap([6 6]);
net = train(net,x);
```

Esta secuencia de comandos crea y entrena un mapa bidimensional de 6 por 6 de 36 neuronas. Durante el entrenamiento, aparece la siguiente figura.

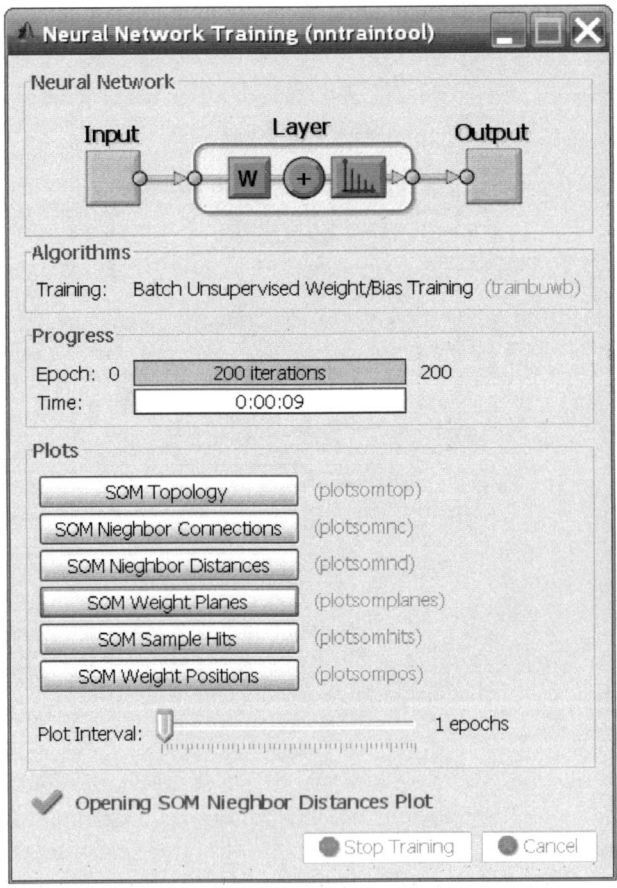

Hay varias visualizaciones útiles a las que puede acceder desde esta ventana. Si hace clic en **SOM Weight Positions**, aparece la siguiente figura, que muestra las ubicaciones de los puntos de datos y los vectores de pesos. Como indica la figura, tras sólo 200 iteraciones del algoritmo por lotes, el mapa está bien distribuido por el espacio de entrada.

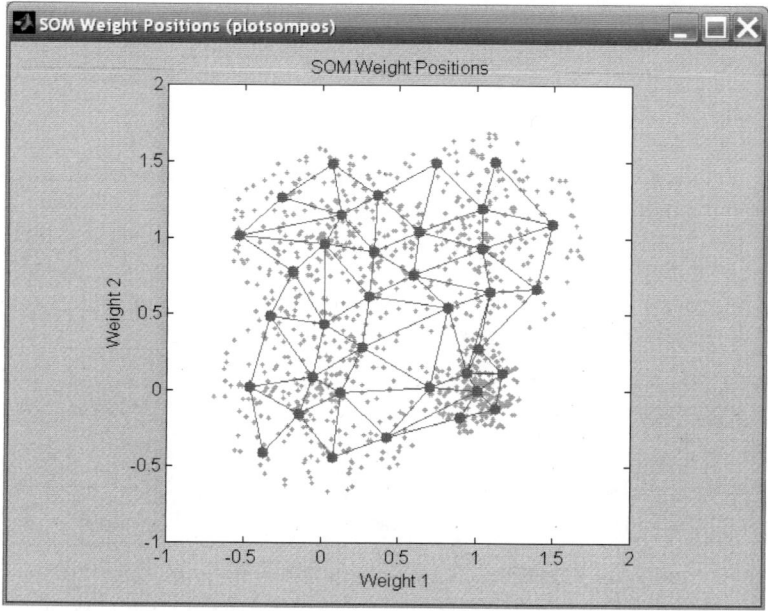

Cuando el espacio de entrada es muy dimensional, no puede visualizar todos los pesos al mismo tiempo. En este caso, haga clic en **SOM Neighbor Distances**. Aparece la siguiente figura, que indica las distancias entre neuronas vecinas.

Esta figura utiliza el siguiente código de colores:

Los hexágonos azules representan las neuronas.

Las líneas rojas conectan neuronas vecinas.

Los colores de las regiones que contienen las líneas rojas indican las distancias entre neuronas.

Los colores más oscuros representan distancias mayores.

Los colores más claros representan distancias más pequeñas.

En la región superior izquierda aparece un grupo de segmentos claros, delimitados por algunos segmentos más oscuros. Esta agrupación indica que la red ha agrupado los datos en dos grupos. Estos dos grupos pueden verse en la figura anterior de la posición del peso. La región inferior derecha de esa figura contiene un pequeño grupo de puntos de datos muy agrupados.

Los pesos correspondientes están más juntos en esta región, lo que se indica por los colores más claros en la figura de la distancia entre vecinos. Cuando los pesos de esta pequeña región se conectan con la región más grande, las distancias son mayores, como indica la banda más oscura de la figura de la distancia entre vecinos. Los segmentos de la región inferior derecha de la distancia entre vecinos son más oscuros que los de la región superior izquierda. Esta diferencia de color indica que los puntos de datos de esta región están más alejados. Esta distancia se confirma en la figura de las posiciones de los pesos.

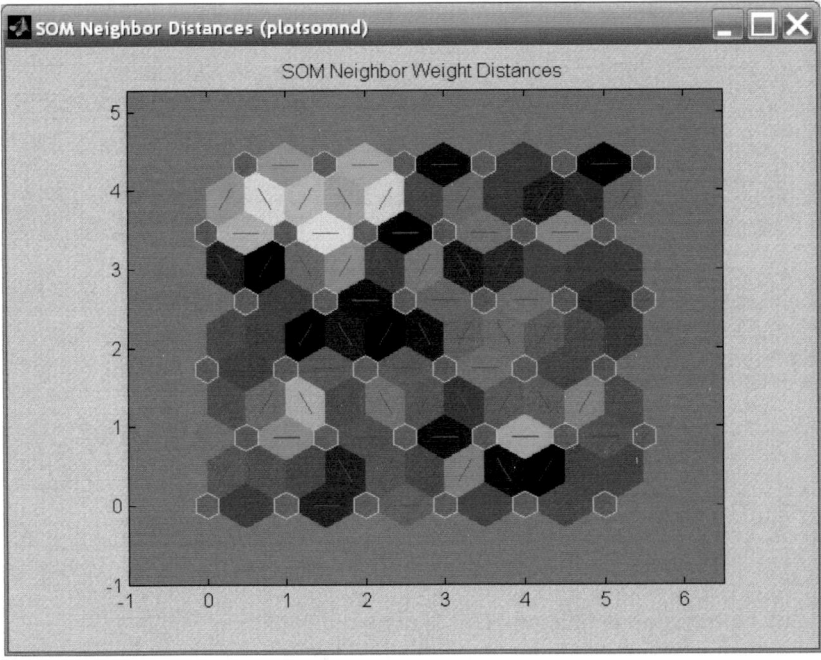

Otra figura útil puede indicarle cuántos puntos de datos están asociados a cada neurona. Haga clic en **SOM Sample Hits** para ver la siguiente figura. Lo mejor es que los datos estén distribuidos de forma bastante uniforme entre las neuronas. En este ejemplo, los datos se concentran un poco más en las neuronas superiores izquierdas, pero en general la distribución es bastante uniforme.

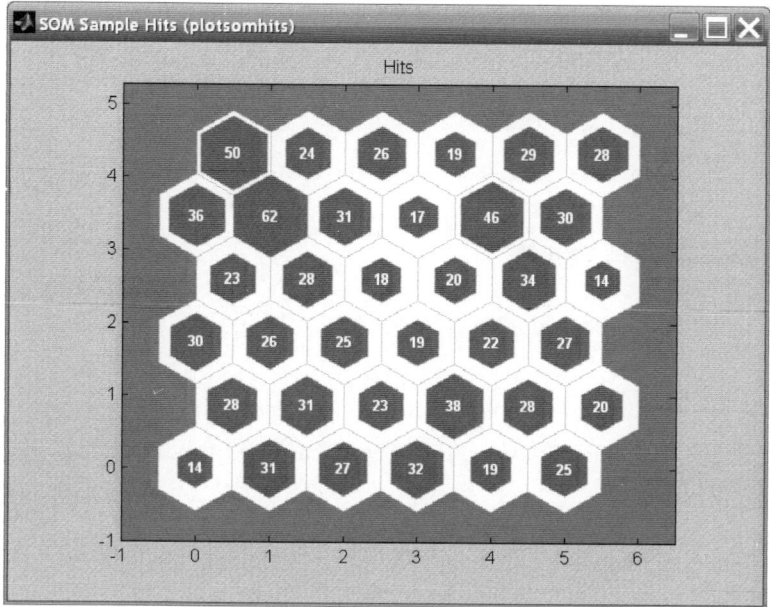

También puede visualizar los propios pesos utilizando la figura del plano de pesos. Haga clic en **SOM Weight Planes** en la ventana de entrenamiento para obtener la siguiente figura. Hay un plano de pesos para cada elemento del vector de entrada (dos, en este caso). Son visualizaciones de los pesos que conectan cada entrada a cada una de las neuronas. (Los colores más claros y más oscuros representan pesos mayores y menores, respectivamente). Si los patrones de conexión de dos entradas son muy similares, se puede asumir que las entradas estaban altamente correlacionadas. En este caso, la entrada 1 tiene conexiones muy diferentes a las de la entrada 2.

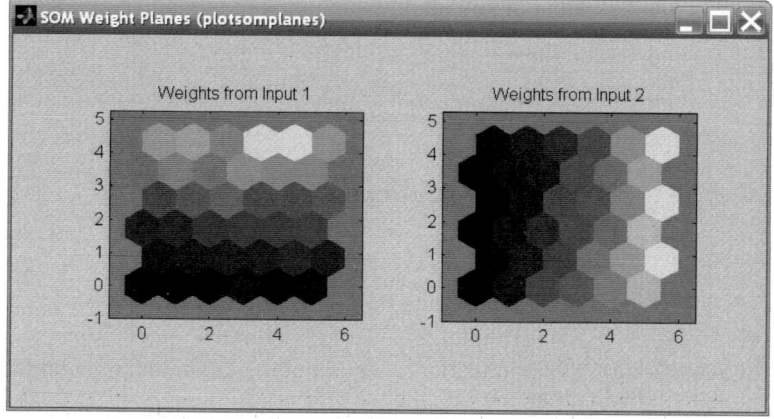

También puede producir todas las figuras anteriores desde la línea de comandos. Pruebe los comandos de trazado dados por las instrucciones siguientes: `plotsomhits`, `plotsomnc`, `plotsomnd`, `plotsomplanes`, `plotsompos`, `plotsomtop` .

5.6 AUTOFORGMAP

Se trata de la sentencia de creación de un Mapa autoorganizado

Sintaxis

```
selforgmap(dimensions,coverSteps,initNeighbor,topologyFcn,dist
anceFcn)
```

Descripción

Los mapas autoorganizados aprenden a agrupar los datos en función de la similitud y la topología, con preferencia (pero sin garantía) por asignar el mismo número de instancias a cada clase.

Los mapas autoorganizados se utilizan tanto para agrupar datos como para reducir su dimensionalidad. Se inspiran en los mapas sensoriales y motores del cerebro de los mamíferos, que también parecen organizar automáticamente la información de forma topológica.

selforgmap(dimensions,coverSteps,initNeighbor,topologyFcn,distanceFcn) toma estos argumentos,

dimensions	Row vector of dimension sizes (default = [8 8])
coverSteps	Number of training steps for initial covering of the input space (default = 100)
initNeighbor	Initial neighborhood size (default = 3)
topologyFcn	Layer topology function (default = 'hextop')
distanceFcn	Neuron distance function (default = 'linkdist')

y devuelve un mapa autoorganizado.

Ejemplos. Utilizar el mapa autoorganizado para agrupar datos

Aquí se utiliza un mapa autoorganizado para agrupar un conjunto sencillo de datos.

```
x = simplecluster_dataset;
net = selforgmap([8 8]);
net = train(net,x);
view(net)
y = net(x);
classes = vec2ind(y);
```

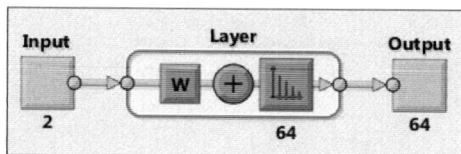

5.7 FUNCIONES PARA MAPAS AUTOORGANIZADOS Y EJEMPLOS

5.7.1 plotsomhits

Mapa autoorganizado de redes SOM

Sintaxis

```
plotsomhits(net,inputs)
```

Descripción

plotsomhits(net,inputs) representa una capa SOM, en la que cada neurona muestra el número de vectores de entrada que clasifica. El número relativo de vectores de cada neurona se muestra mediante el tamaño de un parche coloreado.

Este gráfico admite redes SOM con topologías hextop y gridtop, pero no tritop ni randtop.

Ejemplos. Plot SOM Ejemplos

```
x = iris_dataset;
net = selforgmap([5 5]);
net = train(net,x);
plotsomhits(net,x)
```

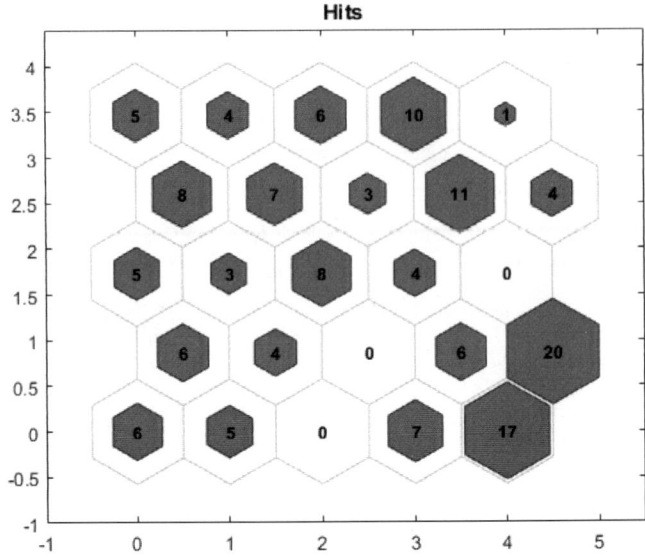

5.7.2 plotsomnc

Trazar conexiones de vecinos del mapa autoorganizado

Sintaxis

```
plotsomnc(net)
```

Descripción

plotsomnc(net) traza una capa SOM mostrando las neuronas como parches grises-azules y sus relaciones vecinas directas con líneas rojas.

Este gráfico admite redes SOM con topologías hextop y gridtop, pero no tritop ni randtop.

Ejemplos. Trazar conexiones de vecinos SOM

```
x = iris_dataset;
net = selforgmap([8 8]);
net = train(net,x);
plotsomnc(net)
```

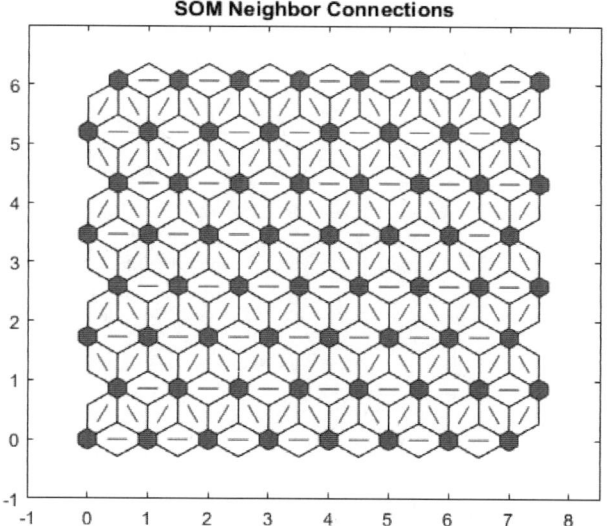

5.7.3 plotsomnd

Trazar las distancias entre vecinos del mapa autoorganizado

Sintaxis

```
plotsomnd(net)
```

Descripción

plotsomnd(net) traza una capa SOM mostrando las neuronas como parches gris-azules y sus relaciones de vecindad directa con líneas rojas. Los parches vecinos se colorean de negro a amarillo para mostrar lo cerca que está el vector de peso de cada neurona de sus vecinas.

Este gráfico admite redes SOM con topologías hextop y gridtop, pero no tritop ni randtop.

Ejemplos. Trazar distancias entre vecinos SOM

```
x = iris_dataset;
net = selforgmap([5 5]);
net = train(net,x);
plotsomnd(net)
```

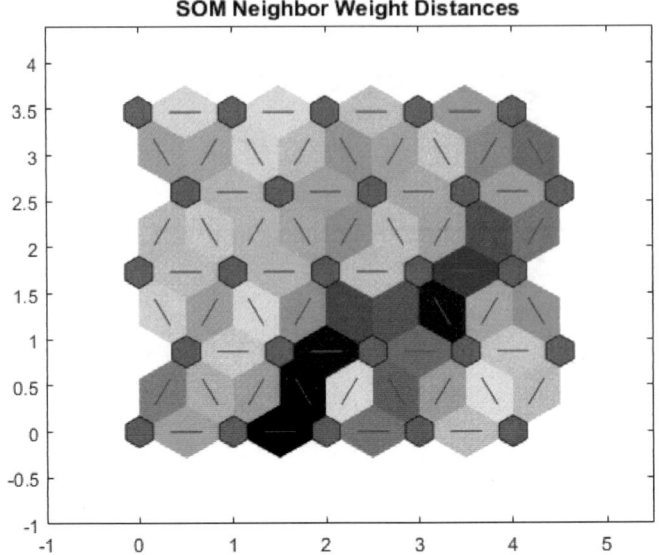

5.7.4 plotsomplanes

Trazar planos de pesos del mapa autoorganizado

Sintaxis

```
plotsomplanes(net)
```

Descripción

`plotsomplanes(net)` genera un conjunto de subtrazados. Cada subtrama muestra los pesos de la entrada i a las neuronas de la capa, con las conexiones más negativas en azul, las conexiones cero en negro y las conexiones positivas más fuertes en rojo.

El gráfico sólo se muestra para las capas organizadas en una o dos dimensiones.

Este trazado admite redes SOM con topologías `hextop` y `gridtop` , pero no `tritop` ni `randtop`.

Esta función también puede llamarse con argumentos de función de trazado normalizados utilizados por la función `train` .

Ejemplos. Trazar planos de pesos SOM

```
x = iris_dataset;
net = selforgmap([5 5]);
net = train(net,x);
plotsomplanes(net)
```

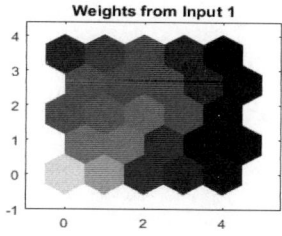
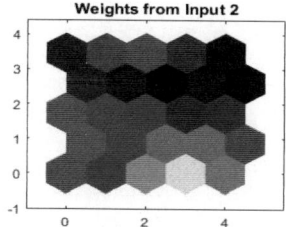

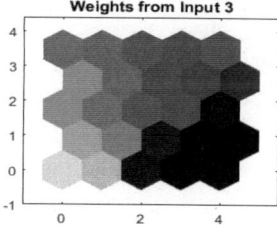
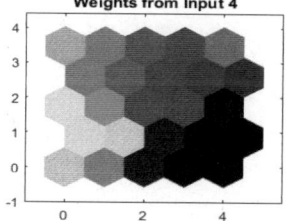

5.7.5 plotsompos

Trazar posiciones de peso del mapa autoorganizado

Sintaxis

```
plotsompos(net)
plotsompos(net,inputs)
```

Descripción

plotsompos(net) representa los vectores de entrada como puntos verdes y muestra cómo el SOM clasifica el espacio de entrada mostrando puntos azul-gris para el vector de pesos de cada neurona y conectando las neuronas vecinas con líneas rojas.

plotsompos(net,inputs) muestra los datos de entrada junto con los pesos.

Ejemplos. Trazar posiciones de pesos SOM

```
x = iris_dataset;
net = selforgmap([10 10]);
net = train(net,x);
plotsompos(net,x)
```

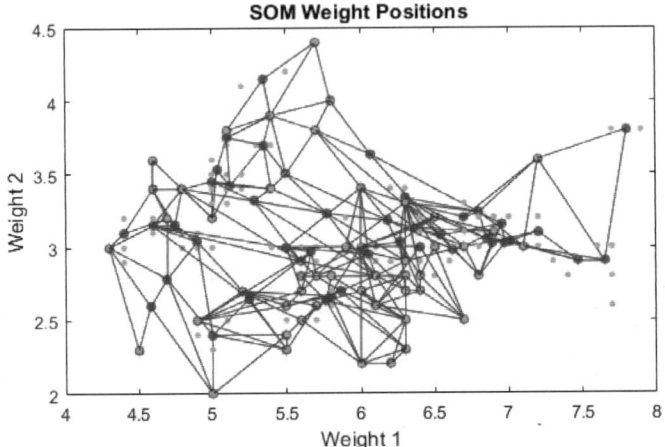

5.7.6 plotsomtop

Trazar la topología del mapa autoorganizado

Sintaxis

```
plotsomtop(net)
```

Descripción

`plotsomtop(net)` traza la topología de una capa SOM.

Este trazado admite redes SOM con topologías `hextop` y `gridtop` , pero no `tritop` ni `randtop` .

Ejemplos. Trazar la topología SOM

```
x = iris_dataset;
net = selforgmap([8 8]);
plotsomtop(net)
```

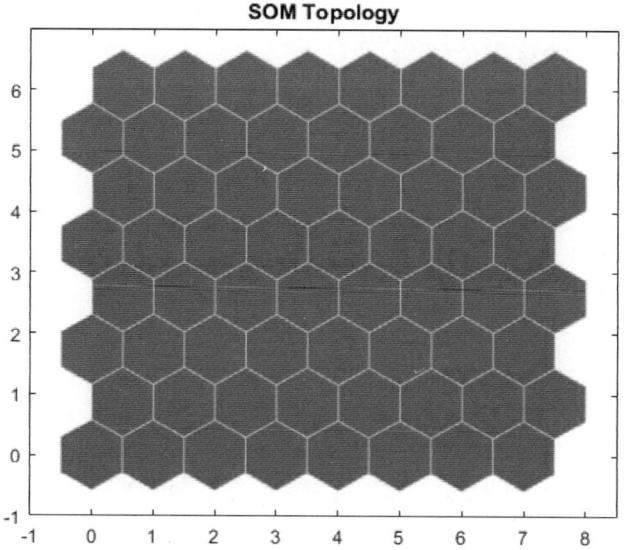

5.8 UN EJEMPLO COMPLETO. AGRUPACIÓN DE LIRIOS

Este ejemplo ilustra cómo una red neuronal de mapas autoorganizados puede agrupar topológicamente los lirios por clases, lo que proporciona una visión de estos tipos de flores y una herramienta útil para análisis posteriores.

En este ejemplo intentamos construir una red neuronal que agrupe los lirios en clases naturales, de forma que las clases similares se agrupen. Cada lirio se describe mediante cuatro características:

Longitud del sépalo en cm

Anchura del sépalo en cm

Longitud de los pétalos en cm

Anchura de los pétalos en cm

Este es un ejemplo de un problema de agrupación, en el que nos gustaría agrupar muestras en clases basadas en la similitud entre muestras. Queremos crear una red neuronal que no sólo cree definiciones de clase para las entradas conocidas, sino que también nos permita clasificar las entradas desconocidas en consecuencia.

5.8.1 ¿Por qué redes neuronales con mapas autoorganizativos?

Los mapas autoorganizados (SOM) son muy buenos creando clasificaciones. Además, las clasificaciones conservan información topológica sobre qué clases son más similares a otras. Los mapas autoorganizados pueden crearse con cualquier nivel de detalle. Son especialmente adecuados para agrupar datos de muchas dimensiones y con espacios de características de formas complejas y conectadas. Son muy adecuados para agrupar flores de iris.

Los cuatro atributos de las flores servirán de entrada al SOM, que los mapeará en una capa bidimensional de neuronas.

5.8.2 Preparación de los datos

Los datos para los problemas de clustering se configuran para un SOM organizando los datos en una matriz de entrada X.

Cada columna ith de la matriz de entrada tendrá cuatro elementos que representan las cuatro mediciones tomadas en una sola flor.

Aquí se carga un conjunto de datos de este tipo.

```
x = iris_dataset;
```

Podemos ver el tamaño de las entradas X.

Observe que X tiene 150 columnas. Éstas representan 150 conjuntos de atributos del lirio. Tiene cuatro filas, para las cuatro medidas.

```
size(x)
ans =

    4    150
```

5.8.3 Agrupación con una red neuronal

El siguiente paso es crear una red neuronal que aprenda a agruparse.

La función selforgmap crea mapas autoorganizativos para clasificar muestras con tanto detalle como se desee, seleccionando el número de neuronas en cada dimensión de la capa.

Para este ejemplo, probaremos con una capa bidimensional de 64 neuronas dispuestas en una rejilla hexagonal de 8x8. En general, se consigue un mayor detalle con más neuronas, y más dimensiones permiten modelar la topología de espacios de características más complejos.

El tamaño de entrada es 0 porque la red aún no se ha configurado para ajustarse a nuestros datos de entrada. Esto ocurrirá cuando se entrene la red.

```
net = selforgmap([8 8]);
view(net)
```

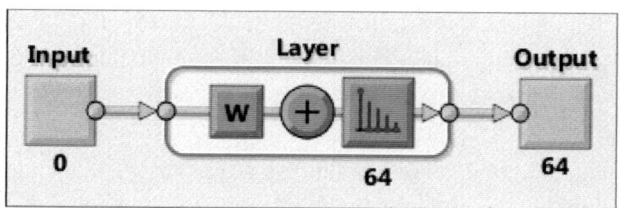

Ahora la red está lista para ser optimizada con el entrenamiento.

La herramienta de entrenamiento de NN muestra la red que se está entrenando y los algoritmos utilizados para entrenarla. También muestra el estado de entrenamiento durante el mismo y los criterios que detuvieron el entrenamiento se resaltarán en verde.

Los botones de la parte inferior abren gráficos útiles que pueden abrirse durante y después del entrenamiento. Los enlaces situados junto a los nombres de los algoritmos y los botones de gráficos abren documentación sobre esos temas.

```
[net,tr] = train(net,x);
nntraintool
```

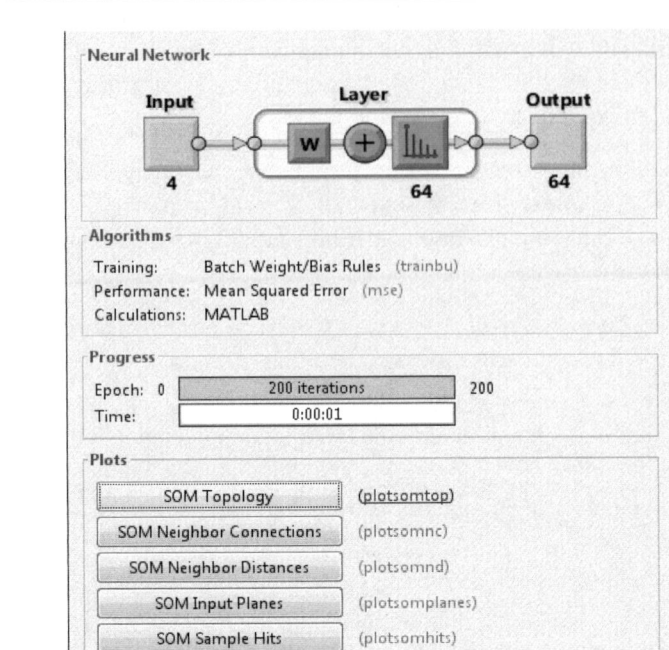

Aquí se utiliza el mapa autoorganizado para calcular los vectores de clase de cada una de las entradas de entrenamiento. Estas clasificaciones cubren el espacio de características poblado por las flores conocidas y pueden utilizarse ahora para clasificar las nuevas flores en consecuencia. La salida de la red será una matriz de 64x150, en la que cada i-ésima columna representa el j-ésimo clúster para cada i-ésimo vector de entrada con un 1 en su j-ésimo elemento.

La función **vec2ind** devuelve el índice de la neurona con una salida de 1, para cada vector. Los índices oscilarán entre 1 y 64 para los 64 clusters representados por las 64 neuronas.

```
y = net(x);
cluster_index = vec2ind(y);
```

La función **plotsomtop** muestra la topología de los mapas autoorganizados de 64 neuronas colocadas en una cuadrícula hexagonal de 8x8. Cada neurona ha aprendido a representar una clase distinta de flor, y las neuronas adyacentes suelen representar clases similares.

```
plotsomtop(net)
```

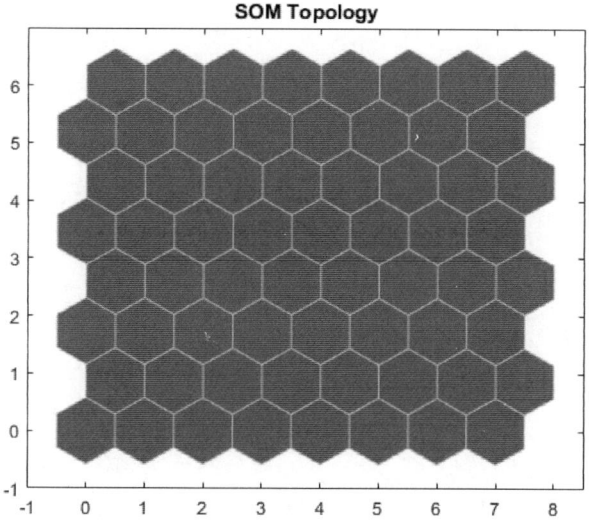

La función **plotsomhits** calcula las clases para cada flor y muestra el número de flores en cada clase. Las áreas de neuronas con un gran número de aciertos indican clases que representan regiones similares muy pobladas del espacio de características. Por el contrario, las zonas con pocos aciertos indican regiones poco pobladas del espacio de características.

```
plotsomhits(net,x)
```

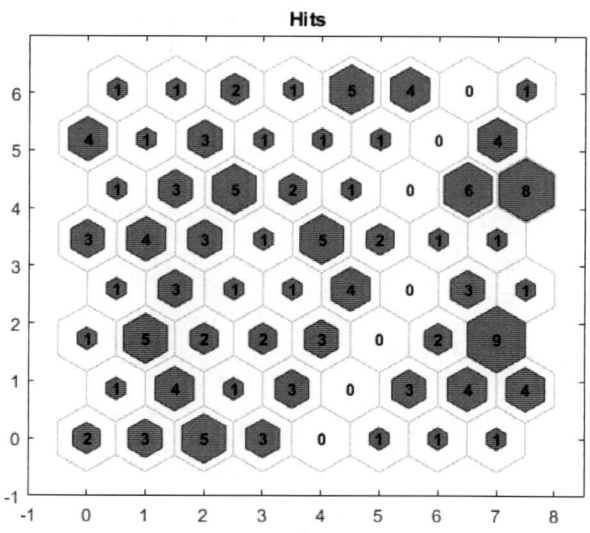

La función **plotsomnc** muestra las conexiones entre neuronas vecinas. Los vecinos suelen clasificar muestras similares.

```
plotsomnc(net)
```

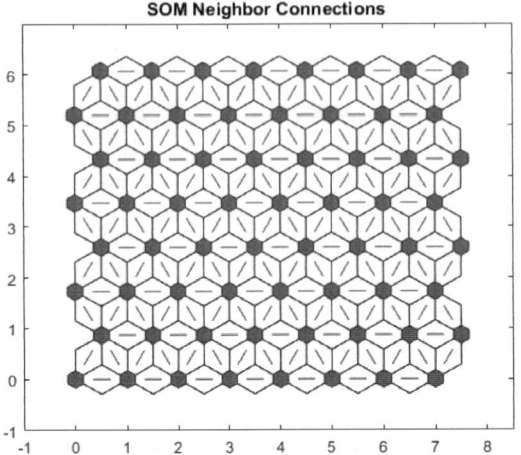

La función **plotsomnd** muestra la distancia (en términos de distancia euclidiana) entre la clase de cada neurona y sus vecinas. Las conexiones brillantes indican zonas muy conectadas del espacio de entrada. Mientras que las conexiones oscuras indican clases que representan regiones del espacio de características que están muy separadas, con pocas o ninguna flor entre ellas.

Los largos bordes de conexiones oscuras que separan grandes regiones del espacio de entrada indican que las clases situadas a ambos lados del borde representan flores con características muy diferentes.

```
plotsomnd(net)
```

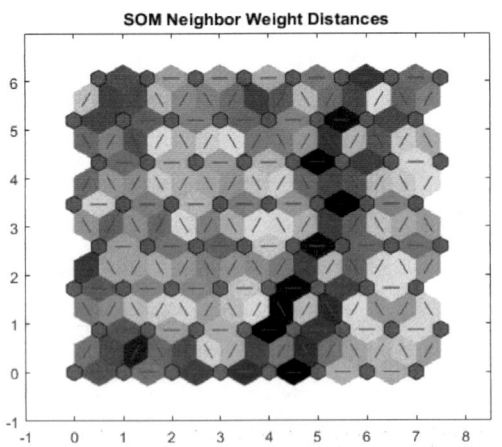

plotsomplanes muestra un plano de pesos para cada una de las cuatro características de entrada. Son visualizaciones de los pesos que conectan cada entrada con cada una de las 64 neuronas de la rejilla hexagonal de 8x8. Los colores más oscuros representan pesos mayores. Si dos entradas tienen planos de pesos similares (sus gradientes de color pueden ser iguales o inversos) indica que están altamente correlacionadas.

```
plotsomplanes(net)
```

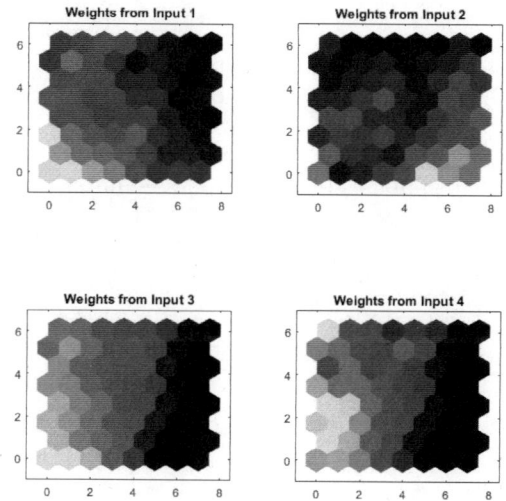

Este ejemplo ilustra cómo diseñar una red neuronal que agrupe las flores del iris en función de cuatro de sus características.

5.9 ANÁLISIS DE LA EXPRESIÓN GÉNICA. ANÁLISIS DE CONGLOMERADOS Y COMPONENTES PRINCIPALES

Este ejemplo muestra la búsqueda de patrones en los perfiles de expresión génica de la levadura de panadería mediante redes neuronales.

5.9.1 El problema: analizar las expresiones génicas en la levadura del pan (Saccharomyces Cerevisiae)

El objetivo es comprender en cierta medida las expresiones génicas de Saccharomyces cerevisiae, comúnmente conocida como levadura de panadería o levadura de cerveza. Es el hongo que se utiliza para hornear pan y fermentar el vino de uva.

Saccharomyces cerevisiae, cuando se introduce en un medio rico en glucosa, puede convertir la glucosa en etanol. Inicialmente, la levadura convierte la glucosa en etanol mediante un proceso metabólico denominado "fermentación". Sin embargo, una vez agotado el suministro de glucosa, la levadura pasa de la fermentación anaeróbica de la glucosa a la respiración aeróbica del etanol. Este proceso se denomina cambio diauxico. Este proceso es de gran interés, ya que va acompañado de importantes cambios en la expresión génica.

El ejemplo utiliza datos de microarrays de ADN para estudiar la expresión génica temporal de casi todos los genes en Saccharomyces cerevisiae durante el cambio diauxico.

Necesita Bioinformatics Toolbox™ para ejecutar este ejemplo.

```
if ~nnDependency.bioInfoAvailable
  errordlg('This example requires Bioinformatics Toolbox.');
  return;
end
```

5.9.2 Los datos

Este ejemplo utiliza datos de DeRisi, JL, Iyer, VR, Brown, PO. "Exploración del control metabólico y genético de la expresión génica a escala genómica". Science. 1997 Oct 24;278(5338):680-6. PMID: 9381177

El conjunto completo de datos puede descargarse del sitio web Gene Expression Omnibus: http://www.yeastgenome.org

Empiece cargando los datos en MATLAB®.

```
load yeastdata.mat
```

Los niveles de expresión génica se midieron en siete puntos temporales durante el desplazamiento diauxico. La variable tiempos contiene los tiempos en los que se midieron los niveles de expresión en el experimento. La variable genes contiene los nombres de los genes cuyos niveles de expresión se midieron. La variable yeastvalues contiene los datos "VALUE" o LOG_RAT2N_MEAN, o log2 de la relación entre CH2DN_MEAN y CH1DN_MEAN de los siete pasos temporales del experimento.

Para hacerse una idea del tamaño de los datos puede utilizar **numel(genes)** para mostrar cuántos genes hay en el conjunto de datos.

```
numel(genes)

ans =

      6400
```

genes es una matriz de celdas con los nombres de los genes. Puede acceder a las entradas utilizando la indexación de matrices de celdas de MATLAB:

```
genes{15}

ans =

YAL054C
```

Esto indica que la fila 15 de la variable **yeastvalues** contiene niveles de expresión para el ORF YAL054C. Puede utilizar el comando web para acceder a la información sobre este ORF en la base de datos del genoma de Saccharomyces (SGD).

```
url = sprintf(...
        'http://www.yeastgenome.org/cgi-bin/locus.fpl?locus=%s',...
        genes{15});
web(url);
```

5.9.3 Filtrar los genes

El conjunto de datos es bastante grande y gran parte de la información corresponde a genes que no muestran ningún cambio interesante durante el experimento. Para facilitar la búsqueda de los genes interesantes, lo primero que hay que hacer es reducir el tamaño del conjunto de datos eliminando los genes con perfiles de expresión que no muestran nada de interés. Hay 6400 perfiles de expresión. Puede utilizar varias técnicas para reducirlo a un subconjunto que contenga los genes más significativos.

Si echa un vistazo a la lista de genes, verá varios puntos marcados como "VACÍOS". Se trata de puntos vacíos en la matriz y, aunque podrían tener datos asociados, para los fines de este ejemplo, puede considerar estos puntos como ruido. Estos puntos pueden encontrarse utilizando la función **strcmp** y eliminarse del conjunto de datos con comandos de indexación.

```
emptySpots = strcmp('EMPTY',genes);
yeastvalues(emptySpots,:) = [];
genes(emptySpots) = [];
```

```
numel(genes)

ans =

    6314
```

En los datos yeastvalues también verá varios lugares donde el nivel de expresión está marcado como NaN. Esto indica que no se recogieron datos para este punto en el paso de tiempo concreto.

Un enfoque para tratar estos valores perdidos sería imputarlos utilizando la media o la mediana de los datos para el gen en particular a lo largo del tiempo. En este ejemplo se utiliza un enfoque menos riguroso que consiste simplemente en descartar los datos de los genes en los que no se midió uno o más niveles de expresión.

La función **isnan** se utiliza para identificar los genes con datos ausentes y los comandos de indexación se utilizan para eliminar los genes con datos ausentes.

```
nanIndices = any(isnan(yeastvalues),2);
yeastvalues(nanIndices,:) = [];
genes(nanIndices) = [];
numel(genes)

ans =

    6276
```

Si trazara los perfiles de expresión de todos los perfiles restantes, vería que la mayoría de los perfiles son planos y no significativamente diferentes de los demás.

Estos datos planos son obviamente útiles, ya que indican que los genes asociados con estos perfiles no se ven afectados significativamente por el cambio diauxico; sin embargo, en este ejemplo, usted está interesado en los genes con grandes cambios en la expresión que acompañan al cambio diauxico. Puede utilizar las funciones de filtrado de Bioinformatics Toolbox™ para eliminar los genes con varios tipos de perfiles que no proporcionan información útil sobre los genes afectados por el cambio metabólico.

Puede utilizar la función **genevarfilter** para filtrar los genes con una varianza pequeña a lo largo del tiempo. La función devuelve una matriz lógica del mismo tamaño que la variable genes con unos correspondientes a las filas de yeastvalues con varianza superior al percentil 10 y ceros correspondientes a las que están por debajo del umbral.

```
mask = genevarfilter(yeastvalues);
% Use the mask as an index into the values to remove the filtered
genes.
yeastvalues = yeastvalues(mask,:);
genes = genes(mask);
numel(genes)

ans =

     5648
```

La función **genelowvalfilter** elimina los genes que tienen valores de expresión absoluta muy bajos. Tenga en cuenta que las funciones de filtro de genes también pueden calcular automáticamente los datos y nombres filtrados.

```
[mask, yeastvalues, genes] = ...
   genelowvalfilter(yeastvalues,genes,'absval',log2(3));
numel(genes)

ans =

   822
```

Utilice **geneentropyfilter** para eliminar los genes cuyos perfiles tengan una entropía baja:

```
[mask, yeastvalues, genes] = ...
   geneentropyfilter(yeastvalues,genes,'prctile',15);
numel(genes)

ans =

   614
```

5.9.4 Análisis de componentes principales

Ahora que tiene una lista manejable de genes, puede buscar relaciones entre los perfiles.

Normalizar la desviación estándar y la media de los datos permite a la red tratar cada entrada como igual de importante en su rango de valores.

El análisis de componentes principales (ACP) es una técnica útil que puede utilizarse para reducir la dimensionalidad de grandes conjuntos de datos, como los procedentes del análisis de microarrays. Esta técnica aísla los componentes principales del conjunto de datos eliminando aquellos componentes que menos contribuyen a la variación del conjunto de datos.

Las dos variables de configuración se pueden utilizar para aplicar **mapstd** y **processpca** a otros datos de forma coherente cuando la red se aplica a nuevos datos.

```
[x,std_settings] = mapstd(yeastvalues');  % Normalize data
[x,pca_settings] = processpca(x,0.15);    % PCA
```

Los vectores de entrada se normalizan primero, utilizando mapstd, para que tengan media cero y varianza unitaria. processpca es la función que implementa el algoritmo PCA. El segundo argumento que se pasa a processpca es 0,15. Esto significa que processpca elimina los componentes principales que contribuyen menos del 15% a la variación total del conjunto de datos. La variable pc contiene ahora los componentes principales de los datos yeastvalues.

Los componentes principales pueden visualizarse mediante la función **scatter** .

```
figure
scatter(x(1,:),x(2,:));
xlabel('First Principal Component');
ylabel('Second Principal Component');
title('Principal Component Scatter Plot');
```

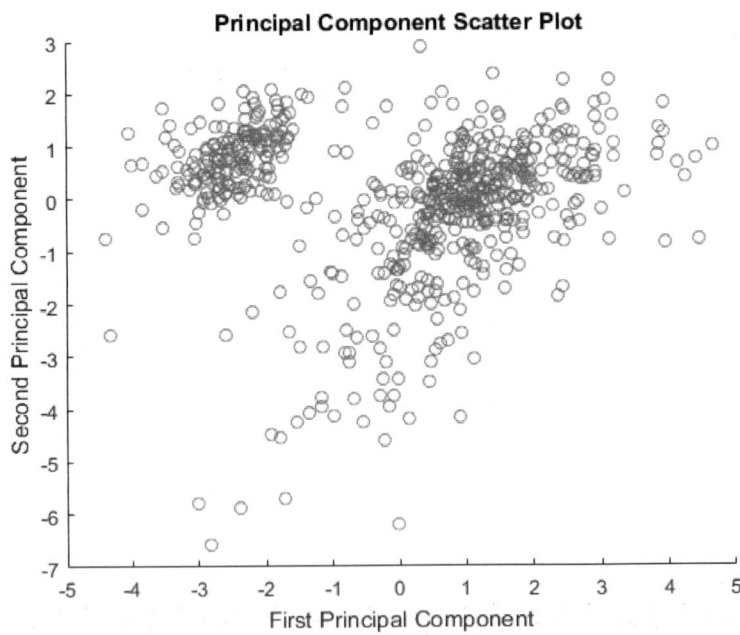

5.9.5 Análisis de conglomerados mediante componentes principales: Mapas autoorganizativos

A continuación, los componentes principales pueden agruparse mediante el algoritmo de agrupación del mapa autoorganizado (SOM) disponible en el software Neural Network Toolbox.

La función **selforgmap** crea una red de mapas auto-organizados que puede ser entrenada con la función **train**.

El tamaño de entrada es 0 porque la red aún no se ha configurado para ajustarse a nuestros datos de entrada. Esto ocurrirá cuando se entrene la red.

```
net = selforgmap([5 3]);
ver(red)
```

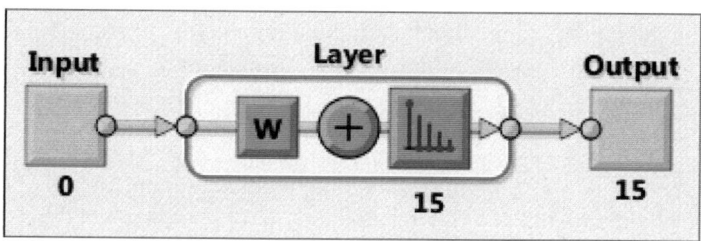

Ahora la red está lista para ser entrenada.

La herramienta de entrenamiento de NN muestra la red que se está entrenando y los algoritmos utilizados para entrenarla. También muestra el estado de entrenamiento durante el mismo y los criterios que detuvieron el entrenamiento se resaltarán en verde.

Los botones de la parte inferior abren gráficos útiles que pueden abrirse durante y después del entrenamiento. Los enlaces situados junto a los nombres de los algoritmos y los botones de gráficos abren documentación sobre esos temas.

```
net = train(net,x);
nntraintool
```

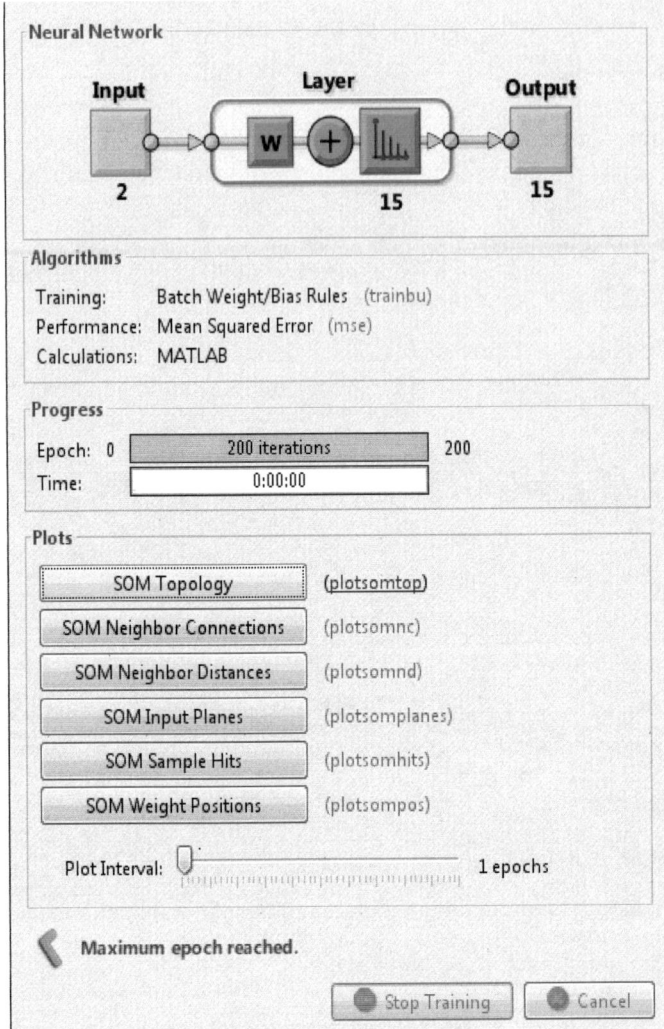

Utilice **plotsompos** para visualizar la red sobre un gráfico de dispersión de las dos primeras dimensiones de los datos.

```
figure
plotsompos(net,x);
```

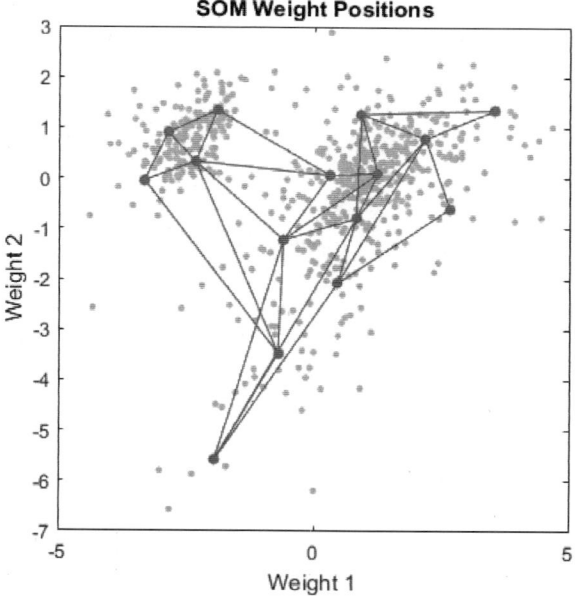

Puede asignar clusters utilizando el SOM encontrando el nodo más cercano a cada punto del conjunto de datos.

```
y = net(x);
cluster_indices = vec2ind(y);
```

Utilice **plotsomhits** para ver cuántos vectores se asignan a cada una de las neuronas del mapa.

```
figure
plotsomhits(net,x);
```

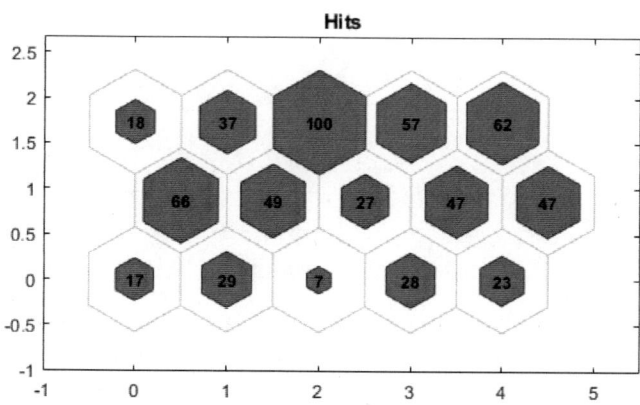

5.10 APRENDIZAJE COMPETITIVO

Las neuronas de una capa competitiva aprenden a representar diferentes regiones del espacio de entrada donde se producen los vectores de entrada.

P es un conjunto de puntos de datos de prueba generados aleatoriamente, pero agrupados. Aquí se representan los puntos de datos.

Se utilizará una red competitiva para clasificar estos puntos en clases naturales.

```
% Create inputs X.
bounds = [0 1; 0 1];    % Cluster centers to be in these bounds.
clusters = 8;           % This many clusters.
points = 10;            % Number of points in each cluster.
std_dev = 0.05;         % Standard deviation of each cluster.
x = nngenc(bounds,clusters,points,std_dev);

% Plot inputs X.
plot(x(1,:),x(2,:),'+r');
title('Input Vectors');
xlabel('x(1)');
ylabel('x(2)');
```

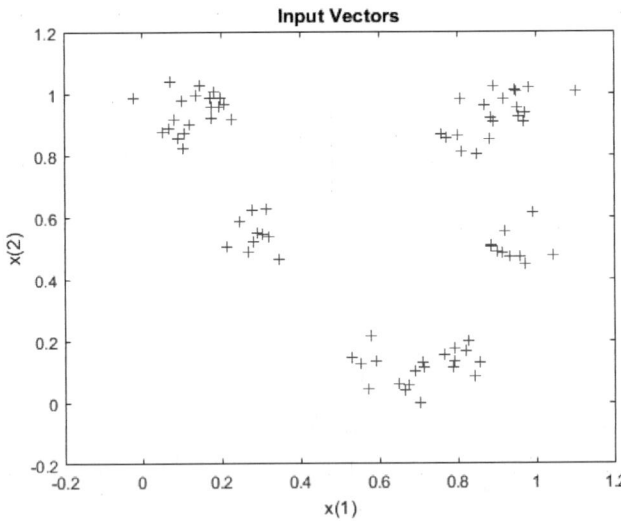

Aquí COMPETLAYER toma dos argumentos, el número de neuronas y la tasa de aprendizaje.

Podemos configurar las entradas de la red (normalmente lo hace automáticamente el TRAIN) y trazar los vectores de pesos iniciales para ver su intento de clasificación.

Los vectores de pesos (o's) se entrenarán de forma que aparezcan centrados en los clusters de vectores de entrada (+'s).

```
net = competlayer(8,.1);
net = configure(net,x);
w = net.IW{1};
plot(x(1,:),x(2,:),'+r');
hold on;
circles = plot(w(:,1),w(:,2),'ob');
```

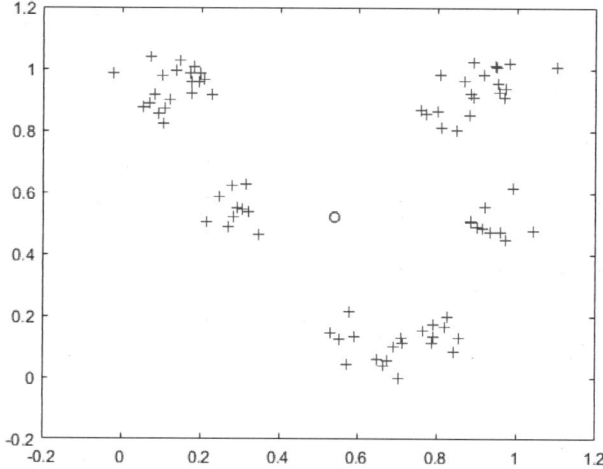

Establece el número de épocas a entrenar antes de parar y entrenar esta capa competitiva (puede tardar varios segundos).

Represente los pesos actualizados de las capas en el mismo gráfico.

```
net.trainParam.epochs = 7;
net = train(net,x);
w = net.IW{1};
delete(circles);
plot(w(:,1),w(:,2),'ob');
```

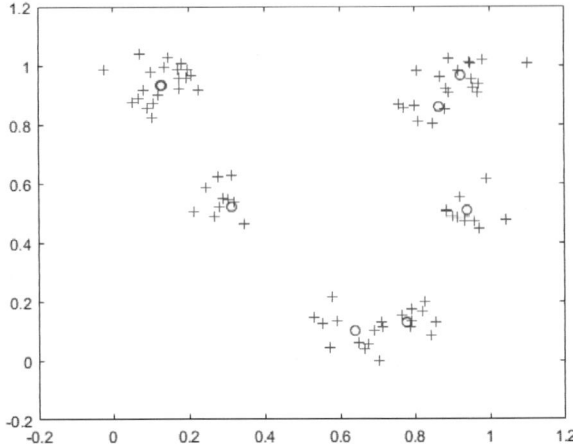

Ahora podemos utilizar la capa competitiva como un clasificador, donde cada neurona corresponde a una categoría diferente. Definimos el vector de entrada X1 como [0; 0,2].

La salida Y, indica qué neurona responde y, por tanto, a qué clase pertenece la entrada.

```
x1 = [0; 0.2];
y = net(x1)

y =

    0
    1
    0
    0
    0
    0
    0
    0
```

5.11 MAPA UNIDIMENSIONAL AUTOORGANIZADO

Las neuronas de una capa bidimensional aprenden a representar distintas regiones del espacio de entrada donde se presentan los vectores de entrada. Además, las neuronas vecinas aprenden a responder a entradas similares, por lo que la capa aprende la topología del espacio de entrada presentado.

Aquí se crean 100 puntos de datos en el círculo unitario.

Se utilizará una red competitiva para clasificar estos puntos en clases naturales.

```
angles = 0:0.5*pi/99:0.5*pi;
X = [sin(angles); cos(angles)];
plot(X(1,:),X(2,:),'+r')
```

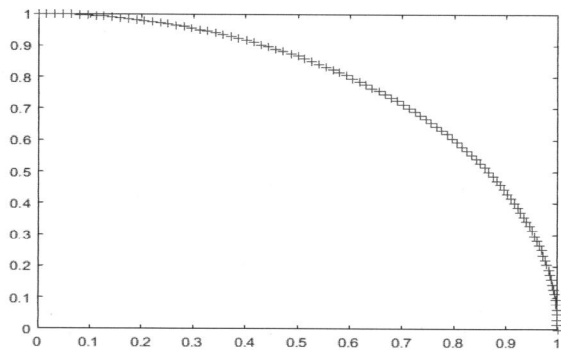

El mapa será una capa unidimensional de 10 neuronas.

```
net = selforgmap(10);
```

Especifique que la red debe entrenarse durante 10 épocas y utilice ENTRENAR para entrenar la red con los datos de entrada P:

```
net.trainParam.epochs = 10;
net = train(net,X);
```

Ahora traza las posiciones de los pesos de la red entrenada con PLOTSOMPOS.

Los puntos rojos son los vectores de peso de las neuronas, y las líneas azules conectan cada par a una distancia de 1.

```
plotsompos(net)
```

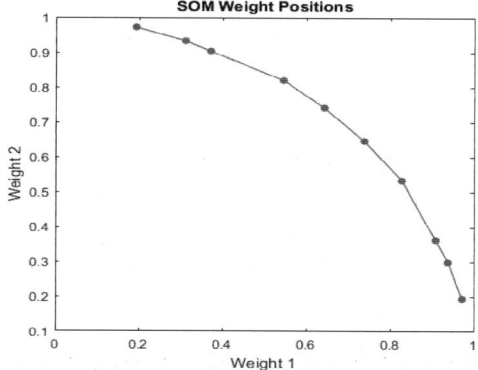

El mapa puede utilizarse ahora para clasificar entradas, como [1; 0]:

La neurona 1 o la 10 deberían tener una salida de 1, ya que el vector de entrada anterior estaba en un extremo del espacio de entrada presentado. El primer par de números indica la neurona, y el único número indica su salida.

```
x = [1;0];
a = net(x)

a =
     1
     0
     0
     0
     0
     0
     0
     0
     0
     0
```

5.12 MAPA AUTOORGANIZADO BIDIMENSIONAL

Al igual que en DEMOSM1, este mapa autoorganizado aprenderá a representar diferentes regiones del espacio de entrada donde se producen los vectores de entrada. En este ejemplo, sin embargo, las neuronas se organizarán en una cuadrícula bidimensional, en lugar de en una línea.

Queremos clasificar 1000 vectores de dos elementos que se encuentran en un espacio vectorial de forma rectangular.

```
X = rands(2,1000);
plot(X(1,:),X(2,:),'+r')
```

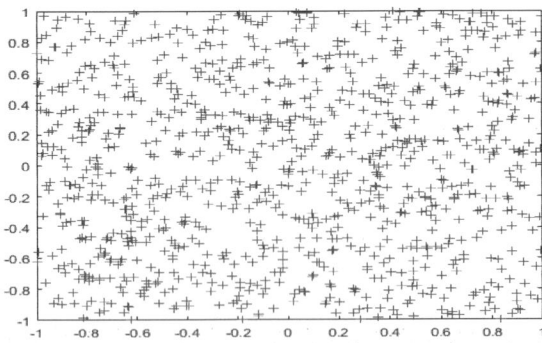

Utilizaremos una capa de neuronas de 5 por 6 para clasificar los vectores anteriores. Queremos que cada neurona responda a una región diferente del rectángulo, y que las neuronas vecinas respondan a regiones adyacentes.

La red se configura para que coincida con las dimensiones de las entradas. Este paso es necesario aquí porque vamos a trazar los pesos iniciales. Normalmente, la configuración la realiza automáticamente el TRAIN.

```
net = selforgmap([5 6]);
net = configure(net,X);
```

Podemos visualizar la red que acabamos de crear con PLOTSOMPOS.

Cada neurona está representada por un punto rojo en el lugar de sus dos pesos. Inicialmente, todas las neuronas tienen los mismos pesos en el centro de los vectores, por lo que sólo aparece un punto.

```
plotsompos(net)
```

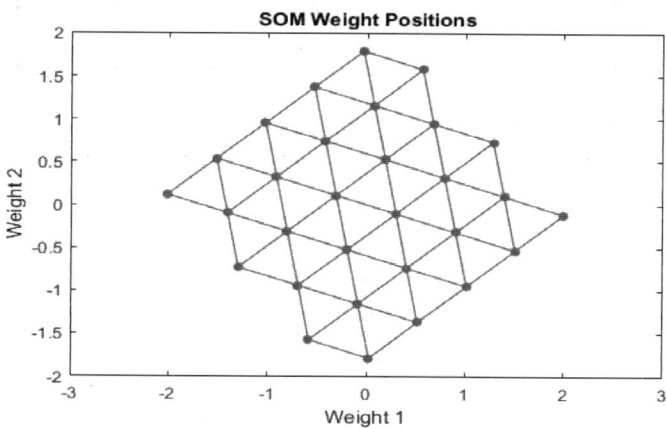

Ahora entrenamos el mapa con los 1000 vectores durante 1 epoch y volvemos a trazar los pesos de la red.

Tras el entrenamiento, observe que la capa de neuronas ha empezado a autoorganizarse, de modo que cada neurona clasifica ahora una región diferente del espacio de entrada, y las neuronas adyacentes (conectadas) responden a regiones adyacentes.

```
net.trainParam.epochs = 1;
net = train(net,X);
plotsompos(net)
```

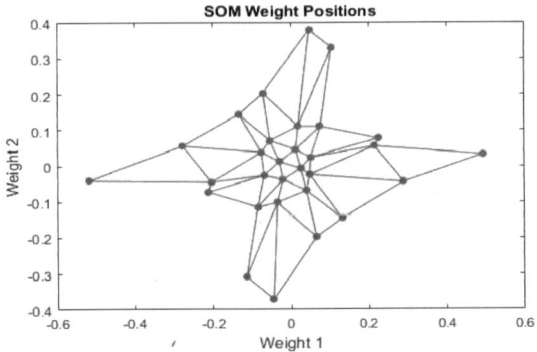

Ahora podemos utilizar SIM para clasificar vectores dándoselos a la red y viendo qué neurona responde.

La neurona indicada por "a" respondió con un "1", por lo que x pertenece a esa clase.

```
x = [0.5;0.3];
y = net(x)

y =
     1
     0
     0
     0
     0
     0
     0
     0
     0
     0
     0
     0
     0
     0
     0
     0
     0
     0
     0
     0
     0
     0
     0
     0
     0
     0
     0
     0
     0
     0
```

5.13 CREAR UNA RED NEURONAL COMPETITIVA. SESGO Y REGLA DE APRENDIZAJE DE KOHONEN

Puede crear una red neuronal competitiva con la función competlayer. Un ejemplo sencillo muestra cómo funciona.

Supongamos que desea dividir los siguientes cuatro vectores de dos elementos en dos clases.

```
p = [.1 .8 .1 .9; .2 .9 .1 .8]
p =
     0.1000      0.8000      0.1000      0.9000
     0.2000      0.9000      0.1000      0.8000
```

Hay dos vectores cerca del origen y dos vectores cerca de (1,1).

En primer lugar, crear una capa competitiva de dos neuronas:

```
net = competlayer(2);
```

Ahora tienes una red, pero necesitas entrenarla para que haga el trabajo de clasificación.

La primera vez que se entrene la red, sus pesos se inicializarán en los centros de los rangos de entrada con la función punto medio. Puede comprobar estos valores iniciales utilizando el número de neuronas y los datos de entrada:

```
wts = midpoint(2,p)
wts =
     0.5000      0.5000
     0.5000      0.5000
```

Estos pesos son, en efecto, los valores en el punto medio del intervalo (0 a 1) de las entradas.

Los sesgos iniciales se calculan mediante initconque da como resultado

```
biases = initcon(2)
biases =
     5.4366
     5.4366
```

Recordemos que cada neurona compite para responder a un vector de entrada **p**. Si los sesgos son todos 0, la neurona cuyo vector de pesos está más cerca de **p** obtiene la entrada neta más alta y, por lo tanto, gana la competición, y emite 1. Todas las demás neuronas emiten 0. Queremos ajustar la neurona ganadora para acercarla a la entrada. Todas las demás neuronas dan 0. Se quiere ajustar la neurona ganadora para acercarla a la entrada. En la siguiente sección se describe una regla de aprendizaje para hacerlo.

5.13.1 Regla de aprendizaje de Kohonen (learnk)

Los pesos de la neurona ganadora (una fila de la matriz de pesos de entrada) se ajustan con la regla de *aprendizaje* Kohonen. Suponiendo que la i-ésima neurona gana, los elementos de la i-ésima fila de la matriz de pesos de entrada se ajustan como se muestra a continuación.

$$_i\mathbf{IW}^{1,1}(q)={_i}\mathbf{IW}^{1,1}(q-1)+\alpha(\mathbf{p}(q)-{_i}\mathbf{IW}^{1,1}(q-1))$$

La regla de Kohonen permite que los pesos de una neurona aprendan un vector de entrada, por lo que resulta útil en aplicaciones de reconocimiento.

Así, la neurona cuyo vector de pesos estaba más cerca del vector de entrada se actualiza para estar aún más cerca. El resultado es que la neurona ganadora tiene más probabilidades de ganar la competición la próxima vez que se presente un vector similar, y menos probabilidades de ganar cuando se presente un vector de entrada muy diferente. A medida que se presentan más y más entradas, cada neurona de la capa más cercana a un grupo de vectores de entrada pronto ajusta su vector de pesos hacia esos vectores de entrada. Con el tiempo, si hay suficientes neuronas, cada grupo de vectores de entrada similares tendrá una neurona que emite 1 cuando se presenta un vector del grupo, mientras que emite 0 en todas las demás ocasiones. Así, la red competitiva aprende a categorizar los vectores de entrada que ve.

La función learnk se utiliza para ejecutar la regla de aprendizaje de Kohonen en esta caja de herramientas.

5.13.2 Regla de aprendizaje del sesgo (learncon)

Una de las limitaciones de las redes competitivas es que algunas neuronas podrían no estar siempre *asignadas a*. En otras palabras, algunos vectores de pesos neuronales podrían empezar lejos de cualquier vector de entrada y nunca ganar la competición, no importa cuánto tiempo se continúe el entrenamiento. El resultado es que sus pesos no llegan a aprender y nunca ganan. Estas desafortunadas neuronas, denominadas *neuronas muertas,* nunca realizan una función útil.

Para evitarlo, utiliza sesgos para dar ventaja a las neuronas que sólo ganan la competición en contadas ocasiones (o nunca) sobre las neuronas que ganan a menudo. Un sesgo positivo, sumado a la distancia negativa, hace que una neurona distante tenga más probabilidades de ganar.

Para ello, se mantiene una media de las salidas de las neuronas. Equivale a los porcentajes de veces que cada salida es 1. Esta media se utiliza para actualizar los sesgos con la función de aprendizaje learncon de modo que los sesgos de las neuronas frecuentemente activas se hacen más pequeños, y los sesgos de las neuronas infrecuentemente activas se hacen más grandes.

A medida que aumentan los sesgos de las neuronas infrecuentemente activas, aumenta el espacio de entrada al que responden esas neuronas. A medida que aumenta ese espacio de entrada, la neurona infrecuentemente activa responde y se mueve hacia más vectores de entrada. Finalmente, la neurona responde al mismo número de vectores que las demás neuronas.

Esto tiene dos efectos positivos. En primer lugar, si una neurona nunca gana una competición porque sus pesos están lejos de cualquiera de los vectores de entrada, su sesgo acaba siendo lo suficientemente grande como para que pueda ganar. Cuando esto ocurre, se desplaza hacia algún grupo de vectores de entrada. Una vez que los pesos de la neurona se han movido hacia un grupo de vectores de entrada y la neurona está ganando consistentemente, su sesgo disminuirá a 0. Así, se resuelve el problema de las neuronas muertas.

La segunda ventaja de los sesgos es que obligan a cada neurona a clasificar aproximadamente el mismo porcentaje de vectores de entrada. Así, si una región del espacio de entrada está asociada a un mayor número de vectores de entrada que otra región, la región más densamente poblada atraerá a más neuronas y se clasificará en subsecciones más pequeñas.

Los índices de aprendizaje de learncon suelen ser un orden de magnitud o más pequeños que los de learnk para garantizar la precisión de la media.

5.13.3 Entrenamiento

Ahora entrene la red durante 500 épocas. Puedes usar tanto entrenar como adaptar.

```
net.trainParam.epochs = 500;
net = train(net,p);
```

Tenga en cuenta que train para redes competitivas utiliza la función de entrenamiento trainru. Puedes comprobarlo ejecutando el siguiente código después de crear la red.

```
net.trainFcn
ans =
trainru
```

En cada época, todos los vectores de entrenamiento (o secuencias) se presentan una vez en un orden aleatorio diferente, con la red y los valores de peso y sesgo actualizados después de cada presentación individual.

A continuación, suministre los vectores originales como entrada a la red, simule la red y, por último, convierta sus vectores de salida en índices de clase.

```
a = sim(net,p);
ac = vec2ind(a)
ac =
        1     2     1     2
```

Se ve que la red está entrenada para clasificar los vectores de entrada en dos grupos, los que están cerca del origen, clase 1, y los que están cerca de (1,1), clase 2.

Sería interesante examinar los pesos y sesgos finales.

```
net.IW{1,1}
ans =
     0.1000    0.1500
     0.8500    0.8500
net.b{1}
ans =
     5.4367
     5.4365
```

(Es posible que obtengas respuestas diferentes cuando ejecutes este problema, porque se utiliza una semilla aleatoria para elegir el orden de los vectores presentados a la red para el entrenamiento). Observa que el primer vector (formado a partir de la primera fila de la matriz de pesos) está cerca de los vectores de entrada cercanos al origen, mientras que el vector formado a partir de la segunda fila de la matriz de pesos está cerca de los vectores de entrada cercanos a (1,1). Así, la red ha sido entrenada -sólo con exponerla a las entradas- para clasificarlas.

Durante el entrenamiento, cada neurona de la capa más cercana a un grupo de vectores de entrada ajusta su vector de peso hacia esos vectores de entrada. Finalmente, si hay suficientes neuronas, cada grupo de vectores de entrada similares tiene una neurona que emite un 1 cuando se presenta un vector del grupo, mientras que emite un 0 en todas las demás ocasiones. Así, la red competitiva aprende a categorizar la entrada.

5.13.4 Ejemplo gráfico

Las capas competitivas se entienden mejor cuando se muestran gráficamente sus vectores de pesos y sus vectores de entrada. El diagrama siguiente muestra 48 vectores de entrada de dos elementos representados con marcadores +.

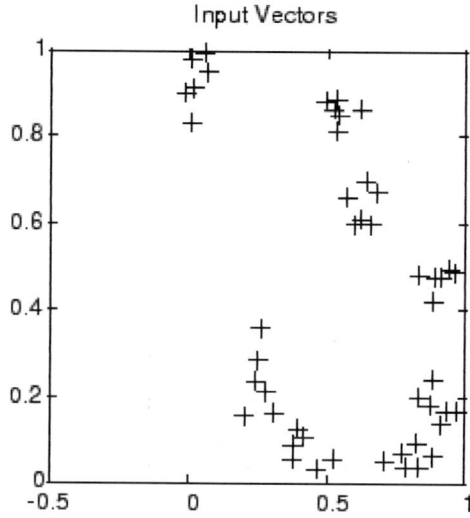

Los vectores de entrada anteriores parecen estar agrupados en clústeres. Puede utilizar una red competitiva de ocho neuronas para clasificar los vectores en dichos grupos.

Pruebe democ1 para ver un ejemplo dinámico de aprendizaje competitivo.

5.14 FUNCIONES DE LAS CAPAS COMPETITIVAS

Identificación de vectores prototipo para grupos de ejemplos mediante una red neuronal simple

competlayer	Competitive layer
view	View neural network
train	Train neural network
trainru	Unsupervised random order weight/bias training
learnk	Kohonen weight learning function
learncon	Conscience bias learning function
genFunction	Generate MATLAB function for simulating neural network

5.14.1 competlayer

Capa competitiva

Sintaxis

```
competlayer(numClasses,kohonenLR,conscienceLR)
```

Descripción

Las capas competitivas aprenden a clasificar los vectores de entrada en un número determinado de clases, en función de la similitud entre vectores, con preferencia por un número igual de vectores por clase.

competlayer(numClasses,kohonenLR,conscienceLR) toma estos argumentos,

numClasses	Number of classes to classify inputs (default = 5)
kohonenLR	Learning rate for Kohonen weights (default = 0.01)
conscienceLR	Learning rate for conscience bias (default = 0.001)

y devuelve una capa competitiva con numClases neuronas.

Ejemplos. Crear y entrenar una capa competitiva

Aquí se entrena una capa competitiva para clasificar 150 flores de iris en 6 clases.

```
inputs = iris_dataset;
net = competlayer(6);
net = train(net,inputs);
view(net)
outputs = net(inputs);
classes = vec2ind(outputs);
```

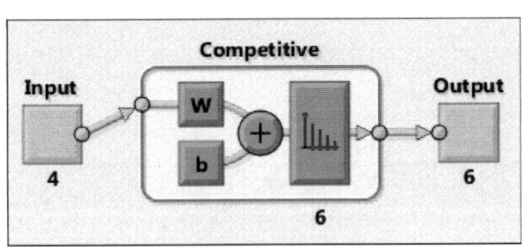

5.14.2 ver

Ver red neuronal

Sintaxis

```
view(net)
```

Descripción

view(net) abre una ventana que muestra su red neuronal (especificada en net) como un diagrama gráfico.

Ejemplo. Ver red neuronal

Este ejemplo muestra cómo ver el diagrama de una red de reconocimiento de patrones.

```
[x,t] = iris_dataset;
net = patternnet;
net = configure(net,x,t);
view(net)
```

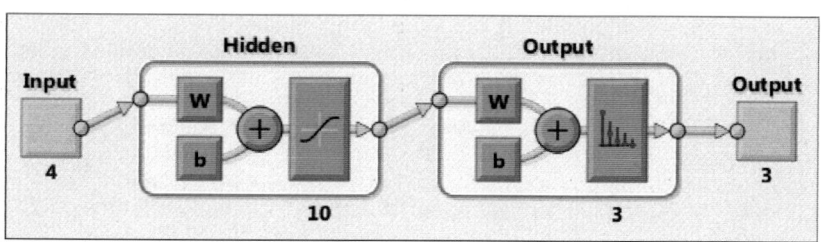

5.14.3 trainru

Formación no supervisada de pesos/prejuicios de orden aleatorio

Sintaxis

```
net.trainFcn = 'trainru'
[net,tr] = train(net,...)
```

Descripción

trainru no se llama directamente. En su lugar, es llamada por train para las redes cuya propiedad net.trainFcn está establecida en 'trainru', por lo tanto:

net.trainFcn = 'trainru' establece la propiedad trainFcn de la red.

[net,tr] = train(net,...) entrena la red con trainru.

`trainru` entrena una red con reglas de aprendizaje de pesos y sesgos con actualizaciones incrementales tras cada presentación de una entrada. Las entradas se presentan en orden aleatorio.

El entrenamiento se produce de acuerdo con los parámetros de entrenamiento de trainru, mostrados aquí con sus valores por defecto:

net.trainParam.epochs	1000	Maximum number of epochs to train
net.trainParam.show	25	Epochs between displays (NaN for no displays)
net.trainParam.showCommandLine	false	Generate command-line output
net.trainParam.showWindow	true	Show training GUI
net.trainParam.time	Inf	Maximum time to train in seconds

Uso de la red

Preparar una red personalizada para ser entrenada con trainru,

1. Establece net.trainFcn como 'trainru'. Esto establece net.trainParam a los parámetros por defecto de trainru.
2. Establece cada net.inputWeights{i,j}.learnFcn en una función de aprendizaje.
3. Establece cada net.layerWeights{i,j}.learnFcn en una función de aprendizaje.
4. Establezca cada net.biases{i}.learnFcn en una función de aprendizaje. (Los parámetros de aprendizaje de pesos y sesgos se establecen automáticamente en los valores predeterminados para la función de aprendizaje dada).

Para entrenar la red,

1. Ajuste las propiedades de net.trainParam a los valores deseados.
2. Ajuste los parámetros de aprendizaje de peso y sesgo a los valores deseados.
3. Llama al tren.

Algoritmos

En cada época, todos los vectores de entrenamiento (o secuencias) se presentan una vez en un orden aleatorio diferente, y la red y los valores de peso y sesgo se actualizan en consecuencia después de cada presentación individual.

El entrenamiento se detiene cuando se cumple alguna de estas condiciones:

- Se alcanza el número máximo de épocas (repeticiones).

- Se ha superado el tiempo máximo.

5.14.4 Aprendizaje

Función de aprendizaje del peso de Kohonen

Sintaxis

```
[dW,LS] = learnk(W,P,Z,N,A,T,E,gW,gA,D,LP,LS)
info = learnk('code')
```

Descripción

learnk es la función de aprendizaje por peso de Kohonen.

$[dW,LS] = learnk(W,P,Z,N,A,T,E,gW,gA,D,LP,LS)$ toma   varias entradas,

W	S-by-R weight matrix (or S-by-1 bias vector)
P	R-by-Q input vectors (or ones(1,Q))
Z	S-by-Q weighted input vectors
N	S-by-Q net input vectors
A	S-by-Q output vectors
T	S-by-Q layer target vectors
E	S-by-Q layer error vectors
gW	S-by-R gradient with respect to performance
gA	S-by-Q output gradient with respect to performance
D	S-by-S neuron distances
LP	Learning parameters, none, LP = []
LS	Learning state, initially should be = []

y devuelve

dW	S-by-R weight (or bias) change matrix
LS	New learning state

El aprendizaje se produce según el parámetro de aprendizaje de learnk, mostrado aquí con su valor por defecto.

LP.lr - 0.01	Learning rate

info = learnk('code') devuelve información útil para cada cadena de *código*:

'pnames'	Names of learning parameters
'pdefaults'	Default learning parameters
'needg'	Returns 1 if this function uses gW or gA

Ejemplos

Aquí se define una entrada aleatoria P, una salida A y una matriz de pesos W para una capa con una entrada de dos elementos y tres neuronas. Defina también la tasa de aprendizaje LR.

```
p = rand(2,1);

a = rand(3,1);

w = rand(3,2);

lp.lr = 0.5;
```

Como learnk sólo necesita estos valores para calcular un cambio de peso (véase "Algoritmo" más adelante), utilícelos para ello.

```
dW = learnk(w,p,[],[],a,[],[],[],[],[],lp,[])
```

Uso de la red

Preparar los pesos de la capa i de una red personalizada para aprender con learnk,

1. Establece net.trainFcn como 'trainr'. (net.trainParam se convierte automáticamente en los parámetros por defecto de trainr).

2. Establece net.adaptFcn como 'trains'. (net.adaptParam se convierte automáticamente en los parámetros por defecto de trains).

3. Establece cada net.inputWeights{i,j}.learnFcn en 'learnk'.

4. Establece cada net.layerWeights{i,j}.learnFcn a 'learnk'. (Cada propiedad de parámetro de aprendizaje de pesos se establece automáticamente en los parámetros predeterminados de learnk).

Para entrenar la red (o permitir que se adapte),

1. Configure las propiedades de net.trainParam (o net.adaptParam) como desee.

2. Llame al tren (o adáptese).

Algoritmos

learnk calcula el cambio de peso dW para una neurona dada a partir de la entrada P de la neurona, la salida A y la tasa de aprendizaje LR según la regla de aprendizaje de Kohonen:

dw = lr*(p'-w), si a ~= 0; = 0, en caso contrario.

5.14.5 learncon

Función de aprendizaje del sesgo de conciencia

Sintaxis

```
[dB,LS] = learncon(B,P,Z,N,A,T,E,gW,gA,D,LP,LS)
info = learncon('code')
```

Descripción

learncon es la función de aprendizaje de sesgo de conciencia utilizada para aumentar la entrada neta a las neuronas que tienen la salida media más baja hasta que cada neurona responda aproximadamente un porcentaje igual del tiempo.

[dB,LS] = learncon(B,P,Z,N,A,T,E,gW,gA,D,LP,LS) toma varias entradas:

B	S-by-1 bias vector
P	1-by-Q ones vector
Z	S-by-Q weighted input vectors
N	S-by-Q net input vectors
A	S-by-Q output vectors
T	S-by-Q layer target vectors
E	S-by-Q layer error vectors
gW	S-by-R gradient with respect to performance
gA	S-by-Q output gradient with respect to performance
D	S-by-S neuron distances
LP	Learning parameters, none, LP = [ ]
LS	Learning state, initially should be = [ ]

y devuelve

dB	S-by-1 weight (or bias) change matrix
LS	New learning state

El aprendizaje se produce según el parámetro de aprendizaje de learncon, que aquí se muestra con su valor por defecto.

LP.lr - 0.001	Learning rate

info = learncon('code') devuelve información útil para cada cadena de código admitida:

'pnames'	Names of learning parameters
'pdefaults'	Default learning parameters
'needg'	Returns 1 if this function uses gW or gA

Compatibilidad con Neural Network Toolbox™ 2.0: El LP.lr descrito anteriormente es igual a 1 menos la constante de tiempo de sesgo utilizada por trainc en el software Neural Network Toolbox 2.0.

Ejemplos

Aquí se define una salida aleatoria A y un vector de sesgo W para una capa con tres neuronas. También se define la tasa de aprendizaje LR.

```
a = rand(3,1);
b = rand(3,1);
lp.lr = 0.5;
```

Como learncon sólo necesita estos valores para calcular un cambio de sesgo (véase "Algoritmo" más adelante), utilícelos para ello.

```
dW = learncon(b,[],[],[],a,[],[],[],[],[],lp,[])
```

Uso de la red

Preparar el sesgo de la capa i de una red personalizada para aprender con learncon,

1. Establece net.trainFcn como 'trainr'. (net.trainParam se convierte automáticamente en los parámetros por defecto de trainr).

2. Establece net.adaptFcn como 'trains'. (net.adaptParam se convierte automáticamente en los parámetros por defecto de trains).

3. Establecer net.inputWeights{i}.learnFcn a 'learncon'

4. Ajuste cada net.layerWeights{i,j}.learnFcn a 'learncon'. (Cada propiedad de parámetro de aprendizaje de peso se establece automáticamente en los parámetros predeterminados de learncon).

Para entrenar la red (o permitir que se adapte),

Configure las propiedades de net.trainParam (o net.adaptParam) como desee.

Llame al tren (o adáptese).

Algoritmos

learncon calcula el cambio de sesgo db para una neurona dada actualizando primero la *conciencia* de cada neurona, es decir, la media corriente de su salida:

```
c = (1-lr)*c + lr*a
```

La conciencia se utiliza entonces para calcular un sesgo para la neurona que es mayor para los valores de conciencia más pequeños.

```
b = exp(1-log(c)) - b
```

(learncon recupera C a partir de los valores de sesgo cada vez que se llama).

Capítulo 6

CLASIFICAR PATRONES CON UNA RED NEURONAL. INTERFAZ GRÁFICA

6.1 INTRODUCCIÓN

Además del ajuste de funciones, las redes neuronales también son buenas reconociendo patrones. Por ejemplo, supongamos que desea clasificar un tumor como benigno o maligno, basándose en la uniformidad del tamaño de las células, el grosor de los grupos, la mitosis, etc. Tiene 699 casos de ejemplo para los que dispone de 9 elementos de datos y la clasificación correcta como benigno o maligno.

Al igual que con el ajuste de funciones, hay dos formas de resolver este problema:

- Utilice la GUI nprtool, como se describe en Uso de la herramienta de reconocimiento de patrones de red neuronal.

- Utilice una solución de línea de comandos, como se describe en Uso de funciones de línea de comandos.

Por lo general, es mejor empezar con la GUI, y luego utilizar la GUI para generar automáticamente scripts de línea de comandos. Antes de utilizar cualquiera de los dos métodos, el primer paso es definir el problema seleccionando un conjunto de datos. En la siguiente sección se describe el formato de los datos.

Para definir un problema de reconocimiento de patrones, disponga un conjunto de Q vectores de entrada como columnas de una matriz. A continuación, disponga otro conjunto de Q vectores objetivo de modo que indiquen las clases a las que se asignan los vectores de entrada Existen dos enfoques para crear los vectores objetivo.

Se puede utilizar un enfoque cuando sólo hay dos clases; se establece cada valor objetivo escalar en 1 o 0, indicando a qué clase pertenece la entrada correspondiente. Por ejemplo, puede definir el problema de clasificación exclusivo-o de dos clases de la siguiente manera:

```
inputs  = [0 1 0 1; 0 0 1 1];
targets = [0 1 0 1; 1 0 1 0];
```

Los vectores objetivo tienen N elementos, donde para cada vector objetivo, un elemento es 1 y los otros son 0. Esto define un problema donde las entradas deben clasificarse en N clases diferentes. Por ejemplo, las siguientes líneas muestran cómo definir un problema de clasificación que divide las esquinas de un cubo de 5 por 5 por 5 en tres clases:

- El origen (el primer vector de entrada) en una clase

- La esquina más alejada del origen (el último vector de entrada) en una segunda clase

- Todos los demás puntos en una tercera clase

```
inputs  = [0 0 0 0 5 5 5 5; 0 0 5 5 0 0 5 5; 0 5 0 5 0 5 0 5];
targets = [1 0 0 0 0 0 0 0; 0 1 1 1 1 1 1 0; 0 0 0 0 0 0 0 1];
```

Los problemas de clasificación que implican sólo dos clases pueden representarse utilizando cualquiera de los dos formatos. Los objetivos pueden consistir en elementos escalares 1/0 o vectores de dos elementos, siendo un elemento 1 y el otro elemento 0.

La siguiente sección muestra cómo entrenar una red para reconocer patrones, utilizando la GUI de la herramienta de reconocimiento de patrones de redes neuronales, nprtool. Este ejemplo utiliza el conjunto de datos sobre cáncer que se proporciona con la caja de herramientas. Este conjunto de datos consta de 699 vectores de entrada de nueve elementos y vectores objetivo de dos elementos. Hay dos elementos en cada vector objetivo, porque hay dos categorías (benigno o maligno) asociadas a cada vector de entrada.

6.2 USO DE LA HERRAMIENTA DE RECONOCIMIENTO DE PATRONES DE REDES NEURONALES

Si es necesario, abra la interfaz gráfica de inicio de la red neuronal con este comando:

- `nnstart`

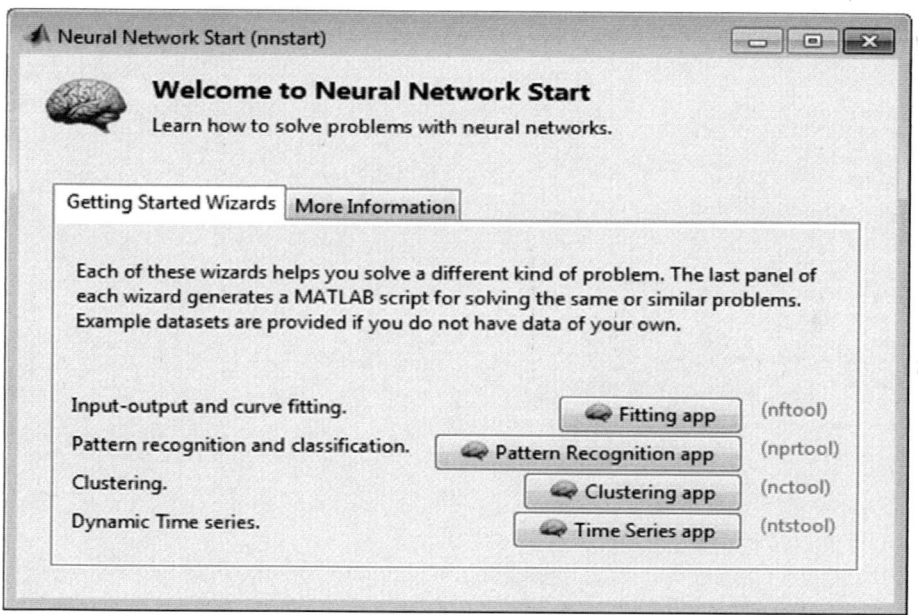

- Haga clic en **Pattern Recognition Tool** para abrir la Herramienta de reconocimiento de patrones de redes neuronales. (También puede utilizar el comando nprtool).

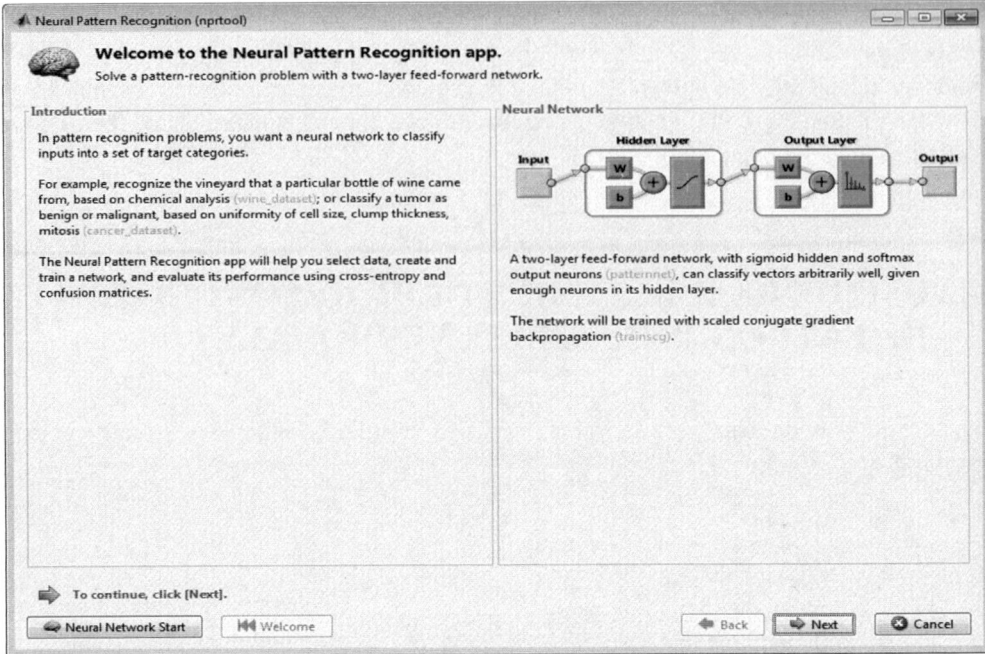

- Haga clic en **Next** para continuar. Se abre la ventana Select Data .

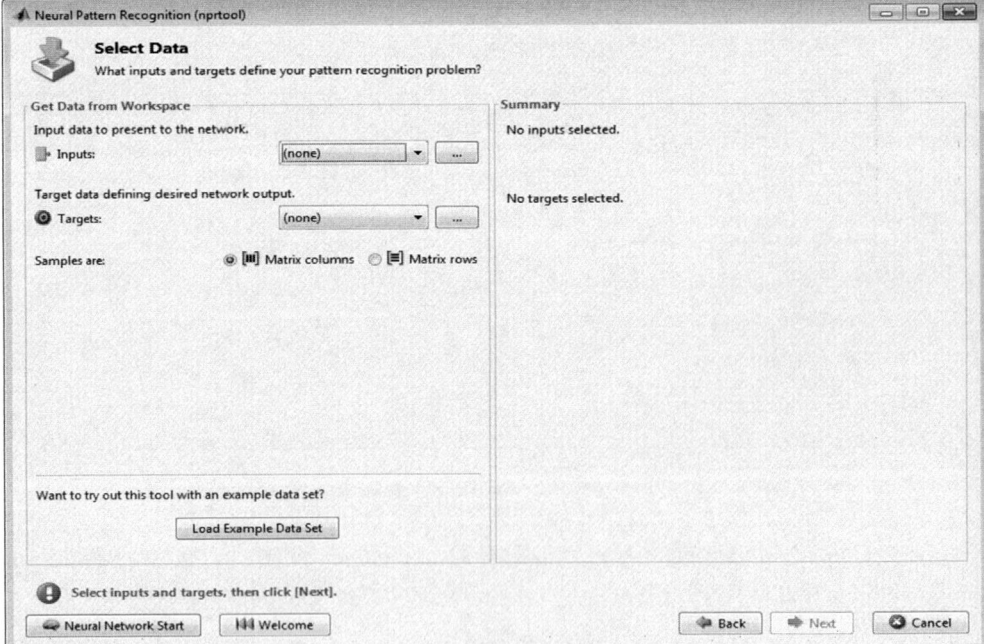

- Haga clic en **Load Example Data Set** .

- Se abre la ventana Pattern Recognition Data Set Chooser .

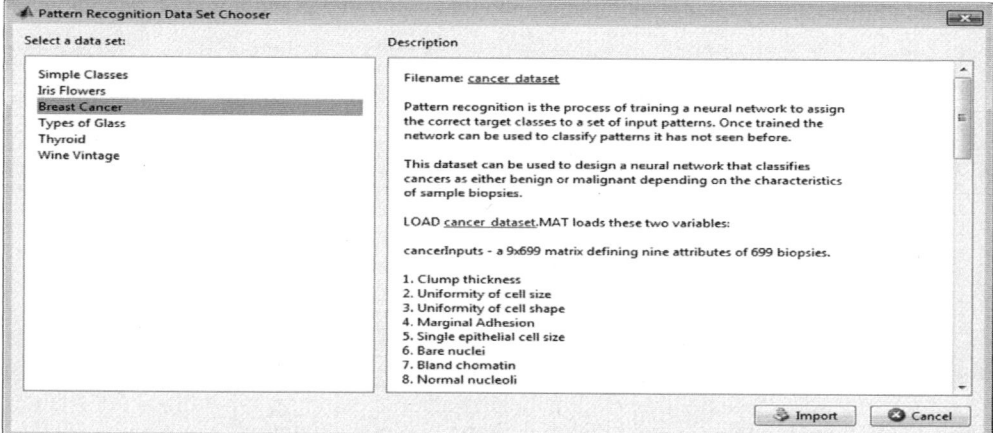

- Seleccione **Breast Cancer** y haga clic en **Import**. Volverá a la ventana Select Data.

- Haga clic en **Next** para continuar en la ventana Validation and Test Data .

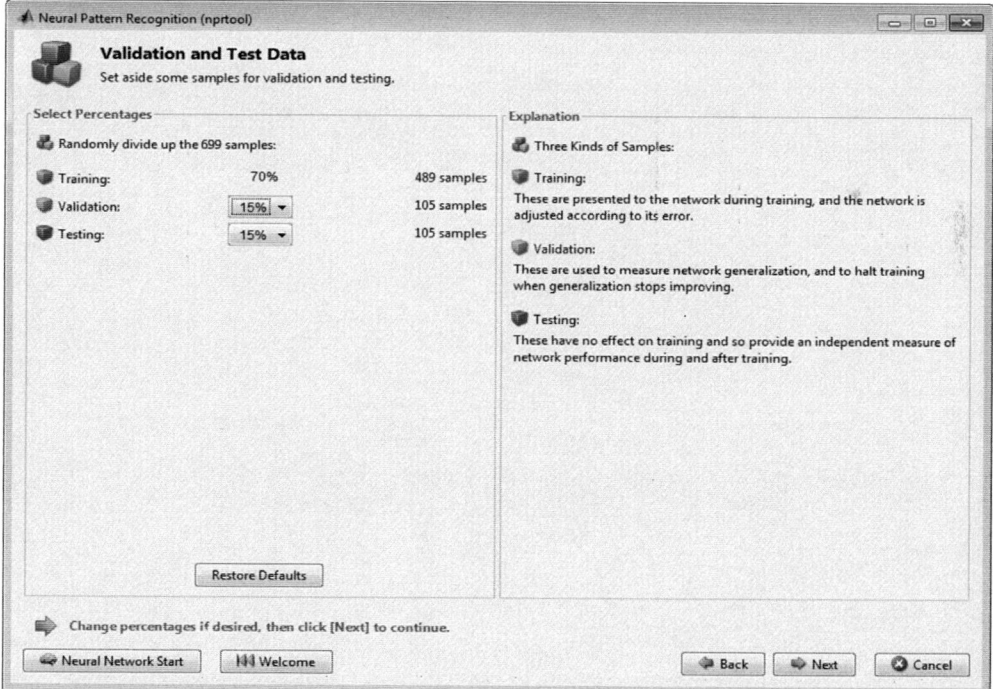

Los conjuntos de datos de validación y de prueba se fijan cada uno en el 15% de los datos originales. Con estos ajustes, los vectores de entrada y los vectores objetivo se dividirán aleatoriamente en tres conjuntos, como se indica a continuación:

1. El 70% se utiliza para formación.

2. 15% se utilizan para validar que la red está generalizando y para detener el entrenamiento antes de sobreajustar.

3. El último 15% se utiliza como prueba totalmente independiente de la generalización de la red.

- • Haga clic en **Next** .

La red estándar que se utiliza para el reconocimiento de patrones es una red feedforward de dos capas, con una función de transferencia sigmoidea en la capa oculta y una función de transferencia softmax en la capa de salida. El número predeterminado de neuronas ocultas es 10. Es posible que desee volver y aumentar este número si la red no funciona tan bien como esperaba. El número de neuronas de salida es 2, igual al número de elementos del vector objetivo (el número de categorías).

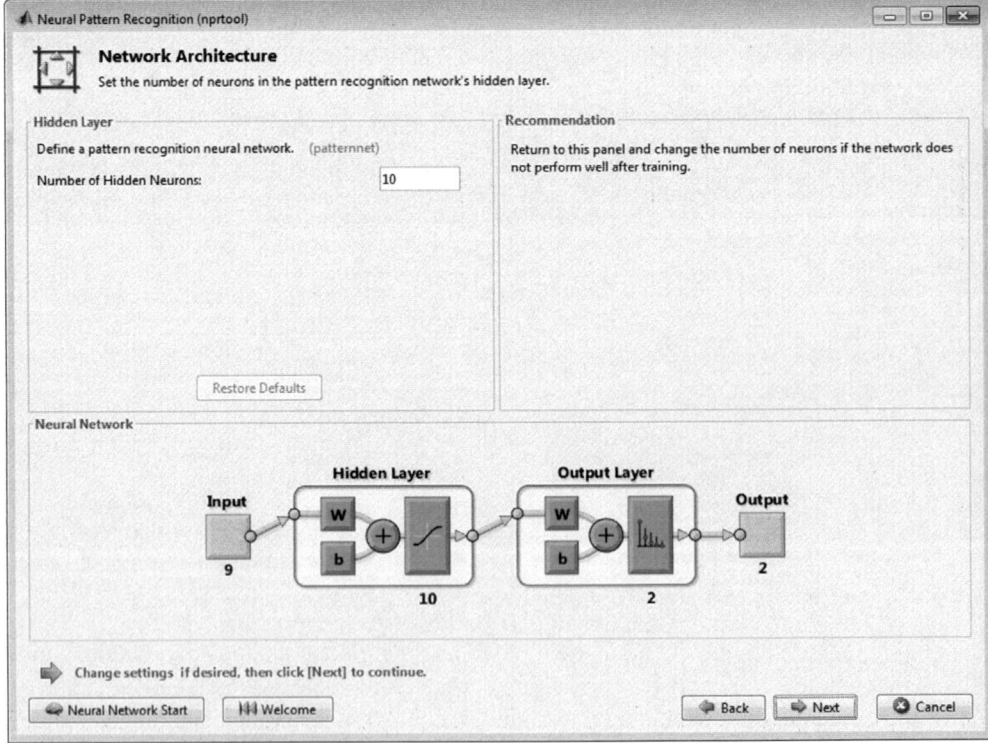

- Haga clic en Next .

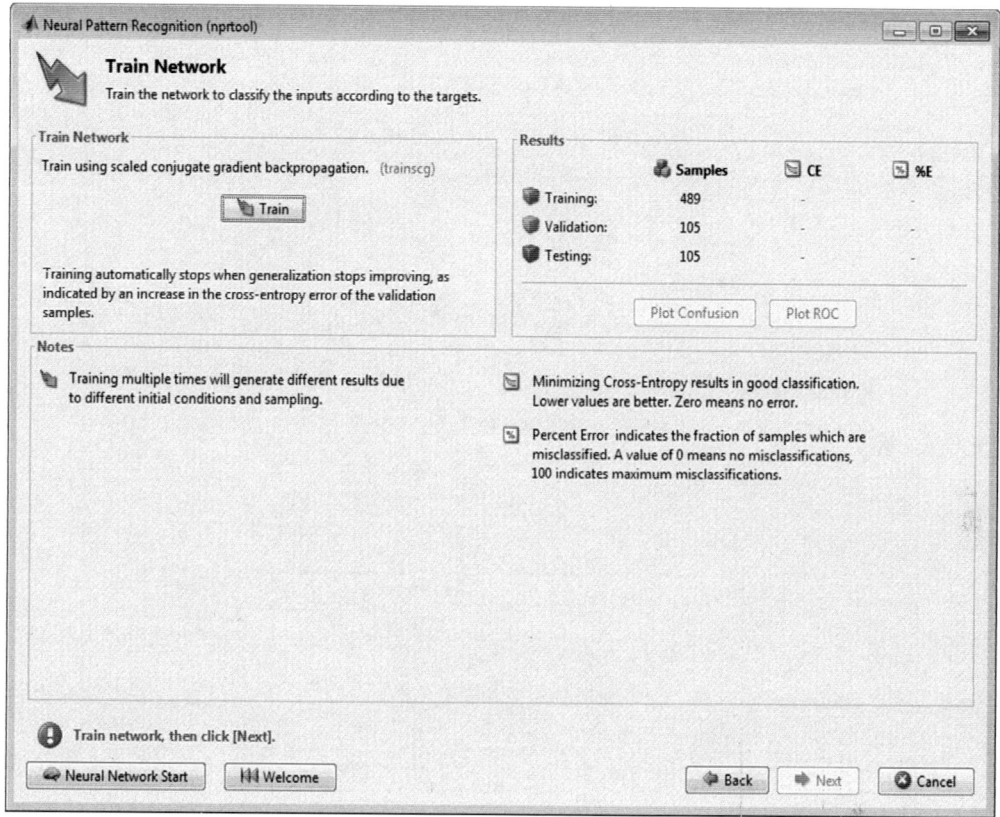

- Haga clic en **Train** .

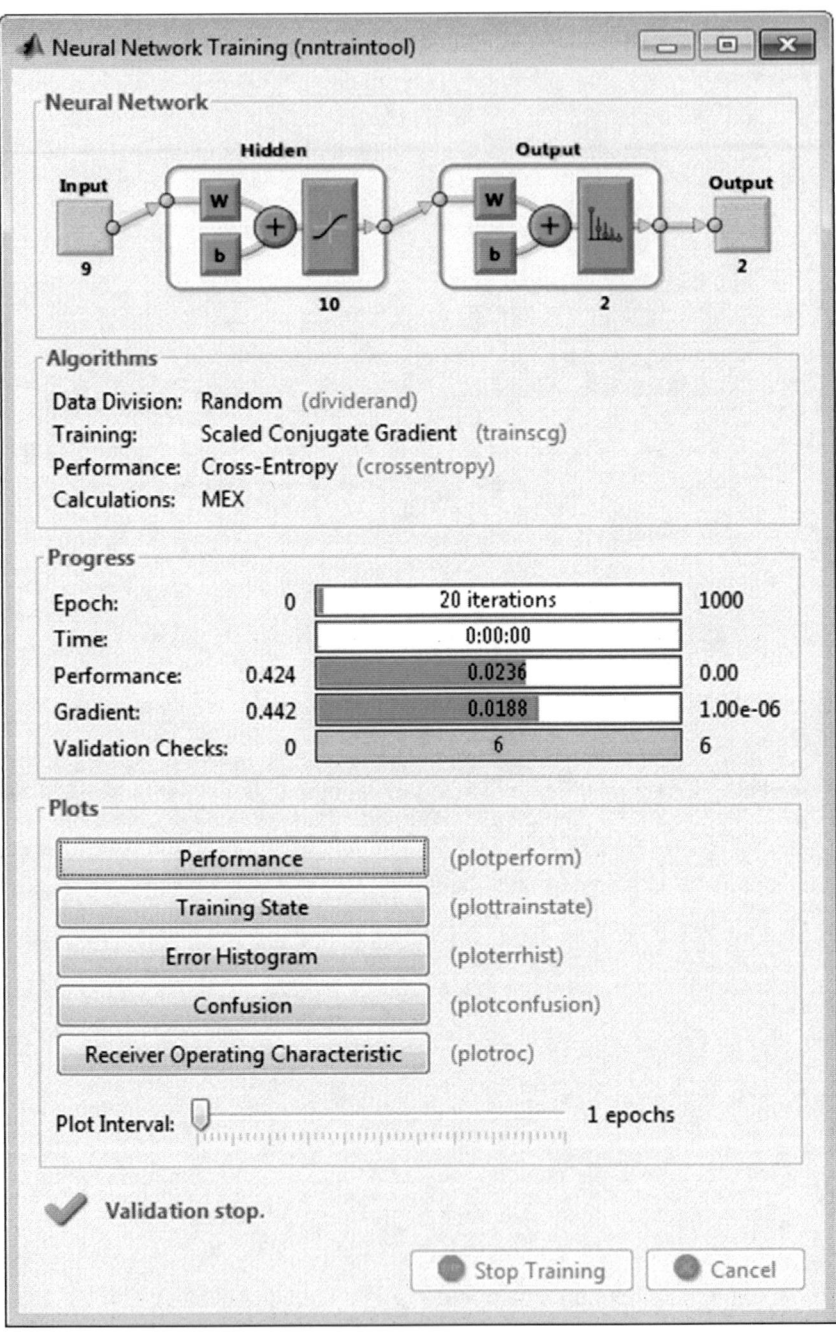

El entrenamiento continúa durante 55 iteraciones.

En el panel **Plots**, haga clic en **Confusion** en la herramienta Neural Network Pattern Recognition .

La siguiente figura muestra las matrices de confusión para entrenamiento, prueba y validación, y los tres tipos de datos combinados. Los resultados de la red son muy precisos, como puede verse por el elevado número de respuestas correctas en los cuadrados verdes y el bajo número de respuestas incorrectas en los cuadrados rojos. Los cuadrados azules de la parte inferior derecha ilustran la precisión global.

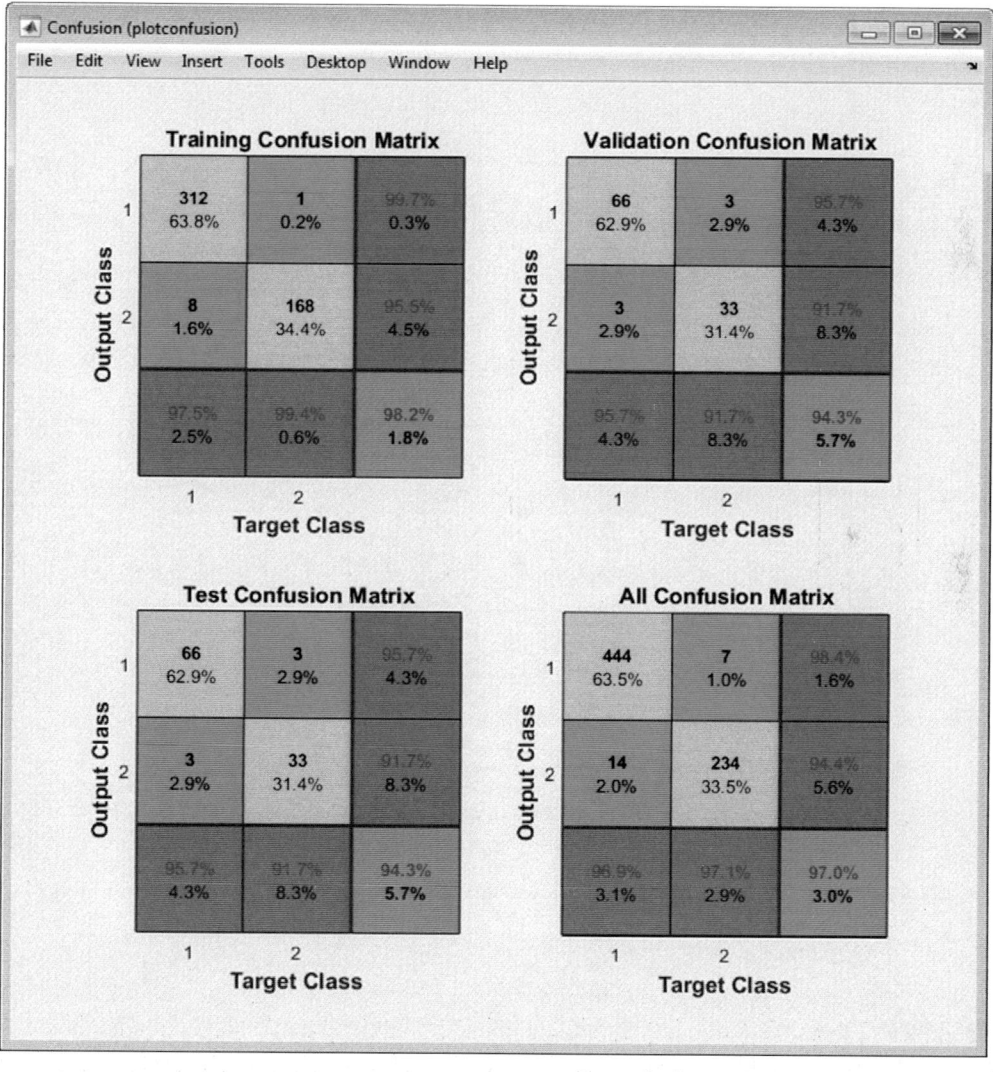

- Trace la curva Receiver Operating Characteristic (ROC). En el panel **Plots** haga clic en **Receiver Operating Characteristic** en la herramienta de reconocimiento de patrones de red neuronal.

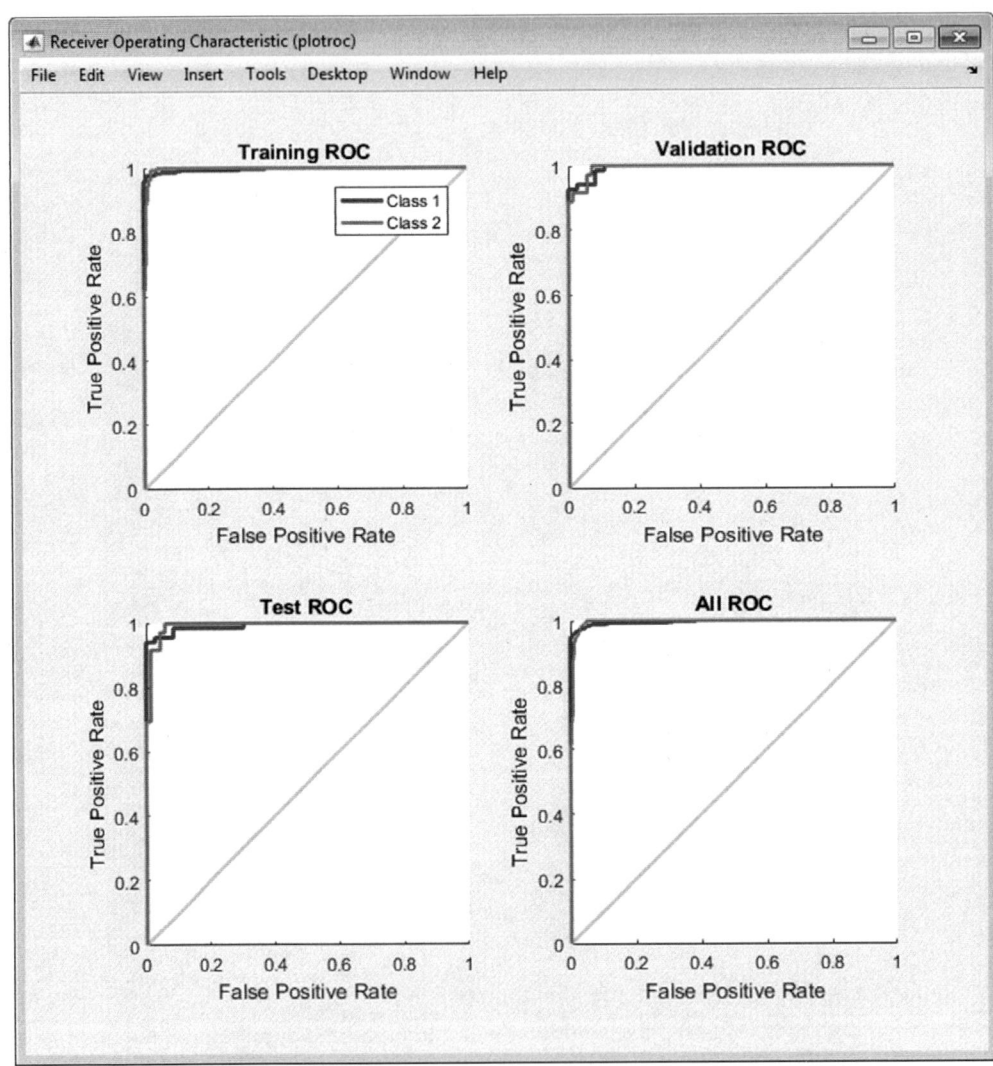

- Las líneas de color de cada eje representan las curvas ROC. La *curva ROC* es un gráfico de la tasa de verdaderos positivos (sensibilidad) frente a la tasa de falsos positivos (1 - especificidad) a medida que varía el umbral. Una prueba perfecta mostraría puntos en la esquina superior izquierda, con un 100% de sensibilidad y un 100% de especificidad. Para este problema, la red funciona muy bien.

- En la herramienta de reconocimiento de patrones de red neuronal, haga clic en **Next** para evaluar la red.

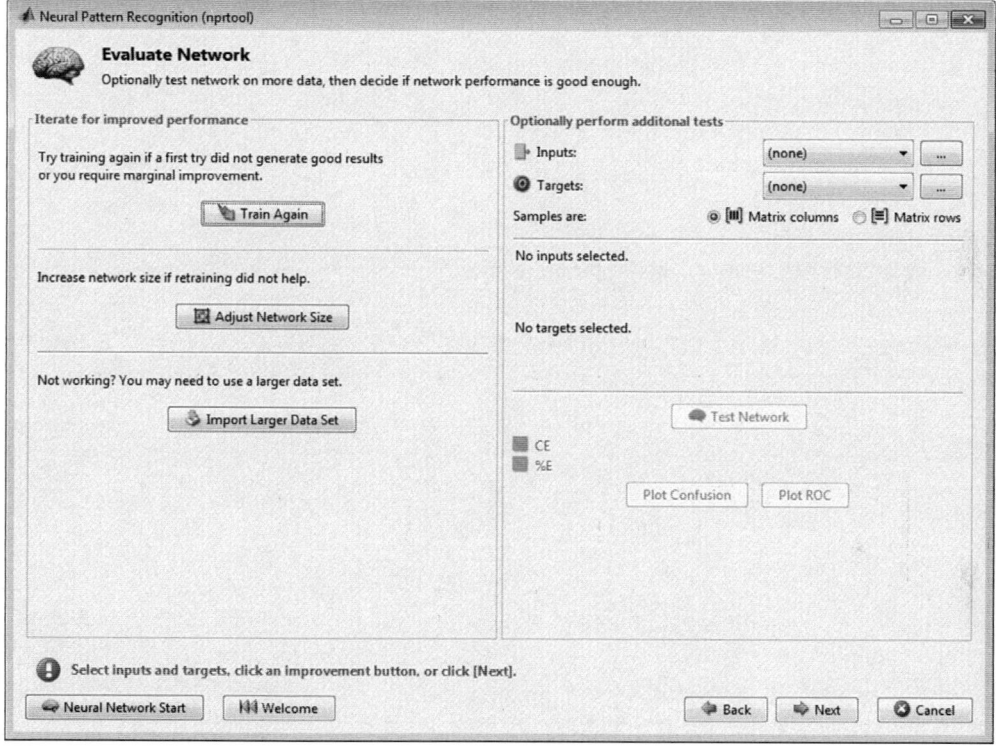

En este punto, puede probar la red con nuevos datos.

Si no está satisfecho con el rendimiento de la red en los datos originales o nuevos, puede entrenarla de nuevo, aumentar el número de neuronas o quizás conseguir un conjunto de datos de entrenamiento mayor. Si el rendimiento en el conjunto de datos de entrenamiento es bueno, pero el rendimiento en el conjunto de datos de prueba es significativamente peor, lo que podría indicar un sobreajuste, reducir el número de neuronas puede mejorar los resultados.

- Cuando esté satisfecho con el rendimiento de la red, haga clic en **Next** .

Utilice este panel para generar una función MATLAB o un diagrama Simulink para simular su red neuronal.

Puede utilizar el código generado o el diagrama para comprender mejor cómo su red neuronal calcula las salidas a partir de las entradas o implementar la red con las herramientas del compilador de MATLAB y otras herramientas de generación de código de MATLAB.

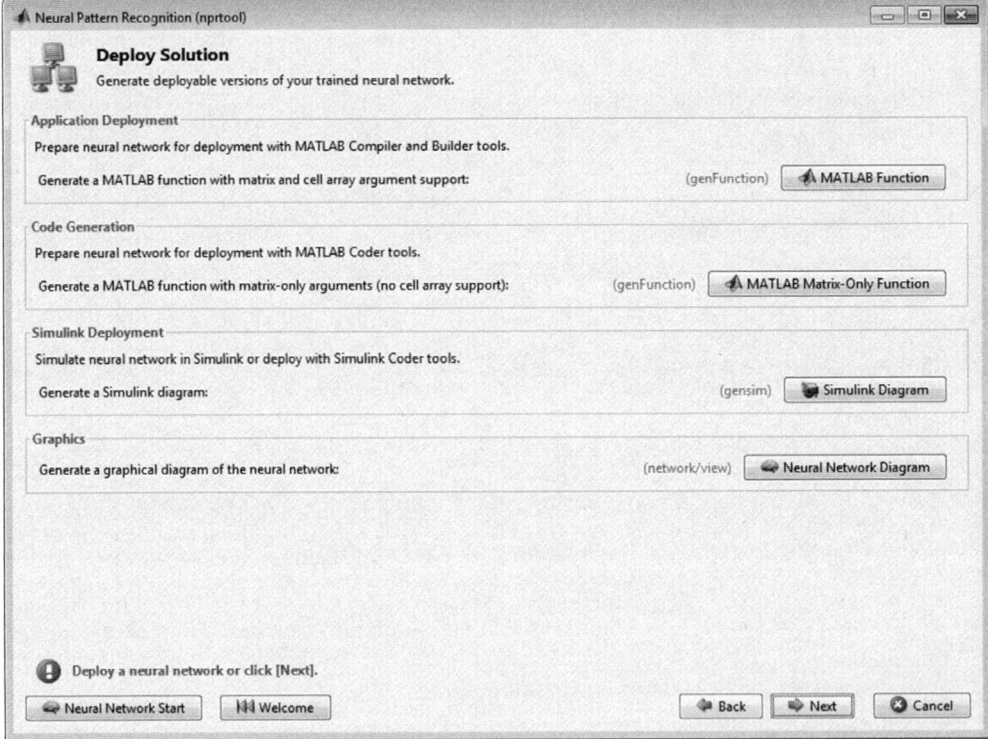

- Haga clic en **Next** . Utilice los botones de esta pantalla para guardar los resultados.

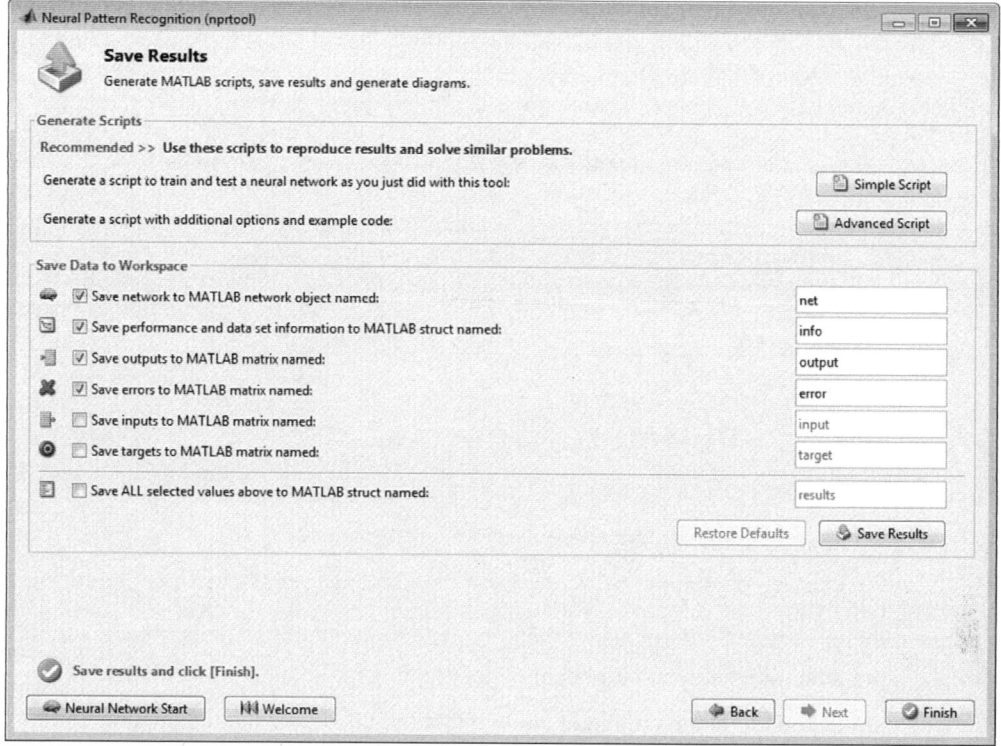

- Puede hacer clic en **Simple Script** o **Advanced Script** para crear código MATLAB® que puede utilizarse para reproducir todos los pasos anteriores desde la línea de comandos. La creación de código MATLAB puede ser útil si desea aprender a utilizar la funcionalidad de línea de comandos de la caja de herramientas para personalizar el proceso de entrenamiento.

- También puedes guardar la red como red en el área de trabajo. Puedes realizar pruebas adicionales con ella o ponerla a trabajar con nuevas entradas.

- Cuando haya guardado los resultados, haga clic en **Finish** .

6.3 USO DE LAS FUNCIONES DE LA LÍNEA DE COMANDOS

La forma más fácil de aprender a utilizar la funcionalidad de la línea de comandos de la caja de herramientas es generar scripts a partir de las GUIs, y luego modificarlos para personalizar el entrenamiento de la red. Por ejemplo, mire el sencillo script que se creó en el paso 14 de la sección anterior.

```
% Solve a Pattern Recognition Problem with a Neural Network
% Script generated by NPRTOOL
%
% This script assumes these variables are defined:
%
%     cancerInputs - input data.
%     cancerTargets - target data.
inputs = cancerInputs;
targets = cancerTargets;
% Create a Pattern Recognition Network
hiddenLayerSize = 10;
net = patternnet(hiddenLayerSize);
% Set up Division of Data for Training, Validation, Testing
net.divideParam.trainRatio = 70/100;
net.divideParam.valRatio = 15/100;
net.divideParam.testRatio = 15/100;
% Train the Network
[net,tr] = train(net,inputs,targets);
% Test the Network
outputs = net(inputs);
errors = gsubtract(targets,outputs);
performance = perform(net,targets,outputs)
% View the Network
view(net)
% Plots
% Uncomment these lines to enable various plots.
% figure, plotperform(tr)
% figure, plottrainstate(tr)

% figure, plotconfusion(targets,outputs)
% figure, ploterrhist(errors)
```

Puede guardar el script y, a continuación, ejecutarlo desde la línea de comandos para reproducir los resultados de la sesión GUI anterior. También puede editar el script para personalizar el proceso de entrenamiento. En este caso, siga cada paso del script.

El script asume que los vectores de entrada y los vectores objetivo ya están cargados en el espacio de trabajo. Si los datos no están cargados, puede cargarlos de la siguiente manera:

```
[inputs,targets] = cancer_dataset;
```

Cree la red. La red por defecto para problemas de ajuste de funciones (o regresión), patternnet, es una red feedforward con la función de transferencia por defecto tan-sigmoide en la capa oculta, y una función de transferencia softmax en la capa de salida. En la sección anterior asignó diez neuronas (algo arbitrario) a la capa oculta.

La red tiene dos neuronas de salida, porque hay dos valores objetivo (categorías) asociados a cada vector de entrada.

Cada neurona de salida representa una categoría.

Cuando se aplica a la red un vector de entrada de la categoría adecuada, la neurona correspondiente debe producir un 1, y las demás neuronas deben dar como resultado un 0.

Para crear la red, introduce estos comandos:

```
hiddenLayerSize = 10;

net = patternnet(hiddenLayerSize);
```

Nota La elección de la arquitectura de red para problemas de reconocimiento de patrones sigue pautas similares a las de los problemas de ajuste de funciones. Más neuronas requieren más cálculo y tienden a sobreajustar los datos cuando el número es demasiado alto, pero permiten a la red resolver problemas más complicados. Más capas requieren más cálculo, pero su uso puede hacer que la red resuelva problemas complejos con más eficacia. Para utilizar más de una capa oculta, introduzca los tamaños de las capas ocultas como elementos de una matriz en el comando patternnet.

Establezca la división de los datos.

```
net.divideParam.trainRatio = 70/100;

net.divideParam.valRatio   = 15/100;

net.divideParam.testRatio  = 15/100;
```

Con estos ajustes, los vectores de entrada y los vectores objetivo se dividirán aleatoriamente, utilizándose el 70% para el entrenamiento, el 15% para la validación y el 15% para las pruebas.

Entrene la red. La red de reconocimiento de patrones utiliza por defecto el Gradiente Conjugado Escalado (trainscg) para el entrenamiento. Para entrenar la red, introduzca este comando:

```
[net,tr] = train(net,inputs,targets);
```

Durante el entrenamiento, al igual que en el ajuste de funciones, se abre la ventana de entrenamiento. Esta ventana muestra el progreso del entrenamiento. Para interrumpir el entrenamiento en cualquier momento, haga clic en Detener entrenamiento.

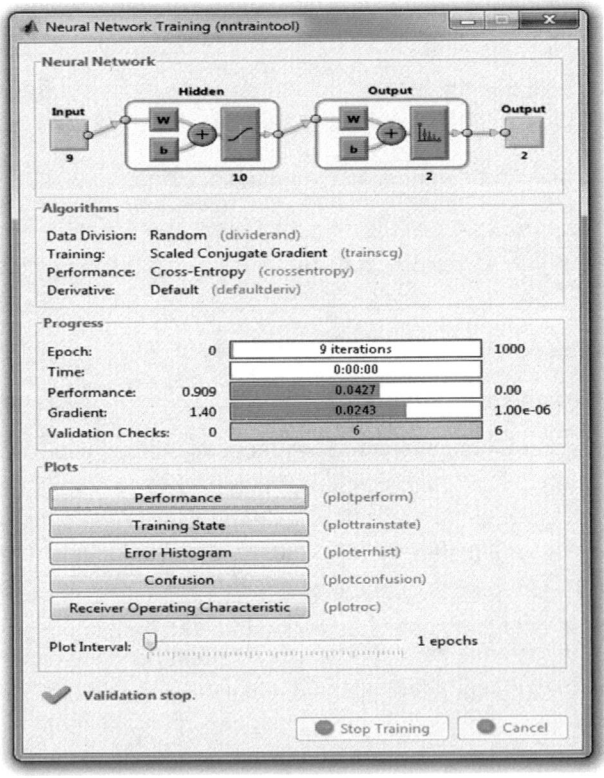

Este entrenamiento se detuvo cuando el error de validación aumentó durante seis iteraciones, lo que ocurrió en la iteración 24.

Probar la red. Una vez entrenada la red, puedes utilizarla para calcular sus resultados. El siguiente código calcula las salidas de la red, los errores y el rendimiento general.

```
outputs = net(inputs);

errors = gsubtract(targets,outputs);

performance = perform(net,targets,outputs)

performance =


     0.0307
```

También es posible calcular el rendimiento de la red sólo en el conjunto de pruebas, utilizando los índices de prueba, que se encuentran en el registro de entrenamiento.

```
tInd = tr.testInd;

tstOutputs = net(inputs(:,tInd));

tstPerform = perform(net,targets(:,tInd),tstOutputs)

tstPerform =


       0.0257
```

Visualiza el diagrama de la red.

```
view(net)
```

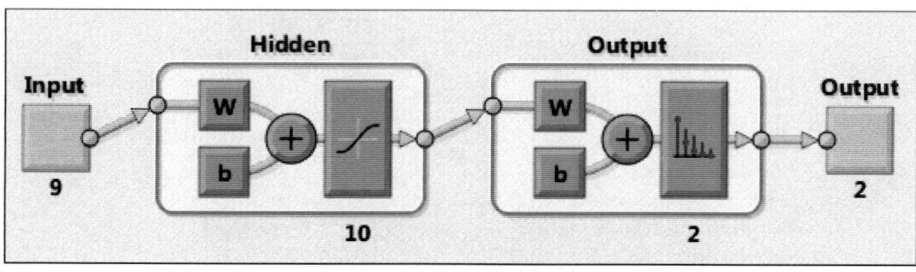

Represente gráficamente el rendimiento de entrenamiento, validación y prueba.

```
figure, plotperform(tr)
```

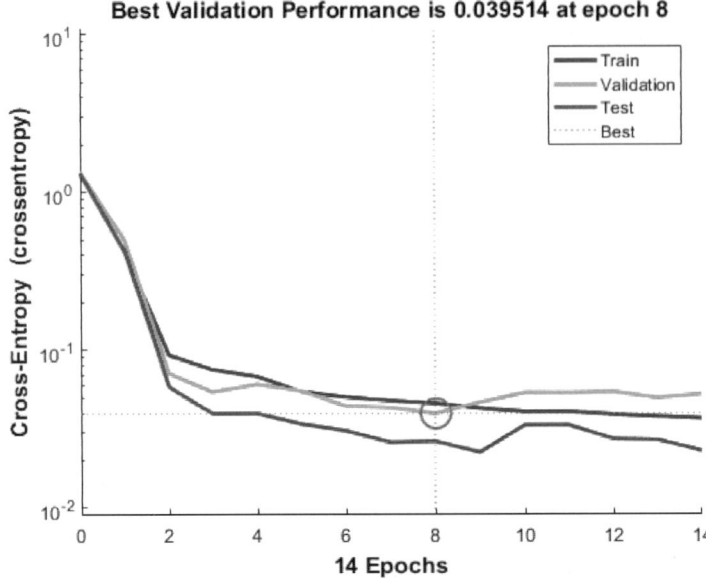

Utilice la función plotconfusion para trazar la matriz de confusión. Muestra los distintos tipos de errores que se produjeron en la red final entrenada.

```
figure, plotconfusion(targets,outputs)
```

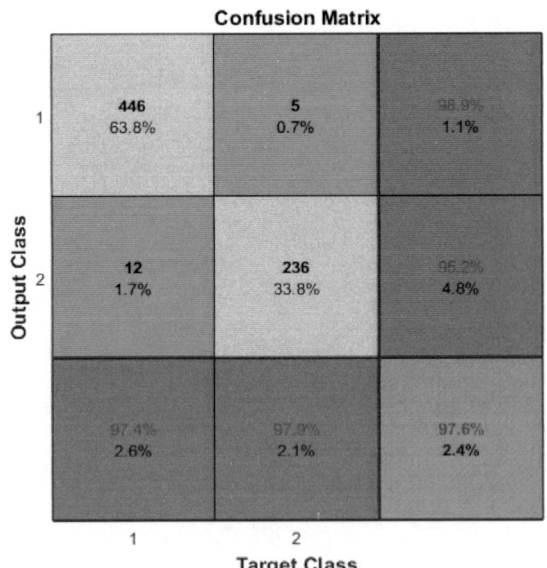

Las celdas diagonales muestran el número de casos clasificados correctamente y las celdas no diagonales muestran los casos clasificados erróneamente. La celda azul de la parte inferior derecha muestra el porcentaje total de casos clasificados correctamente (en verde) y el porcentaje total de casos clasificados erróneamente (en rojo). Los resultados muestran un reconocimiento muy bueno. Si necesitara resultados aún más precisos, podría probar cualquiera de los siguientes enfoques:

- Restablece los pesos y sesgos iniciales de la red a los nuevos valores con init y vuelve a entrenar.

- Aumentar el número de neuronas ocultas.

- Aumentar el número de vectores de entrenamiento.

- Aumente el número de valores de entrada si dispone de más información relevante.

- Pruebe con otro algoritmo de entrenamiento (véase "Algoritmos de entrenamiento").

En este caso, la respuesta de la red es satisfactoria y ya puede utilizarla con nuevas entradas.

Para adquirir más experiencia en las operaciones de línea de comandos, aquí tienes algunas tareas que puedes probar:

- Durante el entrenamiento, abra una ventana de gráfico (como el gráfico de confusión) y observe cómo se anima.

- Trace desde la línea de comandos con funciones como plotroc y plottrainstate.

Además, consulte el script avanzado para obtener más opciones, cuando se entrena desde la línea de comandos.

Cada vez que se entrena una red neuronal, puede dar lugar a una solución diferente debido a los distintos valores iniciales de peso y sesgo y a las distintas divisiones de los datos en conjuntos de entrenamiento, validación y prueba. Como resultado, distintas redes neuronales entrenadas para el mismo problema pueden dar resultados diferentes para la misma entrada. Para asegurarse de que se ha encontrado una red neuronal de buena precisión, vuelva a entrenarla varias veces.

Capítulo 7

RECONOCIMIENTO Y CLASIFICACIÓN DE PATRONES CON REDES NEURONALES. AUTOENCODERS. APRENDIZAJE PROFUNDO.

7.1 INTRODUCCIÓN

Además de agrupar para clasificar, las redes neuronales también son buenas reconociendo patrones con el fin de clasificar... Por ejemplo, supongamos que desea clasificar un tumor como benigno o maligno, basándose en la uniformidad del tamaño de las células, el grosor de los grupos, la mitosis, etc. Dispone de 699 casos de ejemplo para los que tiene 9 datos y la clasificación correcta como benigno o maligno.

Al igual que con el ajuste de funciones, hay dos formas de resolver este problema:

- Utilice la GUI nprtool, como se describe en Uso de la herramienta de reconocimiento de patrones de red neuronal.

- Utilice una solución de línea de comandos, como se describe en Uso de funciones de línea de comandos.

Por lo general, es mejor empezar con la GUI, y luego utilizar la GUI para generar automáticamente scripts de línea de comandos. Antes de utilizar cualquiera de los dos métodos, el primer paso es definir el problema seleccionando un conjunto de datos. En la siguiente sección se describe el formato de los datos. Para definir un problema de reconocimiento de patrones, disponga un conjunto de Q vectores de entrada como columnas de una matriz. A continuación, disponga otro conjunto de Q vectores objetivo de forma que indiquen las clases a las que se asignan los vectores de entrada.

Se puede utilizar un enfoque cuando sólo hay dos clases; se establece cada valor objetivo escalar en 1 o 0, indicando a qué clase pertenece la entrada correspondiente. Por ejemplo, puede definir el problema de clasificación exclusivo-o de dos clases de la siguiente manera:

```
inputs  = [0 1 0 1; 0 0 1 1];
targets = [0 1 0 1; 1 0 1 0];
```

Los vectores objetivo tienen N elementos, donde para cada vector objetivo, un elemento es 1 y los otros son 0. Esto define un problema donde las entradas deben clasificarse en N clases diferentes. Por ejemplo, las siguientes líneas muestran cómo definir un problema de clasificación que divide las esquinas de un cubo de 5 por 5 por 5 en tres clases:

- El origen (el primer vector de entrada) en una clase

- La esquina más alejada del origen (el último vector de entrada) en una segunda clase

- Todos los demás puntos en una tercera clase

```
inputs  = [0 0 0 0 5 5 5 5; 0 0 5 5 0 0 5 5; 0 5 0 5 0 5 0 5];
targets = [1 0 0 0 0 0 0 0; 0 1 1 1 1 1 1 0; 0 0 0 0 0 0 0 1];
```

Los problemas de clasificación que implican sólo dos clases pueden representarse utilizando cualquiera de los dos formatos. Los objetivos pueden consistir en elementos escalares 1/0 o vectores de dos elementos, siendo un elemento 1 y el otro elemento 0.

7.2 FUNCIONES DE RECONOCIMIENTO Y CLASIFICACIÓN DE PATRONES. EJEMPLOS

Las funciones más importantes para el reconocimiento y la clasificación de patrones son las siguientes:

Autoencoder	Autoencoder class
nnstart	Neural network getting started GUI
view	View neural network
trainAutoencoder	Train an autoencoder
trainSoftmaxLayer	Train a softmax layer for classification
decode	Decode encoded data
encode	Encode input data
predict	Reconstruct the inputs using trained autoencoder
stack	Stack encoders from several autoencoders together
network	Convert Autoencoder object into network object
patternnet	Pattern recognition network
lvqnet	Learning vector quantization neural network
train	Train neural network
trainlm	Levenberg-Marquardt backpropagation
trainbr	Bayesian regularization backpropagation
trainscg	Scaled conjugate gradient backpropagation
trainrp	Resilient backpropagation
mse	Mean squared normalized error performance function
regression	Linear regression
roc	Receiver operating characteristic
plotconfusion	Plot classification confusion matrix
ploterrhist	Plot error histogram
plotperform	Plot network performance
plotregression	Plot linear regression
plotroc	Plot receiver operating characteristic
plottrainstate	Plot training state values
crossentropy	Neural network performance
genFunction	Generate MATLAB function for simulating neural network

7.3 VER RED NEURAL

view(net) abre una ventana que muestra su red neuronal (especificada en net) como un diagrama gráfico.

Este ejemplo muestra cómo ver el diagrama de una red de reconocimiento de patrones.

```
[x,t] = iris_dataset;
net = patternnet;
net = configure(net,x,t);
view(net)
```

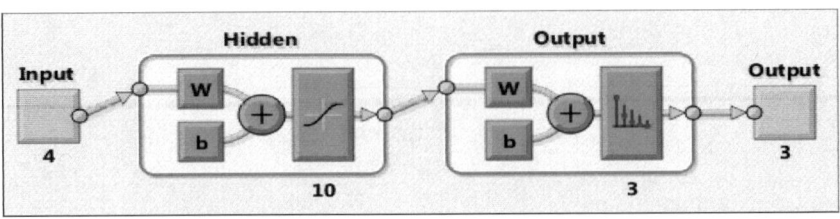

7.4 RECONOCIMIENTO DE PATRONES Y APRENDIZAJE CUANTIZACIÓN VECTORIAL

7.4.1 Red de reconocimiento de patrones: patternnet

Sintaxis

```
patternnet(hiddenSizes,trainFcn,performFcn)
```

Descripción

Las redes de reconocimiento de patrones son redes feedforward que pueden entrenarse para clasificar entradas según clases objetivo. Los datos objetivo para las redes de reconocimiento de patrones deben consistir en vectores de todos los valores cero excepto un 1 en el elemento i, donde i es la clase que deben representar.

`patternnet(hiddenSizes,trainFcn,performFcn)` toma estos argumentos,

`hiddenSizes`	Row vector of one or more hidden layer sizes (default = 10)
`trainFcn`	Training function (default = `'trainscg'`)
`performFcn`	Performance function (default = `'crossentropy'`)

y devuelve una red neuronal de reconocimiento de patrones.

Ejemplo de reconocimiento de patrones

Este ejemplo muestra cómo diseñar una red de reconocimiento de patrones para clasificar flores de iris.

```
[x,t] = iris_dataset;
net = patternnet(10);
net = train(net,x,t);
view(net)
y = net(x);
perf = perform(net,t,y);
classes = vec2ind(y);
```

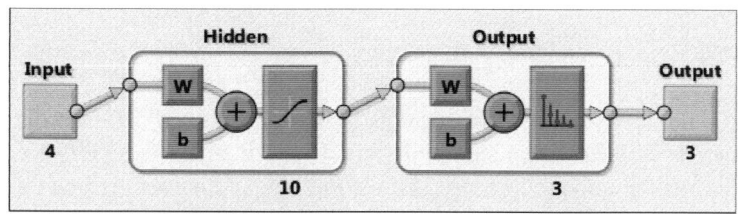

```
net = fitnet(hiddenSizes)

net = fitnet(hiddenSizes,trainFcn)
```

`net = fitnet(hiddenSizes)` devuelve una red neuronal de ajuste de funciones con un tamaño de capa oculta de `hiddenSizes (default=10)`.

El argumento `hiddenSizes` representa el tamaño de las capas ocultas de la red, especificado como un vector de filas. La longitud del vector determina el número de capas ocultas de la red. Por ejemplo, puede especificar una red con 3 capas ocultas, donde el tamaño de la primera capa oculta es 10, el de la segunda es 8 y el de la tercera es 5, de la siguiente manera: [10,8,5]

`net = fitnet(hiddenSizes,trainFcn)` devuelve una red neuronal de ajuste de funciones con un tamaño de capa oculta de `hiddenSizes` y función de entrenamiento, especificada por `trainFcn (deafut='trainlm')`. Las funciones de entrenamiento son las siguientes

Training Function	Algorithm
'trainlm'	Levenberg-Marquardt
'trainbr'	Bayesian Regularization
'trainbfg'	BFGS Quasi-Newton
'trainrp'	Resilient Backpropagation
'trainscg'	Scaled Conjugate Gradient
'traincgb'	Conjugate Gradient with Powell/Beale Restarts
'traincgf'	Fletcher-Powell Conjugate Gradient
'traincgp'	Polak-Ribiére Conjugate Gradient
'trainoss'	One Step Secant
'traingdx'	Variable Learning Rate Gradient Descent
'traingdm'	Gradient Descent with Momentum
'traingd'	Gradient Descent

7.4.2 Red neuronal de aprendizaje de cuantificación vectorial: lvqnet

Sintaxis

```
lvqnet(hiddenSize,lvqLR,lvqLF)
```

Descripción

Las redes neuronales LVQ (cuantificación vectorial de aprendizaje) constan de dos capas. La primera capa agrupa los vectores de entrada en clústeres que la red encuentra durante el entrenamiento. La segunda capa fusiona grupos de clústeres de la primera capa en las clases definidas por los datos de destino.

El número total de clústeres de la primera capa viene determinado por el número de neuronas ocultas. Cuanto mayor sea la capa oculta, más conglomerados podrá aprender la primera capa y más compleja será la asignación de las clases de entrada a las clases objetivo. El número relativo de conglomerados de primera capa asignados a cada clase objetivo se determina en función de la distribución de clases objetivo en el momento de la inicialización de la red. Esto ocurre cuando la red se configura automáticamente la primera vez que se llama a train, o se configura manualmente con la función configure, o se inicializa manualmente con la función init .

`lvqnet(hiddenSize,lvqLR,lvqLF)` toma estos argumentos,

`hiddenSize`	Size of hidden layer (default = 10)
`lvqLR`	LVQ learning rate (default = 0.01)
`lvqLF`	LVQ learning function (default = `'learnlv1'`)

y devuelve una red neuronal LVQ.

La otra opción para la función de aprendizaje lvq es learnlv2.

Ejemplo: Entrenar una red de aprendizaje de cuantificación vectorial

A continuación, se entrena una red LVQ para clasificar las flores del iris.

```
[x,t] = iris_dataset;
net = lvqnet(10);
net.trainParam.epochs = 50;
net = train(net,x,t);
view(net)
y = net(x);
perf = perform(net,y,t)
classes = vec2ind(y);
perf =

    0.0489
```

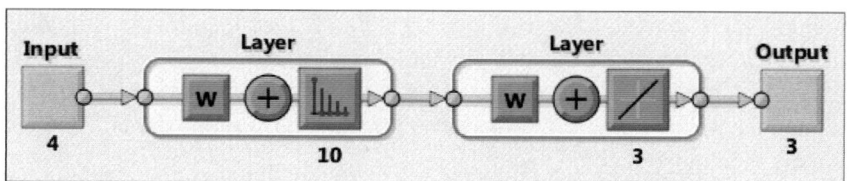

7.5 OPCIONES DE ENTRENAMIENTO Y RENDIMIENTO DE LA RED

Las siguientes funciones se utilizan para la formación y el rendimiento de la red.

train	Train neural network
trainlm	Levenberg-Marquardt backpropagation
trainbr	Bayesian regularization backpropagation
trainscg	Scaled conjugate gradient backpropagation
trainrp	Resilient backpropagation
mse	Mean squared normalized error performance function
regression	Linear regression
roc	Receiver operating characteristic
plotconfusion	Plot classification confusion matrix
ploterrhist	Plot error histogram
plotperform	Plot network performance
plotregression	Plot linear regression
plotroc	Plot receiver operating characteristic
plottrainstate	Plot training state values
crossentropy	Neural network performance
genFunction	Generate MATLAB function for simulating neural network

7.5.1 Característica operativa del receptor: Curva ROC

Sintaxis

```
[tpr,fpr,thresholds] = roc(targets,outputs)
```

Descripción

La *característica operativa del receptor* es una métrica utilizada para comprobar la calidad de los clasificadores. Para cada clase de un clasificador, rocaplica valores umbral en el intervalo [0,1] a las salidas. Para cada umbral, se calculan dos valores, la Tasa de Verdaderos Positivos (TPR) y la Tasa de Falsos Positivos (FPR). Para una determinada clase i, TPR es el número de salidas cuya clase real y predicha es la clase i, dividido por el número de salidas cuya clase predicha es la clase i. FPR es el número de salidas cuya clase real no es la clase i, pero cuya clase predicha es la clase i, dividido por el número de salidas cuya clase predicha no es la clase i.

Puede visualizar los resultados de esta función con plotroc.

`[tpr,fpr,thresholds] = roc(targets,outputs)` toma estos argumentos:

targets	S-by-Q matrix, where each column vector contains a single 1 value, with all other elements 0. The index of the 1 indicates which of S categories that vector represents.
outputs	S-by-Q matrix, where each column contains values in the range [0,1]. The index of the largest element in the column indicates which of S categories that vector presents. Alternately, 1-by-Qvector, where values greater or equal to 0.5 indicate class membership, and values below 0.5, nonmembership.

y devuelve estos valores:

tpr	1-by-S cell array of 1-by-N true-positive/positive ratios.
fpr	1-by-S cell array of 1-by-N false-positive/negative ratios.
thresholds	1-by-S cell array of 1-by-N thresholds over interval [0,1].

`roc(targets,outputs)` toma estos argumentos:

targets	1-by-Q matrix of Boolean values indicating class membership.
outputs	S-by-Q matrix, of values in [0,1] interval, where values greater than or equal to 0.5 indicate class membership.

y devuelve estos valores:

tpr	1-by-N vector of true-positive/positive ratios.
fpr	1-by-N vector of false-positive/negative ratios.
thresholds	1-by-N vector of thresholds over interval [0,1].

Ejemplos

```
load iris_dataset

net = patternnet(20);

net = train(net,irisInputs,irisTargets);

irisOutputs = sim(net,irisInputs);

[tpr,fpr,thresholds] = roc(irisTargets,irisOutputs)
```

7.5.2 Trazar la curva característica operativa del receptor (Curva ROC): plotroc

Sintaxis

```
plotroc(targets,outputs)
plotroc(targets1,outputs2,'name1',...)
```

Descripción

plotroc(targets,outputs) representa la característica operativa del receptor para cada clase de salida. Cuanto más abrace cada curva los bordes izquierdo y superior del gráfico, mejor será la clasificación.

plotroc(targets1,outputs2,'name1',...) genera múltiples parcelas.

Ejemplos: Gráfico de características operativas del receptor

```
load simplecluster_dataset
net = patternnet(20);
net = train(net,simpleclusterInputs,simpleclusterTargets);
simpleclusterOutputs = sim(net,simpleclusterInputs);
plotroc(simpleclusterTargets,simpleclusterOutputs)
```

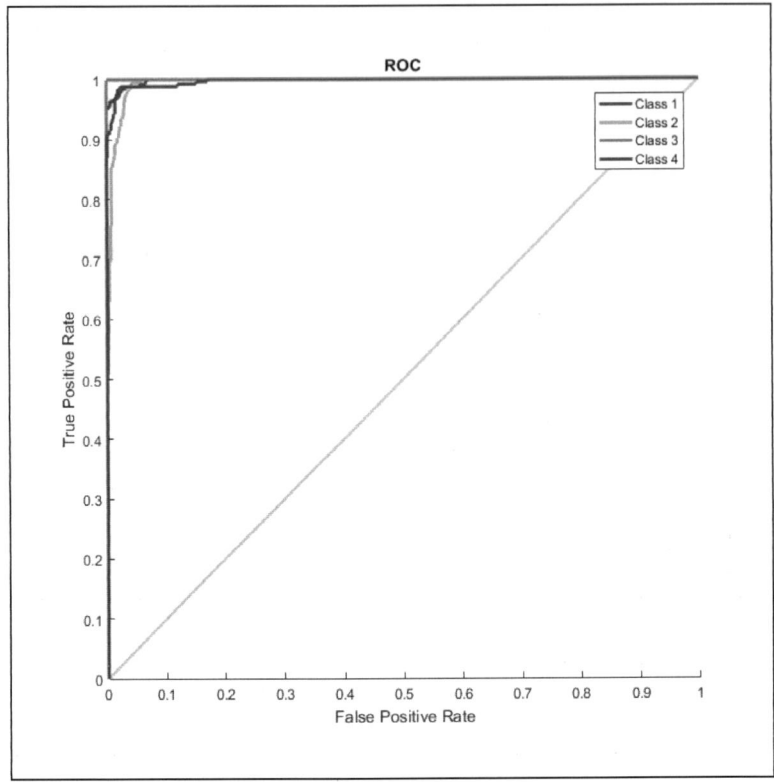

7.5.3 Matriz de confusión: plotconfusion

Sintaxis

- `plotconfusion(targets,outputs)`

Ejemplo

- `plotconfusion(targets,outputs,name)`
- `plotconfusion(targets1,outputs1,name1,targets2,outputs2,name2,...,targetsn,outputsn,namen)`

Descripción

`plotconfusion(targets,outputs)` devuelve un gráfico de matriz de confusión para los datos objetivo y de salida en objetivos y salidas, respectivamente.

En el gráfico de la matriz de confusión, las filas corresponden a la clase predicha (clase de salida) y las columnas muestran la clase verdadera (clase objetivo). Las celdas diagonales muestran para cuántos (y qué porcentaje) de los ejemplos la red entrenada estima correctamente las clases de las observaciones. Es decir, muestra qué porcentaje de las clases verdaderas y predichas coinciden. Las celdas fuera de la diagonal muestran dónde ha cometido errores el clasificador. La columna del extremo derecho del gráfico muestra la precisión de cada clase predicha, mientras que la fila de la parte inferior del gráfico muestra la precisión de cada clase verdadera. La celda de la parte inferior derecha del gráfico muestra la precisión global.

`plotconfusion(targets,outputs,name)` devuelve un gráfico de matriz de confusión con el título empezando por nombre.

`plotconfusion(targets1,outputs1,name1,targets2,outputs2,name2,...,` `targetsn,outputsn,namen)` devuelve varios gráficos de confusión en una figura, y antepone los argumentos de nombre a los títulos de los gráficos apropiados.

Ejemplos: Matriz de confusión de parcelas

Este ejemplo muestra cómo entrenar una red de reconocimiento de patrones y trazar su precisión.

Carga los datos de la muestra.

```
[x,t] = cancer_dataset;
```

`cancerInputs` es una matriz 9x699 que define nueve atributos de 699 biopsias. cancerTargets es una matriz 2x966 en la que cada columna indica una categoría correcta con un uno en el elemento 1 (benigno) o en el elemento 2 (maligno). Para obtener más información sobre este conjunto de datos, escriba help `cancer_dataset` en la línea de comandos.

Crea una red de reconocimiento de patrones y entrénala utilizando los datos de muestra.

```
net = patternnet(10);
net = train(net,x,t);
```

Estimar el estado del cáncer utilizando la red entrenada, red.

```
y = net(x);
```

Trazar la matriz de confusión.

```
plotconfusion(t,y)
```

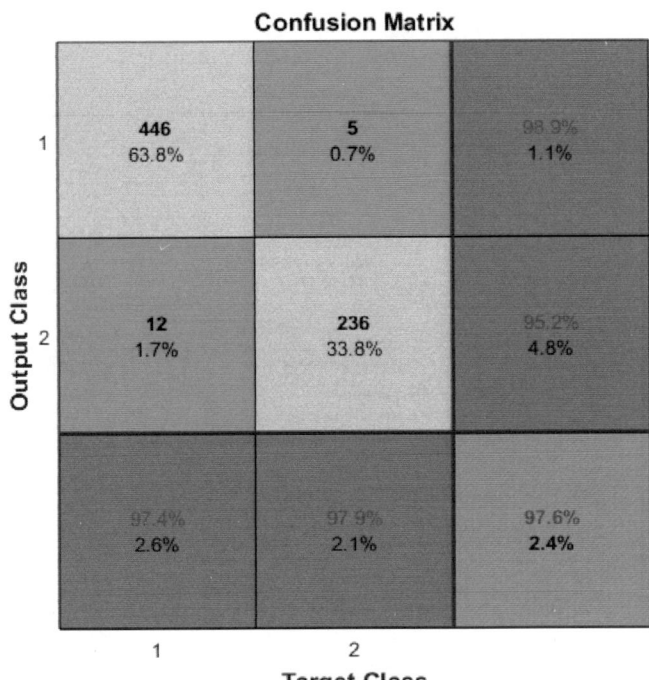

En esta figura, las dos primeras celdas diagonales muestran el número y el porcentaje de clasificaciones correctas de la red entrenada. Por ejemplo, 446 biopsias se clasifican correctamente como benignas. Esto corresponde al 63,8% de las 699 biopsias. Del mismo modo, 236 casos se clasifican correctamente como malignos. Esto corresponde al 33,8% de todas las biopsias.

5 de las biopsias malignas se clasifican incorrectamente como benignas, lo que corresponde al 0,7% de las 699 biopsias de los datos. Del mismo modo, 12 de las biopsias benignas se clasifican incorrectamente como malignas, lo que corresponde al 1,7% de todos los datos.

De 451 predicciones benignas, el 98,9% son correctas y el 1,1% erróneas. De 248 predicciones malignas, el 95,2% son correctas y el 4,8% erróneas. De 458 casos benignos, el 97,4% se pronostican correctamente como benignos y el 2,6% como malignos. De 241 casos malignos, el 97,9% se clasifican correctamente como malignos y el 2,1% como benignos.

En conjunto, el 97,6% de las predicciones son correctas y el 2,4% son clasificaciones erróneas.

7.5.4 Rendimiento de las redes neuronales: entropía cruzada

Sintaxis

- `perf = crossentropy(net,targets,outputs,perfWeights)`
- `perf = crossentropy(__,Name,Value)`

Descripción

`perf =crossentropy(net,targets,outputs,perfWeights)` calcula el rendimiento de una red dados los objetivos y las salidas, con pesos de rendimiento opcionales y otros parámetros. La función devuelve un resultado que penaliza fuertemente las salidas que son extremadamente inexactas (y cerca de 1-t), con muy poca penalización para las clasificaciones bastante correctas (y cerca de t). Minimizar la entropía cruzada conduce a buenos clasificadores.

La entropía cruzada para cada par de elementos de salida-objetivo se calcula como:

`ce = -t .* log(y)`.

El rendimiento agregado de la entropía cruzada es la media de los valores individuales:`perf = sum(ce(:))/numel(ce)`.

Caso especial (N = 1): Si una salida consta de un solo elemento, las salidas y los objetivos se interpretan como codificación binaria. Es decir, hay dos clases con objetivos de 0 y 1, mientras que en la codificación 1-de-N, hay dos o más clases. La expresión de entropía cruzada binaria es:

`ce = -t .* log(y) - (1-t) .* log(1-y)`.

`perf = crossentropy(__,Name,Value)` admite la personalización según los argumentos especificados del par nombre-valor.

Ejemplos: Calcular el rendimiento de la red

Este ejemplo muestra cómo diseñar una red de clasificación con entropía cruzada y regularización 0,1, y luego calcular el rendimiento en todo el conjunto de datos.

```
[x,t] = iris_dataset;
net = patternnet(10);
net.performParam.regularization = 0.1;
net = train(net,x,t);
y = net(x);
perf = crossentropy(net,t,y,{1},'regularization',0.1)
perf =

    0.0278
```

7.6 REDES AUTOENCODER. APRENDIZAJE PROFUNDO

Descripción

Un objeto Autoencoder contiene una red autoencoder, que consta de un codificador y un decodificador. El codificador asigna la entrada a una representación oculta. El decodificador intenta devolver esta representación a la entrada original.

Construcción

autoenc = trainAutoencoder(X) devuelve un autoencoder entrenado utilizando los datos de entrenamiento en X.

autoenc = trainAutoencoder(X,hiddenSize) devuelve un autoencoder con el tamaño de representación oculta de hiddenSize.

autoenc = trainAutoencoder(__,Name,Value) para cualquiera de los argumentos de entrada anteriores con opciones adicionales especificadas por uno o más argumentos del par Nombre,Valor.

Input Arguments

x — training data
matrix | cell array of image data

Hiddensize — size of hidden representation of the autoencoder
10 (default) | positive integer value

Métodos

decode	Decode encoded data
encode	Encode input data
generateFunction	Generate a MATLAB function to run the autoencoder
generateSimulink	Generate a Simulink model for the autoencoder
network	Convert Autoencoder object into network object
plotWeights	Plot a visualization of the weights for the encoder of an autoencoder
predict	Reconstruct the inputs using trained autoencoder
stack	Stack encoders from several autoencoders together
view	View autoencoder

7.6.1 Entrenar un autoencoder

Entrenar un autoencoder

Sintaxis

- `autoenc = trainAutoencoder(X)`
- `autoenc = trainAutoencoder(X,hiddenSize)`
- `autoenc = trainAutoencoder(__,Name,Value)`

Descripción

`autoenc = trainAutoencoder(X)` devuelve un autoencoder, `autoenc`, entrenado utilizando los datos de entrenamiento en X.

`autoenc = trainAutoencoder(X,hiddenSize)` devuelve un autoencoder `autoenc`, con el tamaño de representación oculta de hiddenSize.

`autoenc = trainAutoencoder(__,Name,Value)` devuelve un autocodificador `autoenc`, para cualquiera de los argumentos de entrada anteriores con opciones adicionales especificadas por uno o más argumentos del par Nombre,Valor.

Por ejemplo, puede especificar la proporción de dispersión o el número máximo de iteraciones de entrenamiento.

Ejemplos. Entrenar el autoencoder disperso

Carga los datos de la muestra.

```
X = abalone_dataset;
```

X es una matriz de 8 por 4177 que define ocho atributos para 4177 conchas de abalón diferentes: sexo (M, F e I (para bebé)), longitud, diámetro, altura, peso entero, peso descascarillado, peso de las vísceras y peso de la concha. Para obtener más información sobre el conjunto de datos, escriba help abalone_dataset en la línea de comandos.

Entrena un autoencoder disperso con la configuración por defecto.

```
autoenc = trainAutoencoder(X);
```

Reconstruir los datos de anillos de concha de abalón utilizando el autocodificador entrenado.

```
XReconstructed = predict(autoenc,X);
```

Calcula el error cuadrático medio de reconstrucción.

```
mseError = mse(X-XReconstructed)
mseError =

    0.0167
```

Entrenar el autocodificador con las opciones especificadas

Carga los datos de la muestra.

```
X = abalone_dataset;
```

X es una matriz de 8 por 4177 que define ocho atributos para 4177 conchas de abalón diferentes: sexo (M, F e I (para bebé)), longitud, diámetro, altura, peso entero, peso descascarillado, peso de las vísceras y peso de la concha. Para obtener más información sobre el conjunto de datos, escriba help abalone_dataset en la línea de comandos.

Entrena un autoencoder disperso con tamaño oculto 4, 400 épocas como máximo y función de transferencia lineal para el decodificador.

```
autoenc = trainAutoencoder(X,4,'MaxEpochs',400,...
'DecoderTransferFunction','purelin');
```

Reconstruir los datos de anillos de concha de abalón utilizando el autocodificador entrenado.

```
XReconstructed = predict(autoenc,X);
```

Calcula el error cuadrático medio de reconstrucción.

```
mseError = mse(X-XReconstructed)
mseError =

    0.0056
```

Reconstrucción de observaciones mediante autocodificador disperso

Generar los datos de entrenamiento.

```
rng(0,'twister'); % For reproducibility
n = 1000;
r = linspace(-10,10,n)';
x = 1 + r*5e-2 + sin(r)./r + 0.2*randn(n,1);
```

Entrenar el autoencoder utilizando los datos de entrenamiento.

```
hiddenSize = 25;
autoenc = trainAutoencoder(x',hiddenSize,...
        'EncoderTransferFunction','satlin',...
        'DecoderTransferFunction','purelin',...
        'L2WeightRegularization',0.01,...
        'SparsityRegularization',4,...
        'SparsityProportion',0.10);
```

Generar los datos de prueba.

```
n = 1000;
r = sort(-10 + 20*rand(n,1));
xtest = 1 + r*5e-2 + sin(r)./r + 0.4*randn(n,1);
```

Predecir los datos de prueba utilizando el autocodificador entrenado, autoenc.

```
xReconstructed = predict(autoenc,xtest');
```

Represente gráficamente los datos reales de la prueba y las predicciones.

```
figure;
plot(xtest,'r.');
hold on
plot(xReconstructed,'go');
```

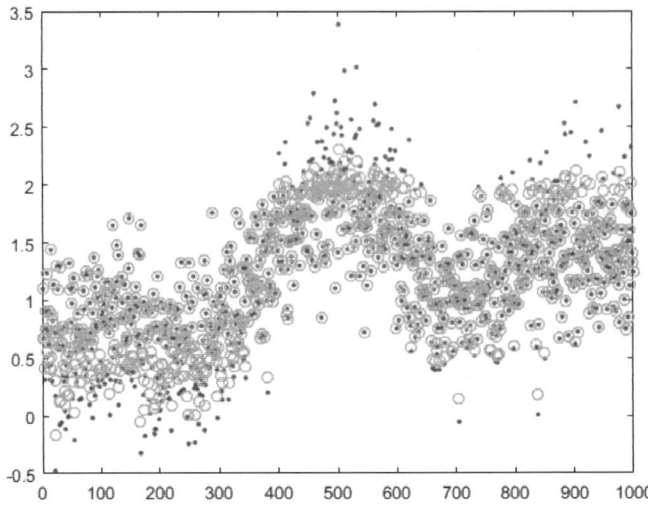

Reconstrucción de imágenes digitales manuscritas mediante un autocodificador disperso

Carga los datos de entrenamiento.

```
X = digittrain_dataset;
```

Los datos de entrenamiento son una matriz de 1 por 5000 celdas, donde cada celda contiene una matriz de 28 por 28 que representa una imagen sintética de un dígito manuscrito.

Entrena un autoencoder con una capa oculta de 25 neuronas.

```
hiddenSize = 25;
autoenc = trainAutoencoder(X,hiddenSize,...
        'L2WeightRegularization',0.004,...
        'SparsityRegularization',4,...
        'SparsityProportion',0.15);
```

Carga los datos de la prueba.

```
x = digittest_dataset;
```

Los datos de prueba son una matriz de 1 por 5000 celdas, cada una de las cuales contiene una matriz de 28 por 28 que representa una imagen sintética de un dígito manuscrito.

Reconstruir los datos de la imagen de prueba utilizando el autocodificador entrenado, autoenc.

```
xReconstructed = predict(autoenc,x);
```

Ver los datos reales de la prueba.

```
figure;
for i = 1:20
    subplot(4,5,i);
    imshow(X{i});
end
```

Visualice los datos de prueba reconstruidos.

```
figure;
for i = 1:20
    subplot(4,5,i);
    imshow(xReconstructed{i});
end
```

7.6.2 Construcción de redes profundas mediante autocodificadores

Carga los datos de la muestra.

```
[X,T] = wine_dataset;
```

Entrena un autoencoder con una capa oculta de tamaño 10 y una función de transferencia lineal para el decodificador. Establezca el regularizador de peso L2 en 0,001, el regularizador de dispersión en 4 y la proporción de dispersión en 0,05.

```
hiddenSize = 10;
autoenc1 = trainAutoencoder(X,hiddenSize,...
    'L2WeightRegularization',0.001,...
    'SparsityRegularization',4,...
    'SparsityProportion',0.05,...
    'DecoderTransferFunction','purelin');
```

Extraer las características en la capa oculta.

```
features1 = encode(autoenc1,X);
```

Entrena un segundo autocodificador utilizando las características del primer autocodificador. No escale los datos.

```
hiddenSize = 10;
autoenc2 = trainAutoencoder(features1,hiddenSize,...
    'L2WeightRegularization',0.001,...
    'SparsityRegularization',4,...
    'SparsityProportion',0.05,...
    'DecoderTransferFunction','purelin',...
    'ScaleData',false);
```

Extraer las características en la capa oculta.

```
features2 = encode(autoenc2,features1);
```

Entrena una capa softmax para la clasificación utilizando las características, features2, del segundo autocodificador, autoenc2.

```
softnet =
trainSoftmaxLayer(features2,T,'LossFunction','crossentropy');
```

Apila los codificadores y la capa softmax para formar una red profunda.

```
deepnet = stack(autoenc1,autoenc2,softnet);
```

Entrenar la red profunda con los datos del vino.

```
deepnet = train(deepnet,X,T);
```

Estimación de los tipos de vino mediante la red profunda, deepnet.

```
wine_type = deepnet(X);
```

Trazar la matriz de confusión.

```
plotconfusion(T,wine_type);
```

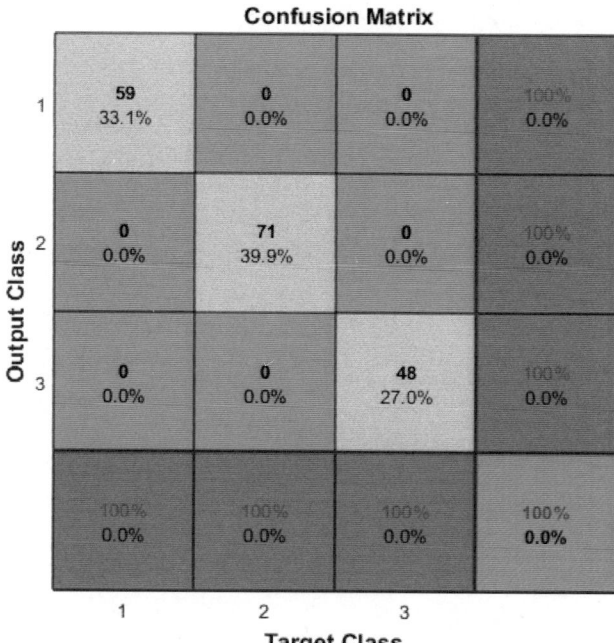

7.6.3 Descodificar

Descodificar los datos codificados

Sintaxis

```
Y = decode(autoenc,Z)
```

Descripción

Y = decode(autoenc,Z) devuelve los datos descodificados Y, utilizando el objeto autocodificador autoenc.

Autoencoder entrenado, devuelto por la función trainAutoencoder como un objeto de la clase Autoencoder .

Datos codificados por autoenc, especificados como matriz. Cada columna de Z representa una muestra codificada (observación).

Datos descodificados, devueltos como una matriz o una matriz de celdas de datos de imagen.

Si el autocodificador autoenc fue entrenado en una matriz de celdas de datos de imagen, entonces Y es también una matriz de celdas de imágenes.

Si el autoencoder autoenc se ha entrenado sobre una matriz, entonces Y es también una matriz, donde cada columna de Y corresponde a una muestra u observación.

Ejemplo: Decodificación de datos codificados para nuevas imágenes

Carga los datos de entrenamiento.

```
X = digitTrainCellArrayData;
```

X es una matriz de celdas de 1 por 5003, donde cada celda contiene una matriz de 28 por 28 que representa una imagen sintética de un dígito manuscrito.

Entrena un autoencoder utilizando los datos de entrenamiento con un tamaño oculto de 15.

```
hiddenSize = 15;
autoenc = trainAutoencoder(X,hiddenSize);
```

Extraer los datos codificados para nuevas imágenes utilizando el autocodificador.

```
Xnew = digitTestCellArrayData;
features = encode(autoenc,Xnew);
```

Descodifica los datos codificados del autocodificador.

```
Y = decode(autoenc,features);
```

Y es una matriz de celdas de 1 por 4997, donde cada celda contiene una matriz de 28 por 28 que representa una imagen sintética de un dígito manuscrito.

7.6.4 Codificar

Codificar datos de entrada

Sintaxis

```
Z = encode(autoenc,Xnew)
```

Descripción

`Z = encode(autoenc,Xnew)` devuelve los datos codificados, Z, para los datos de entrada Xnew, utilizando el autocodificador, autoenc.

Ejemplo. Codificar datos decodificados para nuevas imágenes

Carga los datos de la muestra.

```
X = digitTrainCellArrayData;
```

X es una matriz de celdas de 1 por 5003, donde cada celda contiene una matriz de 28 por 28 que representa una imagen sintética de un dígito manuscrito.

Entrena un autoencoder con un tamaño oculto de 50 utilizando los datos de entrenamiento.

```
autoenc = trainAutoencoder(X,50);
```

Codificar los datos descodificados para nuevos datos de imagen.

```
Xnew = digitTestCellArrayData;
Z = encode(autoenc,Xnew);
```

Xnuevo es una matriz de 1 por 4997 celdas. Z es una matriz de 50 por 4997, donde cada columna representa los datos de imagen de un dígito manuscrito en los nuevos datos Xnew.

7.6.5 Predecir

Reconstruir las entradas utilizando el autoencoder entrenado

Sintaxis

```
Y = predict(autoenc,X)
```

Descripción

$Y = \text{predict}(\text{autoenc}, X)$ devuelve las predicciones Y para los datos de entrada X, utilizando el autoencoder autoenc. El resultado Y es una reconstrucción de X.

Ejemplos: Predicción de medidas continuas mediante autoencoder entrenado

Carga los datos de entrenamiento.

```
X = iris_dataset;
```

Los datos de entrenamiento contienen mediciones de cuatro atributos de las flores del iris: Longitud del sépalo, anchura del sépalo, longitud del pétalo, anchura del pétalo.

Entrenar un autocodificador en los datos de entrenamiento utilizando la función de transferencia lineal de saturación positiva en el codificador y la función de transferencia lineal en el decodificador.

```
autoenc = trainAutoencoder(X,'EncoderTransferFunction',...
'satlin','DecoderTransferFunction','purelin');
```

Reconstruye las mediciones utilizando la red entrenada, autoenc.

```
xReconstructed = predict(autoenc,X);
```

Represente los valores de medición predichos junto con los valores reales en el conjunto de datos de entrenamiento.

```
for i = 1:4
h(i) = subplot(1,4,i);
plot(X(i,:),'r.');
hold on
plot(xReconstructed(i,:),'go');
hold off;
end
title(h(1),{'Sepal';'Length'});
title(h(2),{'Sepal';'Width'});
title(h(3),{'Petal';'Length'});
title(h(4),{'Petal';'Width'});
```

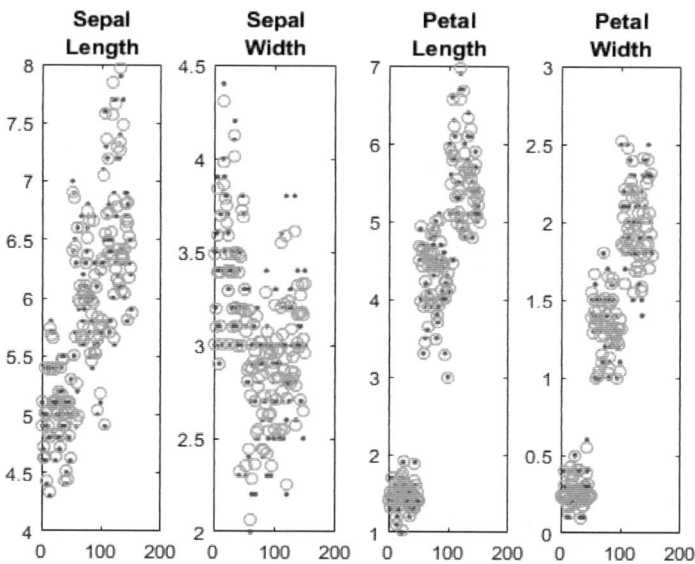

Los puntos rojos representan los datos de entrenamiento y los círculos verdes los datos reconstruidos.

7.6.6 Apilado

Apilar codificadores de varios autocodificadores

Sintaxis

- `stackednet = stack(autoenc1,autoenc2,...)`
- `stackednet = stack(autoenc1,autoenc2,...,net1)`

Descripción

`stackednet = stack(autoenc1,autoenc2,...)` devuelve un objeto de red creado apilando los codificadores de los autocodificadores, autoenc1, autoenc2, etc.

`stackednet = stack(autoenc1,autoenc2,...,net1)` devuelve un objeto de red creado apilando los codificadores de los autocodificadores y el objeto de red net1.

Los autocodificadores y el objeto de red sólo pueden apilarse si sus dimensiones coinciden.

Consejos

- El tamaño de la representación oculta de un autocodificador debe coincidir con el tamaño de entrada del siguiente autocodificador o red de la pila.

- El primer argumento de entrada de la red apilada es el argumento de entrada del primer autocodificador. El argumento de salida del codificador del primer autocodificador es el argumento de entrada del segundo autocodificador de la red apilada. El argumento de salida del codificador del segundo autocodificador es el argumento de entrada del tercer autocodificador de la red apilada, y así sucesivamente.

- El objeto de red apilada stacknet hereda sus parámetros de entrenamiento del argumento de entrada final net1.

Ejemplos. Crear una red apilada

Carga los datos de entrenamiento.

```
[X,T] = iris_dataset;
```

Entrena un autoencoder con una capa oculta de tamaño 5 y una función de transferencia lineal para el decodificador. Establezca el regularizador de peso L2 en 0,001, el regularizador de dispersión en 4 y la proporción de dispersión en 0,05.

```
hiddenSize = 5;
autoenc = trainAutoencoder(X, hiddenSize, ...
    'L2WeightRegularization', 0.001, ...
    'SparsityRegularization', 4, ...
    'SparsityProportion', 0.05, ...
    'DecoderTransferFunction','purelin');
```

Extraer las características en la capa oculta.

```
features = encode(autoenc,X);
```

Entrenar una capa softmax para la clasificación utilizando las características.

```
softnet = trainSoftmaxLayer(features,T);
```

Apila el codificador y la capa softmax para formar una red profunda.

```
stackednet = stack(autoenc,softnet);
```

Véase la red apilada.

```
view(stackednet);
```

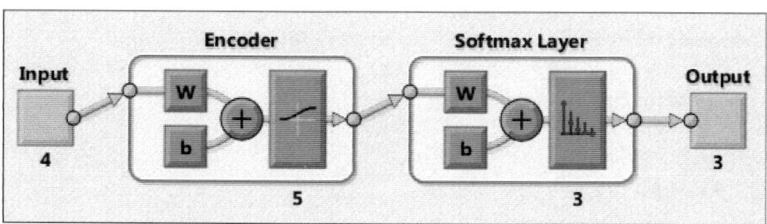

7.7 ENTRENAR AUTOCODIFICADORES APILADOS PARA LA CLASIFICACIÓN DE IMÁGENES. RED NEURONAL PROFUNDA

Este ejemplo muestra cómo utilizar la funcionalidad de autoencoders de Neural Network Toolbox para entrenar una red neuronal profunda para clasificar imágenes de dígitos.

Las redes neuronales con múltiples capas ocultas pueden ser útiles para resolver problemas de clasificación con datos complejos, como las imágenes. Cada capa puede aprender características a un nivel diferente de abstracción. Sin embargo, entrenar redes neuronales con múltiples capas ocultas puede resultar difícil en la práctica.

Una forma de entrenar eficazmente una red neuronal con múltiples capas es entrenar una capa cada vez. Puede conseguirlo entrenando un tipo especial de red conocido como autocodificador para cada capa oculta deseada.

Este ejemplo muestra cómo entrenar una red neuronal con dos capas ocultas para clasificar dígitos en imágenes. Primero se entrenan las capas ocultas individualmente de forma no supervisada utilizando autocodificadores. A continuación, se entrena una última capa softmax y se unen las capas para formar una red profunda, que se entrena una última vez de forma supervisada.

7.7.1 Conjunto de datos

Este ejemplo utiliza datos sintéticos para el entrenamiento y las pruebas. Las imágenes sintéticas se han generado aplicando transformaciones afines aleatorias a imágenes de dígitos creadas con distintos tipos de letra.

Cada imagen de dígitos tiene 28 por 28 píxeles, y hay 5.000 ejemplos de entrenamiento. Puede cargar los datos de entrenamiento y ver algunas de las imágenes.

```
% Load the training data into memory
[xTrainImages,tTrain] = digitTrainCellArrayData;

% Display some of the training images
clf
for i = 1:20
    subplot(4,5,i);
    imshow(xTrainImages{i});
end
```

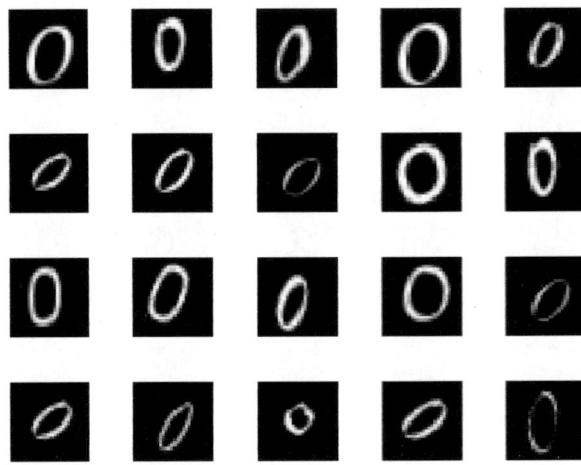

Las etiquetas de las imágenes se almacenan en una matriz de 10 por 5000, donde en cada columna un único elemento será 1 para indicar la clase a la que pertenece el dígito, y todos los demás elementos de la columna serán 0. Cabe señalar que, si el décimo elemento es 1, entonces la imagen del dígito es un cero.

7.7.2 Entrenamiento del primer autocodificador

Comience entrenando un autoencoder disperso en los datos de entrenamiento sin utilizar las etiquetas.

Un autocodificador es una red neuronal que intenta replicar su entrada en su salida. Así, el tamaño de su entrada será el mismo que el de su salida. Cuando el número de neuronas de la capa oculta es inferior al tamaño de la entrada, el autocodificador aprende una representación comprimida de la entrada.

Los pesos de las redes neuronales se inicializan aleatoriamente antes del entrenamiento. Por lo tanto, los resultados del entrenamiento son diferentes cada vez. Para evitar este comportamiento, establezca explícitamente la semilla del generador de números aleatorios.

```
rng('default')
```

Establece el tamaño de la capa oculta para el autoencoder. Para el autoencoder que vas a entrenar, es una buena idea hacerlo más pequeño que el tamaño de entrada.

```
hiddenSize1 = 100;
```

El tipo de autocodificador que entrenaremos es un autocodificador disperso. Este autocodificador utiliza regularizadores para aprender una representación dispersa en la primera capa. Puedes controlar la influencia de estos regularizadores ajustando varios parámetros:

- `L2WeightRegularization` controla el impacto de un regularizador L2 para los pesos de la red (y no los sesgos). Normalmente debería ser bastante pequeño.

- `SparsityRegularization` controla el impacto de un regularizador de dispersión, que intenta imponer una restricción en la dispersión de la salida de la capa oculta. Tenga en cuenta que esto es diferente de aplicar un regularizador de dispersión a los pesos.

- `SparsityProportion` es un parámetro del regularizador de dispersión. Controla la dispersión de la salida de la capa oculta. Un valor bajo de SparsityProportion normalmente conduce a que cada neurona de la capa oculta se "especialice" dando una salida alta sólo para un pequeño número de ejemplos de entrenamiento. Por ejemplo, si SparsityProportion se establece en 0,1, esto equivale a decir que cada neurona en la capa oculta debe tener una salida media de 0,1 sobre los ejemplos de entrenamiento. Este valor debe estar comprendido entre 0 y 1. El valor ideal varía en función de la naturaleza del problema.

Ahora entrena el autoencoder, especificando los valores para los regularizadores que se han descrito anteriormente.

```
autoenc1 = trainAutoencoder(xTrainImages,hiddenSize1, ...
    'MaxEpochs',400, ...
    'L2WeightRegularization',0.004, ...
    'SparsityRegularization',4, ...
    'SparsityProportion',0.15, ...
    'ScaleData', false);
```

Puede ver un diagrama del autocodificador. El autocodificador consta de un codificador y un decodificador. El codificador asigna una entrada a una representación oculta, y el decodificador intenta invertir esta asignación para reconstruir la entrada original.

```
view(autoenc1)
```

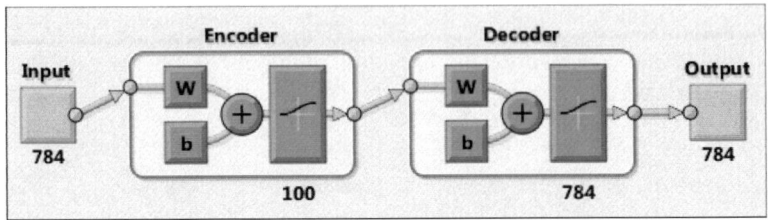

7.7.3 Visualización de los pesos del primer autoencoder

El mapeo aprendido por la parte codificadora de un autocodificador puede ser útil para extraer características de los datos. Cada neurona del codificador tiene asociado un vector de pesos que se ajustará para responder a una característica visual concreta. Puedes ver una representación de estas características.

```
figure()
plotWeights(autoenc1);
```

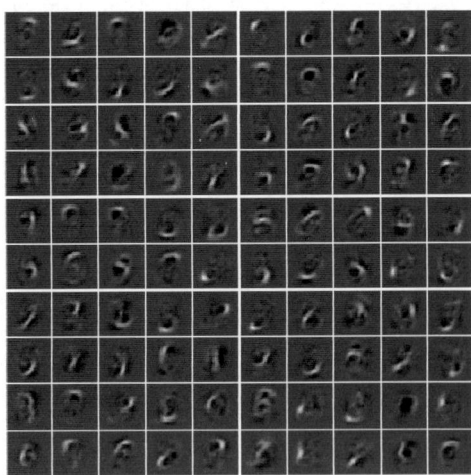

Se puede ver que las características aprendidas por el autocodificador representan rizos y patrones de trazos de las imágenes de los dígitos.

La salida de 100 dimensiones de la capa oculta del autocodificador es una versión comprimida de la entrada, que resume su respuesta a las características visualizadas anteriormente. Entrena el siguiente autocodificador en un conjunto de estos vectores extraídos de los datos de entrenamiento. En primer lugar, debe utilizar el codificador del autocodificador entrenado para generar las características.

```
feat1 = encode(autoenc1,xTrainImages);
```

7.7.4 Entrenamiento del segundo autocodificador

Después de entrenar el primer autocodificador, se entrena el segundo de forma similar. La principal diferencia es que se utilizan las características generadas por el primer autocodificador como datos de entrenamiento en el segundo autocodificador. Además, se reduce el tamaño de la representación oculta a 50, para que el codificador del segundo autocodificador aprenda una representación aún más pequeña de los datos de entrada.

```
hiddenSize2 = 50;
autoenc2 = trainAutoencoder(feat1,hiddenSize2, ...
    'MaxEpochs',100, ...
    'L2WeightRegularization',0.002, ...
    'SparsityRegularization',4, ...
    'SparsityProportion',0.1, ...
    'ScaleData', false);
```

Una vez más, puedes ver un diagrama del autocodificador con la función ver.

```
view(autoenc2)
```

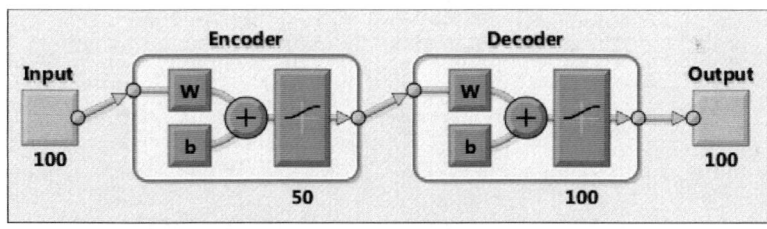

Puede extraer un segundo conjunto de características pasando el conjunto anterior por el codificador del segundo autocodificador.

```
feat2 = encode(autoenc2,feat1);
```

Los vectores originales de los datos de entrenamiento tenían 784 dimensiones. Tras pasarlos por el primer codificador, se redujeron a 100 dimensiones. Después de utilizar el segundo codificador, se redujeron de nuevo a 50 dimensiones. Ahora puede entrenar una capa final para clasificar estos vectores de 50 dimensiones en diferentes clases de dígitos.

7.7.5 Entrenamiento de la capa final softmax

Entrene una capa softmax para clasificar los vectores de características de 50 dimensiones. A diferencia de los autocodificadores, la capa softmax se entrena de forma supervisada utilizando etiquetas para los datos de entrenamiento.

```
softnet = trainSoftmaxLayer(feat2,tTrain,'MaxEpochs',400);
```

Puede ver un diagrama de la capa softmax con la función ver.

```
view(softnet)
```

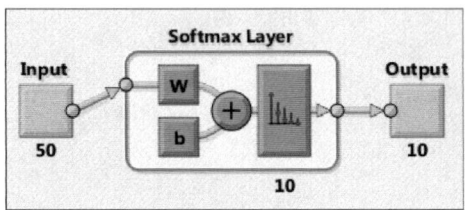

7.7.6 Formar una red neuronal apilada

Ha entrenado tres componentes separados de una red neuronal profunda de forma aislada. En este punto, puede ser útil ver las tres redes neuronales que ha entrenado. Son autoenc1, autoenc2 y softnet.

```
view(autoenc1)
view(autoenc2)
view(softnet)
```

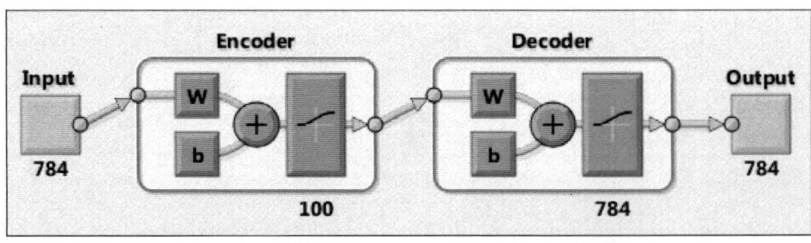

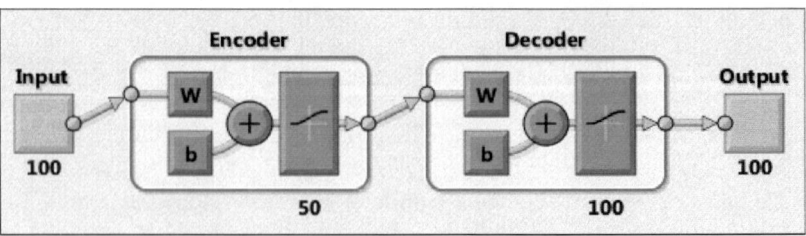

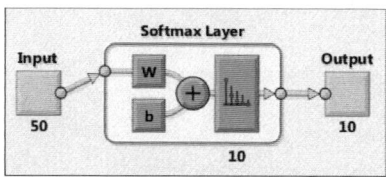

Como se ha explicado, los codificadores de los autocodificadores se han utilizado para extraer características. Puedes apilar los codificadores de los autocodificadores junto con la capa softmax para formar una red profunda.

```
deepnet = stack(autoenc1,autoenc2,softnet);
```

Puede ver un diagrama de la red apilada con la función ver. La red está formada por los codificadores de los autocodificadores y la capa softmax.

```
view(deepnet)
```

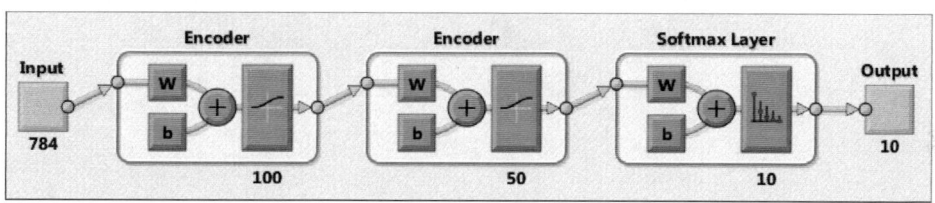

Con la red profunda completa formada, puedes calcular los resultados en el conjunto de prueba. Para utilizar imágenes con la red apilada, tienes que remodelar las imágenes de prueba en una matriz. Para ello, apila las columnas de una imagen para formar un vector y, a continuación, forma una matriz a partir de estos vectores.

```
% Get the number of pixels in each image
imageWidth = 28;
imageHeight = 28;
inputSize = imageWidth*imageHeight;

% Load the test images
[xTestImages,tTest] = digitTestCellArrayData;

% Turn the test images into vectors and put them in a matrix
xTest = zeros(inputSize,numel(xTestImages));
for i = 1:numel(xTestImages)
    xTest(:,i) = xTestImages{i}(:);
end
```

Puede visualizar los resultados con una matriz de confusión. Los números del cuadrado inferior derecho de la matriz dan la precisión global.

```
y = deepnet(xTest);
plotconfusion(tTest,y);
```

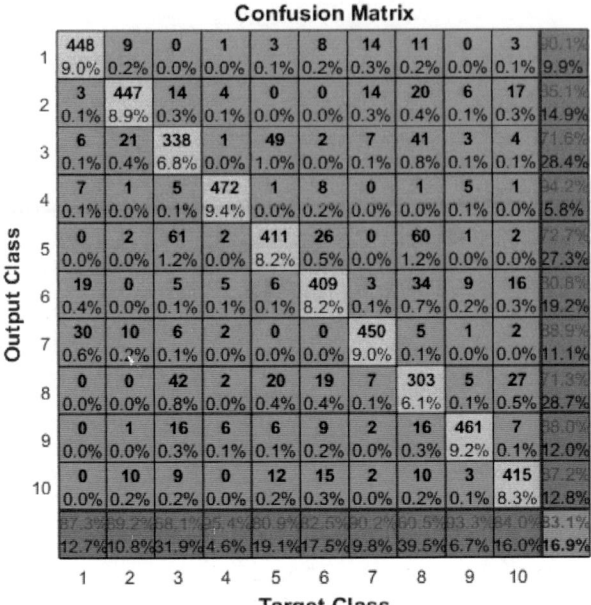

7.7.7 Ajuste fino de la red neuronal profunda

Los resultados de la red neuronal profunda pueden mejorarse realizando retropropagación en toda la red multicapa. Este proceso suele denominarse ajuste fino.

Para afinar la red, hay que volver a entrenarla con los datos de entrenamiento de forma supervisada. Para ello, hay que remodelar las imágenes de entrenamiento en una matriz, como se hizo con las imágenes de prueba.

```
% Turn the training images into vectors and put them in a matrix
xTrain = zeros(inputSize,numel(xTrainImages));
for i = 1:numel(xTrainImages)
    xTrain(:,i) = xTrainImages{i}(:);
end

% Perform fine tuning
deepnet = train(deepnet,xTrain,tTrain);
```

A continuación, se vuelven a visualizar los resultados mediante una matriz de confusión.

```
y = deepnet(xTest);
plotconfusion(tTest,y);
```

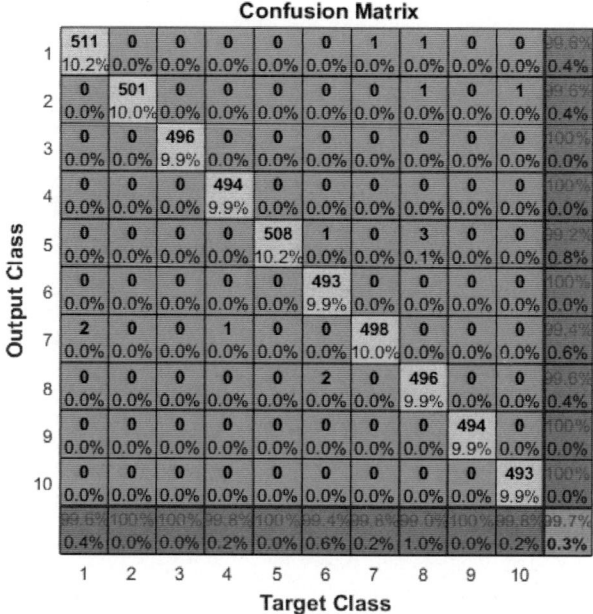

7.7.8 Resumen

Este ejemplo muestra cómo entrenar una red neuronal profunda para clasificar dígitos en imágenes utilizando Neural Network Toolbox™. Los pasos que se han esbozado pueden aplicarse a otros problemas similares, como clasificar imágenes de letras, o incluso pequeñas imágenes de objetos de una categoría específica.

7.8 CLASIFICACIÓN, EXTRACCIÓN DE CARACTERÍSTICAS Y APRENDIZAJE POR TRANSFERENCIA MEDIANTE REDES NEURONALES CONVOLUCIONALES (CNN)

Las redes neuronales de convolución (CNN o ConvNets) son herramientas esenciales para el aprendizaje profundo, y son especialmente adecuadas para el reconocimiento de imágenes. Se puede construir una arquitectura CNN, entrenar una red y utilizar la red entrenada para predecir etiquetas de clase. También puede extraer características de una red preentrenada y utilizarlas para entrenar un clasificador lineal. Neural Network Toolbox también permite realizar aprendizaje por transferencia, es decir, volver a entrenar la última capa totalmente conectada de una CNN existente con nuevos datos.

MATLAB dispone de las siguientes funciones:

`imageInputLayer`	Image input layer
`convolution2dLayer`	Convolutional layer
`reluLayer`	Rectified Linear Unit (ReLU) layer
`crossChannelNormalizationLayer`	Channel-wise local response normalization layer
`averagePooling2dLayer`	Average pooling layer object
`maxPooling2dLayer`	Max pooling layer
`fullyConnectedLayer`	Fully connected layer
`dropoutLayer`	Dropout layer
`softmaxLayer`	Softmax layer
`classificationLayer`	Create a classification output layer

7.9 APRENDIZAJE POR TRANSFERENCIA CON REDES NEURONALES CONVOLUCIONALES

Afinar una red neuronal convolucional preentrenada en imágenes de dígitos para aprender las características de las imágenes de letras. El aprendizaje por transferencia se considera la transferencia de conocimientos de una tarea aprendida a otra nueva en el aprendizaje automático [1]. En el contexto de las redes neuronales, se trata de transferir las características aprendidas de una red preentrenada a un nuevo problema. Entrenar una red neuronal convolucional desde el principio en cada caso no suele ser efectivo cuando no hay suficiente cantidad de datos de entrenamiento. La práctica común en el aprendizaje profundo para estos casos es utilizar una red entrenada en un gran conjunto de datos para un nuevo problema. Mientras que las capas iniciales de la red preentrenada pueden ser fijas, las últimas capas deben ajustarse para aprender las características específicas del nuevo conjunto de datos. El aprendizaje por transferencia suele dar lugar a tiempos de entrenamiento más rápidos que el entrenamiento de una nueva red neuronal convolucional, ya que no es necesario estimar todos los parámetros de la nueva red.

Nota: El entrenamiento de una red neuronal convolucional requiere Parallel Computing Toolbox™ y una GPU NVIDIA® con CUDA® y capacidad de cálculo 3.0 o superior.

Cargue los datos de muestra como ImageDatastore.

```
digitDatasetPath =
fullfile(matlabroot,'toolbox','nnet','nndemos',...
    'nndatasets','DigitDataset');
digitData = imageDatastore(digitDatasetPath,...
        'IncludeSubfolders',true,'LabelSource','foldernames');
```

El almacén de datos contiene 10000 imágenes sintéticas de los dígitos 0-9. Las imágenes se generan aplicando transformaciones aleatorias a imágenes de dígitos creadas con distintos tipos de letra. Cada imagen de dígitos tiene 28 por 28 píxeles.

Muestra algunas de las imágenes del almacén de datos.

```
for i = 1:20
    subplot(4,5,i);
    imshow(digitData.Files{i});
end
```

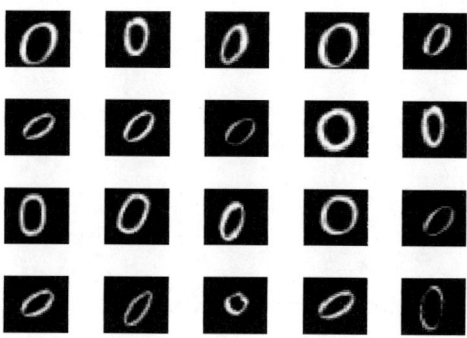

Compruebe el número de imágenes en cada categoría de dígitos.

```
digitData.countEachLabel
```

ans =

Label	Count
0	988
1	1026
2	1003
3	993
4	991
5	1017
6	992
7	999
8	1003
9	988

Los datos contienen un número desigual de imágenes por categoría.

Para equilibrar el número de imágenes de cada dígito en el conjunto de entrenamiento, primero hay que encontrar el número mínimo de imágenes de una categoría.

```
minSetCount = min(digitData.countEachLabel{:,2})

minSetCount =

    988
```

Divida el conjunto de datos de modo que cada categoría del conjunto de entrenamiento tenga 494 imágenes y el conjunto de pruebas tenga las imágenes restantes de cada etiqueta.

```
trainingNumFiles = round(minSetCount/2);
rng(1) % For reproducibility
[trainDigitData,testDigitData] = splitEachLabel(digitData,...
                            trainingNumFiles,'randomize');
```

splitEachLabel divide los archivos de imágenes de digitData en dos nuevos almacenes de datos, trainDigitData ytestDigitData.·

Crea las capas de la red neuronal convolucional.

```
layers = [imageInputLayer([28 28 1])
          convolution2dLayer(5,20)
          reluLayer()
          maxPooling2dLayer(2,'Stride',2)
          fullyConnectedLayer(10)
          softmaxLayer()
          classificationLayer()];
```

Crea las opciones de entrenamiento. Establezca el número máximo de épocas en 20 y comience el entrenamiento con una tasa de aprendizaje inicial de 0,001.

```
options = trainingOptions('sgdm','MaxEpochs',20,...
          'InitialLearnRate',0.001);
```

Entrene la red utilizando el conjunto de entrenamiento y las opciones definidas en el paso anterior.

```
convnet = trainNetwork(trainDigitData,layers,options);
```

Epoch	Iteration	Time Elapsed (seconds)	Mini-batch Loss	Mini-batch Accuracy	Base Learning Rate
2	50	0.71	0.2233	92.97%	0.001000
3	100	1.37	0.0182	99.22%	0.001000
4	150	2.02	0.0395	99.22%	0.001000
6	200	2.70	0.0105	99.22%	0.001000
7	250	3.35	0.0026	100.00%	0.001000
8	300	4.00	0.0004	100.00%	0.001000
10	350	4.67	0.0002	100.00%	0.001000
11	400	5.32	0.0001	100.00%	0.001000
12	450	5.95	0.0001	100.00%	0.001000
14	500	6.60	0.0002	100.00%	0.001000
15	550	7.23	0.0001	100.00%	0.001000
16	600	7.87	0.0001	100.00%	0.001000
18	650	8.52	0.0001	100.00%	0.001000
19	700	9.15	0.0001	100.00%	0.001000
20	750	9.79	0.0000	100.00%	0.001000

Pruebe la red utilizando el conjunto de pruebas y calcule la precisión.

```
YTest = classify(convnet,testDigitData);
TTest = testDigitData.Labels;
accuracy = sum(YTest == TTest)/numel(YTest)

accuracy =

    0.9976
```

La precisión es la relación entre el número de etiquetas verdaderas de los datos de prueba que coinciden con las clasificaciones de clasificar y el número de imágenes de los datos de prueba. En este caso, el 99,78% de las estimaciones de dígitos coinciden con los valores reales de los dígitos del conjunto de prueba.

Ahora, supongamos que desea utilizar la red entrenada para predecir clases en un nuevo conjunto de datos. Cargue los datos de entrenamiento de las cartas.

```
load lettersTrainSet.mat
```

XTrain contiene 1500 imágenes en escala de grises de 28 por 28 de las letras A, B y C en una matriz 4-D. TTrain contiene la matriz categórica de las etiquetas de las letras.

Muestra algunas de las imágenes de las letras.

```
figure;
for j = 1:20
    subplot(4,5,j);
    selectImage = datasample(XTrain,1,4);
    imshow(selectImage,[]);
end
```

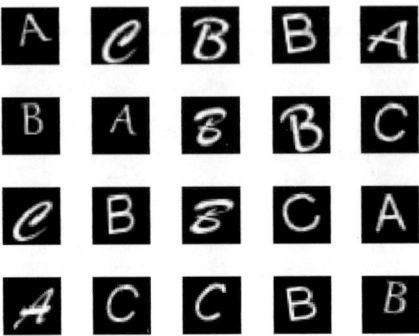

Los valores de los píxeles en XTrain están en el rango [0 1]. Los datos de los dígitos utilizados en el entrenamiento de la red estaban en [0 255]; escale los datos de las letras entre [0 255].

```
XTrain = XTrain*255;
```

Las tres últimas capas de la red entrenada se ajustan para el conjunto de datos de dígitos, que tiene 10 clases. Las propiedades de estas capas dependen de la tarea de clasificación. Muestra la capa totalmente conectada (fullyConnectedLayer).

```
convnet.Layers(end-2)

ans =

   FullyConnectedLayer with properties:

           Name: 'fc'

     Hyperparameters
       InputSize: 2880
      OutputSize: 10

     Learnable Parameters
         Weights: [10x2880 single]
            Bias: [10x1 single]

Use properties method to see a list of all properties.
```

Muestra la última capa (`classificationLayer`).

```
convnet.Layers(end)

ans =

   ClassificationOutputLayer with properties:

            Name: 'classoutput'
      ClassNames: {10x1 cell}
      OutputSize: 10

   Hyperparameters
     LossFunction: 'crossentropyex'
```

Estas tres capas deben afinarse para el nuevo problema de clasificación. Extrae todas las capas menos las tres últimas de la red entrenada, net.

```
layersTransfer = convnet.Layers(1:end-3);
```

El conjunto de datos de las cartas tiene tres clases. Añade una nueva capa totalmente conectada para tres clases y aumenta la tasa de aprendizaje de esta capa.

```
layersTransfer(end+1) = fullyConnectedLayer(3,...
                'WeightLearnRateFactor',10,...
                    'BiasLearnRateFactor',20);
```

`WeightLearnRateFactor` y `BiasLearnRateFactor` son multiplicadores de la tasa de aprendizaje global para la capa totalmente conectada.

Añadir una capa softmax y una capa de salida de clasificación.

```
layersTransfer(end+1) = softmaxLayer();
layersTransfer(end+1) = classificationLayer();
```

Cree las opciones para el aprendizaje por transferencia. No es necesario entrenar durante muchas épocas (MaxEpochs puede ser menor que antes). Establezca la `InitialLearnRate` a una tasa inferior a la utilizada para la red de entrenamiento para mejorar la convergencia dando pasos más pequeños.

```
optionsTransfer = trainingOptions('sgdm',...
            'MaxEpochs',5,...
            'InitialLearnRate',0.000005,...
            'Verbose',true);
```

Realizar el aprendizaje por transferencia.

```
convnetTransfer = trainNetwork(XTrain,TTrain,...
                    layersTransfer,optionsTransfer);|
```

Epoch	Iteration	Time Elapsed (seconds)	Mini-batch Loss	Mini-batch Accuracy	Base Learning Rate
5	50	0.43	0.0011	100.00%	0.000005

Cargue los datos de prueba de letras. De forma similar a los datos de entrenamiento de letras, escala los datos de prueba entre [0 255], porque los datos de entrenamiento estaban entre ese rango.

```
load lettersTestSet.mat
XTest = XTest*255;
```

Comprueba la precisión.

```
YTest = classify(convnetTransfer,XTest);
accuracy = sum(YTest == TTest)/numel(TTest)

accuracy =

    0.9587
```

7.10 EJEMPLO: CLASIFICACIÓN DE LOS CANGREJOS

Este ejemplo ilustra el uso de una red neuronal como clasificador para identificar el sexo de los cangrejos a partir de sus dimensiones físicas. En este ejemplo intentamos construir un clasificador que pueda identificar el sexo de un cangrejo a partir de sus medidas físicas. Se consideran seis características físicas de un cangrejo: especie, aleta delantera, anchura trasera, longitud, anchura y profundidad. El problema consiste en identificar el sexo de un cangrejo a partir de los valores observados para cada una de estas 6 características físicas.

7.10.1 ¿Por qué redes neuronales?

Las redes neuronales han demostrado su eficacia como clasificadores y son especialmente adecuadas para abordar problemas no lineales. Dada la naturaleza no lineal de fenómenos del mundo real, como la clasificación de cangrejos, las redes neuronales son sin duda un buen candidato para resolver el problema.

Las seis características físicas servirán de entrada a una red neuronal que determinará el sexo del cangrejo. Dada una entrada, que constituye los seis valores observados de las características físicas de un cangrejo, se espera que la red neuronal identifique si el cangrejo es macho o hembra.

Esto se consigue presentando entradas previamente registradas a una red neuronal y ajustándola después para que produzca las salidas deseadas. Este proceso se denomina entrenamiento de la red neuronal.

7.10.2 Preparación de los datos

Los datos para los problemas de clasificación se configuran para una red neuronal organizando los datos en dos matrices, la matriz de entrada X y la matriz objetivo T.

Cada columna ith de la matriz de entrada tendrá seis elementos que representan una especie de cangrejos, fontallip, rearwidth, longitud, anchura y profundidad.

Cada columna correspondiente de la matriz objetivo tendrá dos elementos. Los cangrejos hembra se representan con un uno en el primer elemento, los cangrejos macho con un uno en el segundo elemento. (Todos los demás elementos son cero).

Aquí se carga el conjunto de datos.

```
[x,t] = crab_dataset;
size(x)
size(t)
ans =

     6    200


ans =

     2    200
```

7.10.3 Construcción del clasificador de red neuronal

El siguiente paso es crear una red neuronal que aprenda a identificar el sexo de los cangrejos.

Dado que la red neuronal comienza con pesos iniciales aleatorios, los resultados de este ejemplo diferirán ligeramente cada vez que se ejecute. La semilla aleatoria se establece para evitar esta aleatoriedad. Sin embargo, esto no es necesario para sus propias aplicaciones.

```
setdemorandstream(491218382)
```

Las redes neuronales feed forward de dos capas (es decir, una capa oculta) pueden aprender cualquier relación entrada-salida si hay suficientes neuronas en la capa oculta. Las capas que no son de salida se denominan capas ocultas.

Para este ejemplo probaremos con una única capa oculta de 10 neuronas. En general, los problemas más difíciles requieren más neuronas y quizá más capas. Los problemas más sencillos requieren menos neuronas.

La entrada y la salida tienen tamaños de 0 porque la red aún no se ha configurado para que coincida con nuestros datos de entrada y de destino. Esto ocurrirá cuando se entrene la red.

```
net = patternnet(10);
view(net)
```

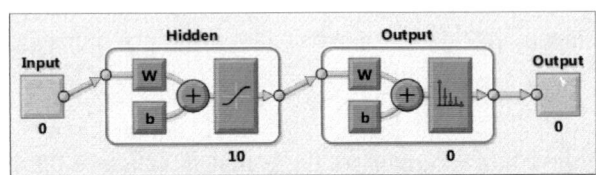

Ahora la red está lista para ser entrenada. Las muestras se dividen automáticamente en conjuntos de entrenamiento, validación y prueba. El conjunto de entrenamiento se utiliza para enseñar a la red. El entrenamiento continúa mientras la red siga mejorando en el conjunto de validación. El conjunto de prueba proporciona una medida completamente independiente de la precisión de la red.

```
[net,tr] = train(net,x,t);
Nntraintool
```

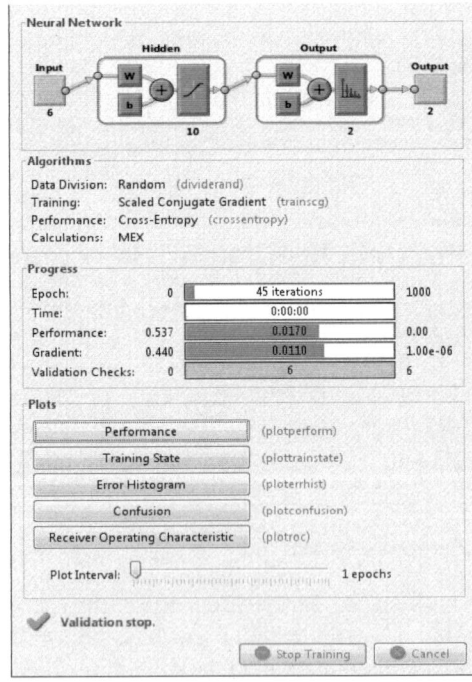

Para ver cómo ha mejorado el rendimiento de la red durante el entrenamiento, haz clic en el botón "Rendimiento" de la herramienta de entrenamiento o llama a PLOTPERFORM.

El rendimiento se mide en términos de error cuadrático medio y se muestra en escala logarítmica. Disminuye rápidamente a medida que se entrena la red.

El rendimiento se muestra para cada uno de los conjuntos de entrenamiento, validación y prueba. La versión de la red que obtuvo mejores resultados en el conjunto de validación es la que aparece después del entrenamiento.

```
plotperform(tr)
```

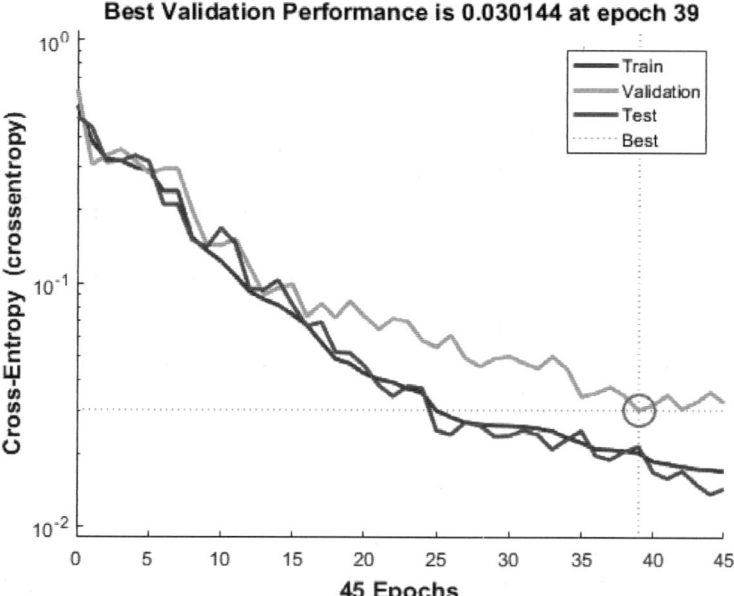

7.10.4 Prueba del clasificador

La red neuronal entrenada puede probarse ahora con las muestras de prueba Esto nos dará una idea de lo bien que funcionará la red cuando se aplique a datos del mundo real.

Las salidas de la red estarán en el rango de 0 a 1, por lo que podemos utilizar la función **vec2ind** para obtener los índices de clase como la posición del elemento más alto en cada vector de salida.

```
testX = x(:,tr.testInd);
testT = t(:,tr.testInd);

testY = net(testX);
testIndices = vec2ind(testY)
testIndices =

  Columns 1 through 13

    2   2   2   1   2   2   2   1   2   2   2   2   1

  Columns 14 through 26

    1   2   2   2   1   2   2   1   2   1   1   1   1

  Columns 27 through 30

    1   2   2   1
```

Una medida de lo bien que la red neuronal se ha ajustado a los datos es el gráfico de confusión. Aquí se representa la matriz de confusión de todas las muestras.

La matriz de confusión muestra los porcentajes de clasificaciones correctas e incorrectas. Las clasificaciones correctas son los cuadrados verdes de la diagonal de la matriz. Las clasificaciones incorrectas forman los cuadrados rojos.

Si la red ha aprendido a clasificar correctamente, los porcentajes en los cuadrados rojos deberían ser muy pequeños, lo que indica pocos errores de clasificación.

Si no es así, sería aconsejable seguir entrenando o entrenar una red con más neuronas ocultas.

```
plotconfusion(testT,testY)
```

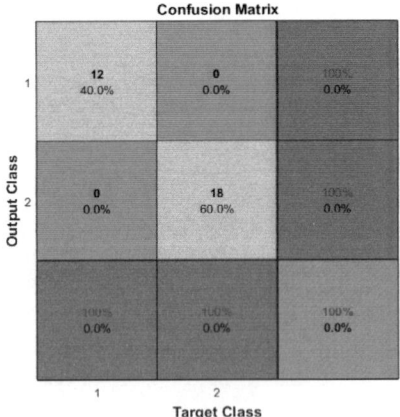

He aquí los porcentajes globales de clasificación correcta e incorrecta.

```
[c,cm] = confusion(testT,testY)

fprintf('Percentage Correct Classification   : %f%%\n', 100*(1-c));
fprintf('Percentage Incorrect Classification : %f%%\n', 100*c);
c =

    0.0333


cm =

    12     1
     0    17


Percentage Correct Classification   : 96.666667%
Percentage Incorrect Classification : 3.333333%
```

Otra medida de lo bien que la red neuronal se ha ajustado a los datos es el gráfico de características operativas del receptor. Muestra cómo se relacionan las tasas de falsos positivos y verdaderos positivos a medida que el umbral de salida varía de 0 a 1.

Cuanto más a la izquierda y más arriba esté la línea, menos falsos positivos habrá que aceptar para obtener una alta tasa de verdaderos positivos. Los mejores clasificadores tendrán una línea que vaya de la esquina inferior izquierda, a la esquina superior izquierda, a la esquina superior derecha, o cerca de ahí.

```
plotroc(testT,testY)
```

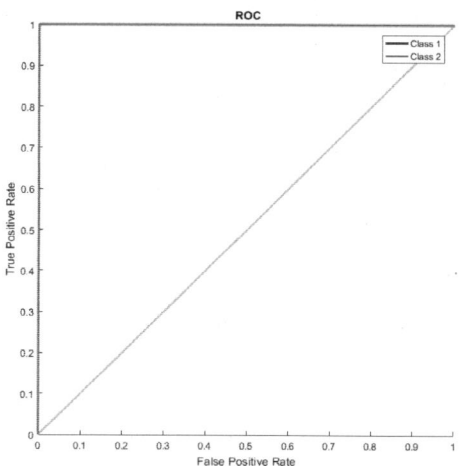

Este ejemplo ilustra el uso de una red neuronal para clasificar cangrejos.

7.11 CLASIFICACIÓN DE VINOS. RECONOCIMIENTO DE PATRONES

Este ejemplo ilustra cómo una red neuronal de reconocimiento de patrones puede clasificar los vinos por bodegas basándose en sus características químicas.

7.11.1 El problema: clasificar los vinos

En este ejemplo intentamos construir una red neuronal que pueda clasificar vinos de tres bodegas según trece atributos:

- Alcohol
- Ácido málico
- Fresno
- Alcalinidad de la ceniza
- Magnesio
- Fenoles totales
- Flavanoides
- Fenoles no flavonoides
- Proantocianinas
- Intensidad del color
- Hue
- OD280/OD315 de los vinos diluidos
- Proline

Este es un ejemplo de un problema de reconocimiento de patrones, en el que las entradas están asociadas a diferentes clases, y nos gustaría crear una red neuronal que no sólo clasifique correctamente los vinos conocidos, sino que pueda generalizar para clasificar con precisión vinos que no se utilizaron para diseñar la solución.

7.11.2 ¿Por qué redes neuronales?

Las redes neuronales son muy buenas en problemas de reconocimiento de patrones. Una red neuronal con suficientes elementos (llamados neuronas) puede clasificar cualquier dato con una precisión arbitraria. Son especialmente adecuadas para problemas de límites de decisión complejos sobre muchas variables. Por eso, las redes neuronales son un buen candidato para resolver el problema de clasificación del vino.

Los trece atributos de vecindad actuarán como entradas de una red neuronal, y el objetivo respectivo para cada uno será un vector de clase de 3 elementos con un 1 en la posición de la bodega asociada, #1, #2 o #3.

La red se diseñará utilizando los atributos de los vecindarios para entrenar a la red a producir las clases objetivo correctas.

7.11.3 Preparación de los datos

Los datos para los problemas de clasificación se configuran para una red neuronal organizando los datos en dos matrices, la matriz de entrada X y la matriz objetivo T.

Cada columna ith de la matriz de entrada tendrá trece elementos que representan un vino cuya bodega ya se conoce.

Cada columna correspondiente de la matriz de destino tendrá tres elementos, consistentes en dos ceros y un 1 en la ubicación de la bodega asociada.

Aquí se carga un conjunto de datos de este tipo.

```
[x,t] = wine_dataset;
```

Podemos ver los tamaños de las entradas X y los objetivos T.

Observe que tanto X como T tienen 178 columnas. Éstas representan 178 atributos de muestras de vino (entradas) y vectores de clase de bodega asociados (objetivos).

La matriz de entrada X tiene trece filas, para los trece atributos. La matriz objetivo T tiene tres filas, ya que para cada ejemplo tenemos tres bodegas posibles.

```
size(x)
size(t)

ans =

    13   178


ans =

     3   178
```

7.11.4 Reconocimiento de patrones con una red neuronal

El siguiente paso es crear una red neuronal que aprenda a clasificar los vinos.

Dado que la red neuronal comienza con pesos iniciales aleatorios, los resultados de este ejemplo diferirán ligeramente cada vez que se ejecute. La semilla aleatoria se establece para evitar esta aleatoriedad. Sin embargo, esto no es necesario para sus propias aplicaciones.

```
setdemorandstream(391418381)
```

Las redes neuronales feed forward de dos capas (es decir, una capa oculta) pueden aprender cualquier relación entrada-salida si hay suficientes neuronas en la capa oculta. Las capas que no son de salida se denominan capas ocultas.

Para este ejemplo probaremos con una única capa oculta de 10 neuronas. En general, los problemas más difíciles requieren más neuronas y quizá más capas. Los problemas más sencillos requieren menos neuronas.

La entrada y la salida tienen tamaños de 0 porque la red aún no se ha configurado para que coincida con nuestros datos de entrada y de destino. Esto ocurrirá cuando se entrene la red.

```
net = patternnet(10);
view(net)
```

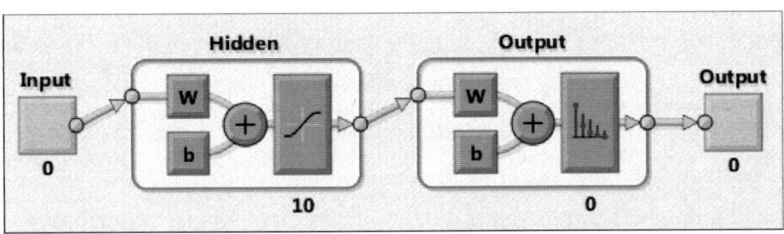

Ahora la red está lista para ser entrenada. Las muestras se dividen automáticamente en conjuntos de entrenamiento, validación y prueba. El conjunto de entrenamiento se utiliza para enseñar a la red. El entrenamiento continúa mientras la red siga mejorando en el conjunto de validación. El conjunto de prueba proporciona una medida completamente independiente de la precisión de la red.

La herramienta de entrenamiento de NN muestra la red que se está entrenando y los algoritmos utilizados para entrenarla. También muestra el estado de entrenamiento durante el mismo y los criterios que detuvieron el entrenamiento se resaltarán en verde.

Los botones de la parte inferior abren gráficos útiles que pueden abrirse durante y después del entrenamiento. Los enlaces situados junto a los nombres de los algoritmos y los botones de gráficos abren documentación sobre esos temas.

```
[net,tr] = train(net,x,t);
nntraintool
```

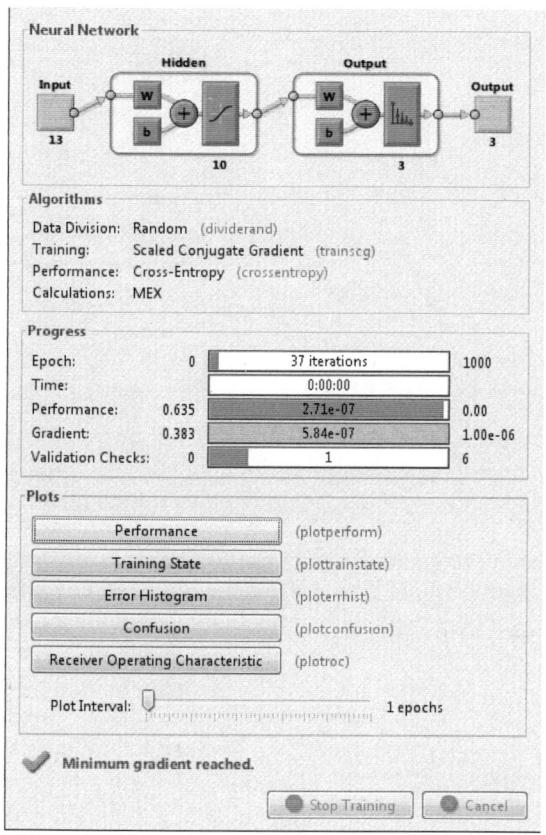

Para ver cómo ha mejorado el rendimiento de la red durante el entrenamiento, haz clic en el botón "Rendimiento" de la herramienta de entrenamiento o llama a PLOTPERFORM.

El rendimiento se mide en términos de error cuadrático medio y se muestra en escala logarítmica. Disminuye rápidamente a medida que se entrena la red.

El rendimiento se muestra para cada uno de los conjuntos de entrenamiento, validación y prueba. La versión de la red que obtuvo mejores resultados en el conjunto de validación es la que aparece después del entrenamiento.

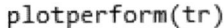

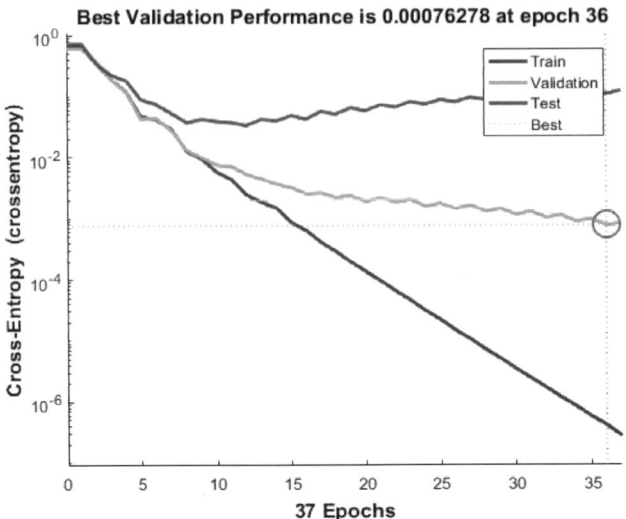

7.11.5 Probar la red neuronal

El error cuadrático medio de la red neuronal entrenada puede medirse ahora con respecto a las muestras de prueba. Esto nos dará una idea de lo bien que funcionará la red cuando se aplique a datos del mundo real.

Las salidas de la red estarán en el rango de 0 a 1, por lo que podemos utilizar la función **vec2ind** para obtener los índices de clase como la posición del elemento más alto en cada vector de salida.

```
testX = x(:,tr.testInd);
testT = t(:,tr.testInd);

testY = net(testX);
testIndices = vec2ind(testY)

testIndices =

  Columns 1 through 13

    1    1    1    2    1    1    1    1    1    1    1    2    2

  Columns 14 through 26

    2    2    2    2    2    2    3    2    3    3    3    3    3

  Column 27

    3
```

Otra medida de lo bien que la red neuronal se ha ajustado a los datos es el gráfico de confusión. Aquí se representa la matriz de confusión de todas las muestras.

La matriz de confusión muestra los porcentajes de clasificaciones correctas e incorrectas. Las clasificaciones correctas son los cuadrados verdes de la diagonal de la matriz. Las clasificaciones incorrectas forman los cuadrados rojos.

Si la red ha aprendido a clasificar correctamente, los porcentajes en los cuadrados rojos deberían ser muy pequeños, lo que indica pocos errores de clasificación.

Si no es así, sería aconsejable seguir entrenando o entrenar una red con más neuronas ocultas.

```
plotconfusion(testT,testY)
```

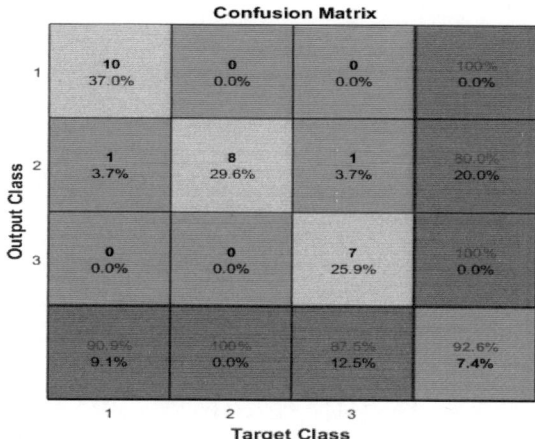

He aquí los porcentajes globales de clasificación correcta e incorrecta.

```
[c,cm] = confusion(testT,testY)

fprintf('Percentage Correct Classification   : %f%%\n', 100*(1-c));
fprintf('Percentage Incorrect Classification : %f%%\n', 100*c);

c =

    0.0741

cm =

    10    1    0
     0    8    0
     0    1    7


Percentage Correct Classification   : 92.592593%
Percentage Incorrect Classification : 7.407407%
```

Una tercera medida de lo bien que la red neuronal se ha ajustado a los datos es el gráfico de características operativas del receptor. Muestra cómo se relacionan las tasas de falsos positivos y verdaderos positivos a medida que se varía el umbral de las salidas de 0 a 1.

Cuanto más a la izquierda y más arriba esté la línea, menos falsos positivos habrá que aceptar para obtener una alta tasa de verdaderos positivos. Los mejores clasificadores tendrán una línea que vaya de la esquina inferior izquierda, a la esquina superior izquierda, a la esquina superior derecha, o cerca de ahí.

```
plotroc(testT,testY)
```

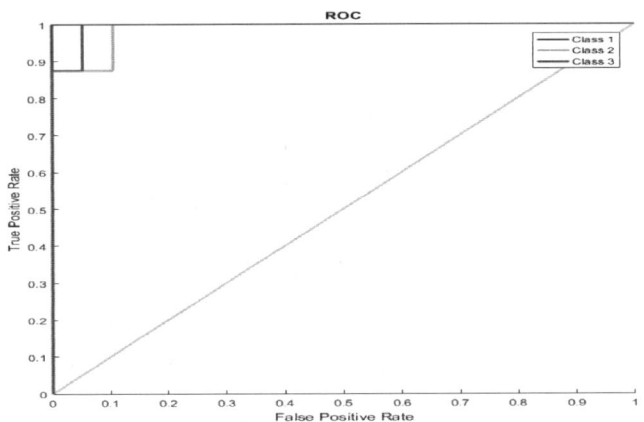

7.12 DETECCIÓN DEL CÁNCER

Este ejemplo demuestra el uso de una red neuronal para detectar el cáncer a partir de datos de espectrometría de masas sobre perfiles de proteínas.

El diagnóstico de patrones proteómicos en suero puede utilizarse para diferenciar muestras de pacientes con y sin enfermedad. Los patrones de los perfiles se generan mediante espectrometría de masas de proteínas con desorción e ionización láser mejorada en superficie (SELDI). Esta tecnología tiene potencial para mejorar las pruebas de diagnóstico clínico de patologías cancerosas.

El objetivo es construir un clasificador que pueda distinguir entre pacientes con cáncer y de control a partir de los datos de espectrometría de masas.

La metodología seguida en este ejemplo consiste en seleccionar un conjunto reducido de mediciones o "características" que puedan utilizarse para distinguir entre pacientes con cáncer y pacientes de control mediante un clasificador.

Estas características serán los niveles de intensidad de los iones en valores específicos de masa/carga.

7.12.1 Formatear los datos

Los datos de este ejemplo proceden del banco de datos del Programa de Proteómica Clínica FDA-NCI:

http://home.ccr.cancer.gov/ncifdaproteomics/ppatterns.asp

Para recrear los datos de **ovarian_dataset.mat** utilizados en este ejemplo, descargue y descomprima los datos brutos de espectrometría de masas del sitio web de la FDA-NCI. Cree el archivo de datos **OvarianCancerQAQCdataset.mat** ejecutando el script **msseqprocessing** en Bioinformatics Toolbox (TM) o siguiendo los pasos del ejemplo **biodistcompdemo** (Procesamiento por lotes con cálculo paralelo). El nuevo archivo contiene las variables Y, MZ y grp.

Cada columna de Y representa las mediciones realizadas a una paciente. Hay 216 columnas en Y que representan a 216 pacientes, de las cuales 121 son pacientes con cáncer de ovario y 95 son pacientes normales.

Cada fila de Y representa el nivel de intensidad iónica en un valor específico de carga másica indicado en MZ. Hay 15000 valores de carga másica en MZ y cada fila de Y representa los niveles de intensidad iónica de los pacientes en ese valor de carga másica concreto.

La variable grp contiene la información de índice sobre cuáles de estas muestras representan a pacientes con cáncer y cuáles a pacientes normales.

7.12.2 Clasificación Características principales

Se trata de un problema de clasificación típico en el que el número de características es mucho mayor que el número de observaciones, pero en el que ninguna característica logra una clasificación correcta, por lo que necesitamos encontrar un clasificador que aprenda adecuadamente a ponderar múltiples características y, al mismo tiempo, produzca un mapeo generalizado que no esté sobreajustado.

Un método sencillo para encontrar características significativas es suponer que cada valor M/Z es independiente y calcular una prueba t de dos vías. **rankfeatures** devuelve un índice de los valores M/Z más significativos, por ejemplo 100 índices ordenados por el valor absoluto de la estadística de la prueba.

Para terminar de recrear los datos de **ovarian dataset.mat**, cargue **OvarianCancerQAQCdataset.mat** y **rankfeatures** de Bioinformatics Toolbox para elegir las 100 mediciones mejor clasificadas como entradas x.

```
ind = rankfeatures(Y,grp,'CRITERION','ttest','NUMBER',100);

x = Y(ind,:);
```

Defina los objetivos t para las dos clases del siguiente modo:

```
t = double(strcmp('Cancer',grp));

t = [t; 1-t];
```

Los pasos de preprocesamiento del guion y el ejemplo enumerados anteriormente pretenden demostrar un conjunto representativo de posibles procedimientos de preprocesamiento y selección de características. El uso de pasos o parámetros diferentes puede conducir a resultados diferentes y posiblemente mejorados de este ejemplo.

```
[x,t] = ovarian_dataset;
whos
  Name        Size              Bytes  Class      Attributes

  t           2x216              3456  double
  x           100x216          172800  double
```

Cada columna de x representa a uno de 216 pacientes diferentes.

Cada fila de x representa el nivel de intensidad iónica en uno de los 100 valores específicos de carga másica para cada paciente.

La variable t tiene 2 filas de 216 valores, cada una de las cuales es [1;0], lo que indica un paciente con cáncer, o [0;1] para un paciente normal.

7.12.3 Clasificación mediante una red neuronal Feed Forward

Ahora que ha identificado algunas características significativas, puede utilizar esta información para clasificar las muestras de cáncer y las normales.

Dado que la red neuronal se inicializa con pesos iniciales aleatorios, los resultados tras el entrenamiento de la red varían ligeramente cada vez que se ejecuta el ejemplo. Para evitar esta aleatoriedad, la semilla aleatoria se establece para reproducir los mismos resultados cada vez. Sin embargo, esto no es necesario para sus propias aplicaciones.

```
setdemorandstream(672880951)
```

Se crea y entrena una red neuronal feed forward de 1 capa oculta con 5 neuronas de capa oculta. Las muestras de entrada y de destino se dividen automáticamente en conjuntos de entrenamiento, validación y prueba. El conjunto de entrenamiento se utiliza para enseñar a la red. El entrenamiento continúa mientras la red siga mejorando en el conjunto de validación. El conjunto de prueba proporciona una medida completamente independiente de la precisión de la red.

La entrada y la salida tienen tamaños de 0 porque la red aún no se ha configurado para que coincida con nuestros datos de entrada y de destino. Esto ocurrirá cuando se entrene la red.

```
net = patternnet(5);
view(net)
```

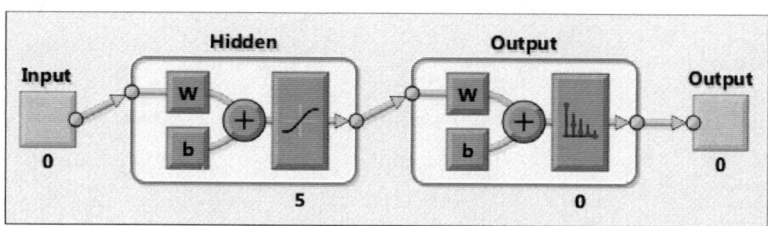

Ahora la red está lista para ser entrenada. Las muestras se dividen automáticamente en conjuntos de entrenamiento, validación y prueba. El conjunto de entrenamiento se utiliza para enseñar a la red. El entrenamiento continúa mientras la red siga mejorando en el conjunto de validación. El conjunto de prueba proporciona una medida completamente independiente de la precisión de la red.

La herramienta de entrenamiento de NN muestra la red que se está entrenando y los algoritmos utilizados para entrenarla. También muestra el estado de entrenamiento durante el mismo y los criterios que detuvieron el entrenamiento se resaltarán en verde.

Los botones de la parte inferior abren gráficos útiles que pueden abrirse durante y después del entrenamiento. Los enlaces situados junto a los nombres de los algoritmos y los botones de gráficos abren documentación sobre esos temas.

```
[net,tr] = train(net,x,t);
```

Para ver cómo ha mejorado el rendimiento de la red durante el entrenamiento, haz clic en el botón "Rendimiento" de la herramienta de entrenamiento o llama a PLOTPERFORM.

El rendimiento se mide en términos de error cuadrático medio y se muestra en escala logarítmica. Disminuye rápidamente a medida que se entrena la red.

El rendimiento se muestra para cada uno de los conjuntos de entrenamiento, validación y prueba. La versión de la red que obtuvo mejores resultados en el conjunto de validación es la que aparece después del entrenamiento.

```
plotperform(tr)
```

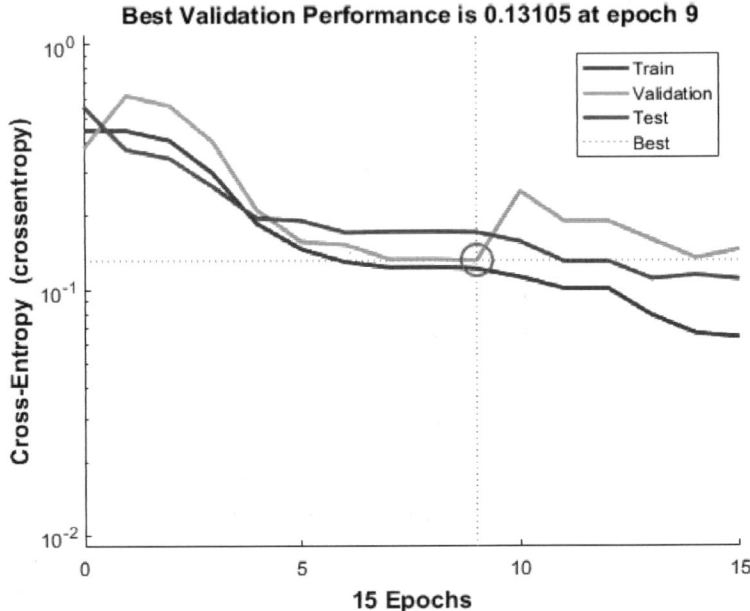

La red neuronal entrenada puede probarse ahora con las muestras de prueba que hemos separado del conjunto de datos principal. Los datos de prueba no se utilizaron en el entrenamiento de ninguna manera y, por tanto, proporcionan un conjunto de datos "fuera de muestra" para probar la red. Esto nos dará una idea de lo bien que funcionará la red cuando se pruebe con datos del mundo real.

Las salidas de la red estarán en el intervalo de 0 a 1, por lo que las umbralizamos para obtener 1's y 0's que indiquen cáncer o pacientes normales respectivamente.

```
testX = x(:,tr.testInd);
testT = t(:,tr.testInd);

testY = net(testX);
testClasses = testY > 0.5
testClasses =
```

```
2×32 logical array

Columns 1 through 19

  0  1  1  0  1  1  1  1  1  1  1  1  1  1  1  1  1  1  0
  1  0  0  1  0  0  0  0  0  0  0  0  0  0  0  0  0  0  1

Columns 20 through 32

  0  0  0  1  0  0  0  0  0  0  0  0  0
  1  1  1  0  1  1  1  1  1  1  1  1  1
```

Una medida de lo bien que la red neuronal se ha ajustado a los datos es el gráfico de confusión. Aquí se representa la matriz de confusión de todas las muestras.

La matriz de confusión muestra los porcentajes de clasificaciones correctas e incorrectas. Las clasificaciones correctas son los cuadrados verdes de la diagonal de la matriz. Las clasificaciones incorrectas forman los cuadrados rojos.

Si la red ha aprendido a clasificar correctamente, los porcentajes en los cuadrados rojos deberían ser muy pequeños, lo que indica pocos errores de clasificación.

Si no es así, sería aconsejable seguir entrenando o entrenar una red con más neuronas ocultas.

```
plotconfusion(testT,testY)
```

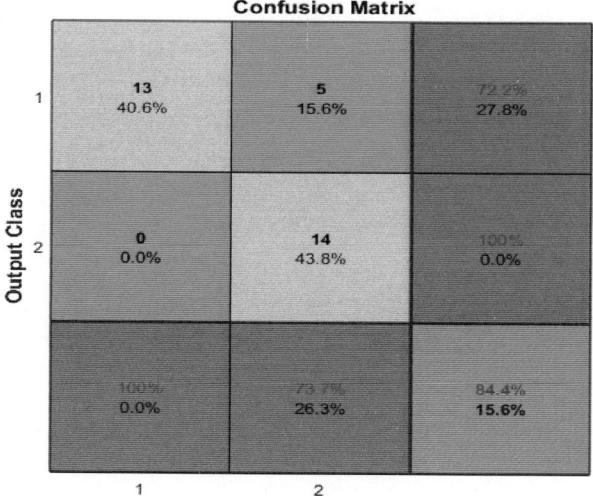

He aquí los porcentajes globales de clasificación correcta e incorrecta.

```
[c,cm] = confusion(testT,testY)

fprintf('Percentage Correct Classification    : %f%%\n', 100*(1-c));
fprintf('Percentage Incorrect Classification : %f%%\n', 100*c);
c =

    0.0938

cm =

    16     2
     1    13

Percentage Correct Classification    : 90.625000%
Percentage Incorrect Classification : 9.375000%
```

Otra medida de lo bien que la red neuronal se ha ajustado a los datos es el gráfico de características operativas del receptor. Muestra cómo se relacionan las tasas de falsos positivos y verdaderos positivos a medida que el umbral de salida varía de 0 a 1.

Cuanto más a la izquierda y más arriba esté la línea, menos falsos positivos habrá que aceptar para obtener una alta tasa de verdaderos positivos. Los mejores clasificadores tendrán una línea que vaya de la esquina inferior izquierda, a la esquina superior izquierda, a la esquina superior derecha, o cerca de ahí.

La clase 1 indica pacientes con cáncer, la clase 2 pacientes normales.

```
plotroc(testT,testY)
```

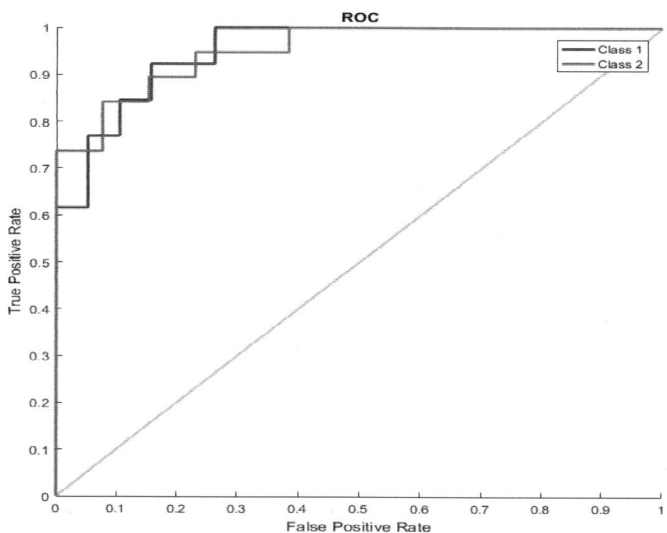

Este ejemplo ilustra cómo pueden utilizarse las redes neuronales como clasificadores para la detección del cáncer. También se puede experimentar con técnicas como el análisis de componentes principales para reducir la dimensionalidad de los datos que se van a utilizar para construir redes neuronales y mejorar así el rendimiento del clasificador.

7.13 RECONOCIMIENTO DE CARACTERES

Este ejemplo ilustra cómo entrenar una red neuronal para realizar un reconocimiento sencillo de caracteres.

El script **prprob** define una matriz X con 26 columnas, una por cada letra del alfabeto. Cada columna tiene 35 valores que pueden ser 1 o 0. Cada columna de 35 valores define un mapa de bits de 5x7 de una letra.

La matriz T es una matriz de identidad 26x26 que asigna los 26 vectores de entrada a las 26 clases.

```
[X,T] = prprob;
```

Aquí A, la primera letra, se representa como un mapa de bits.

```
plotchar(X(:,1))
```

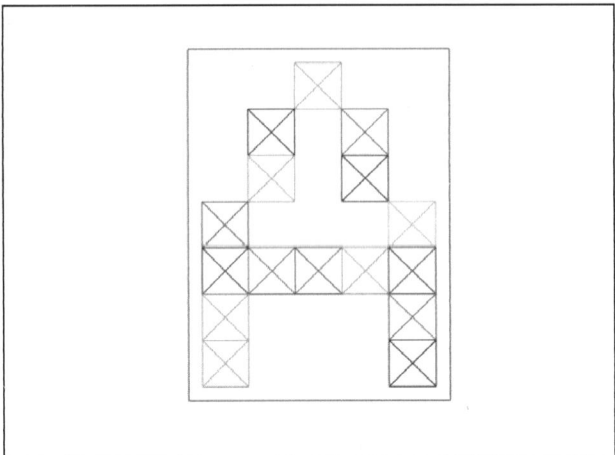

7.13.1 Creación de la primera red neuronal

Para resolver este problema utilizaremos una red neuronal feedforward configurada para el reconocimiento de patrones con 25 neuronas ocultas.

Dado que la red neuronal se inicializa con pesos iniciales aleatorios, los resultados tras el entrenamiento varían ligeramente cada vez que se ejecuta el ejemplo. Para evitar esta aleatoriedad, la semilla aleatoria se establece para reproducir los mismos resultados cada vez. Esto no es necesario para sus propias aplicaciones.

```
setdemorandstream(pi);

net1 = feedforwardnet(25);
view(net1)
```

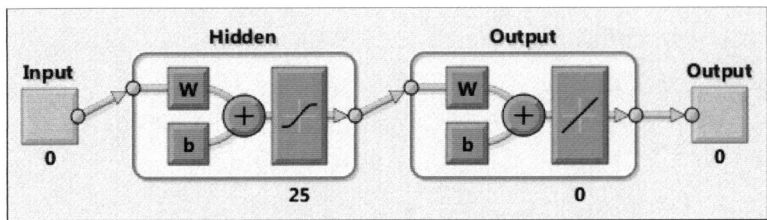

7.13.2 Entrenamiento de la primera red neuronal

La función **entrenar** divide los datos en conjuntos de entrenamiento, validación y prueba. El conjunto de entrenamiento se utiliza para actualizar la red, el conjunto de validación se utiliza para detener la red antes de que se ajuste demasiado a los datos de entrenamiento, preservando así una buena generalización. El conjunto de prueba actúa como una medida completamente independiente de lo bien que se puede esperar que funcione la red con nuevas muestras.

El entrenamiento se detiene cuando ya no es probable que la red mejore en los conjuntos de entrenamiento o validación.

```
net1.divideFcn = '';
net1 = train(net1,X,T,nnMATLAB);

Computing Resources:
MATLAB on GLNXA64
```

7.13.3 Entrenamiento de la segunda red neuronal

Nos gustaría que la red no sólo reconociera letras perfectamente formadas, sino también versiones ruidosas de las mismas. Para ello, entrenaremos una segunda red con datos ruidosos y compararemos su capacidad de generalización con la de la primera red.

Aquí se crean 30 copias ruidosas de cada letra Xn. Los valores están limitados por **min** y **max** para que estén comprendidos entre 0 y 1. También se definen los objetivos correspondientes Tn.

```
numNoise = 30;
Xn = min(max(repmat(X,1,numNoise)+randn(35,26*numNoise)*0.2,0),1);
Tn = repmat(T,1,numNoise);
```

Aquí tienes una versión de ruido de A.

```
figure
plotchar(Xn(:,1))
```

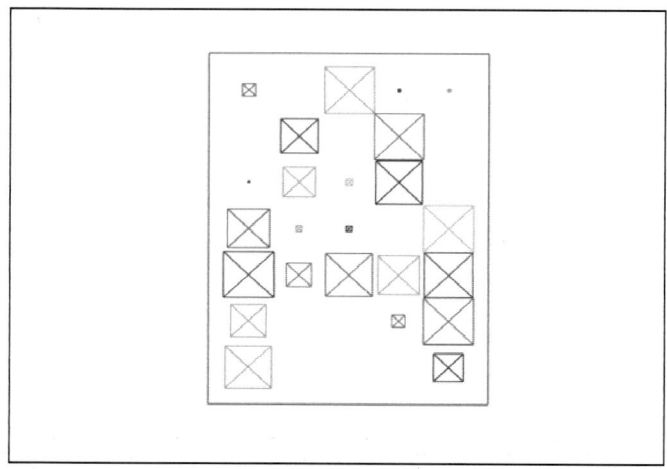

Aquí se crea y entrena la segunda red.

```
net2 = feedforwardnet(25);
net2 = train(net2,Xn,Tn,nnMATLAB);

Computing Resources:
MATLAB on GLNXA64
```

7.13.4 Prueba de ambas redes neuronales

```
noiseLevels = 0:.05:1;
numLevels = length(noiseLevels);
percError1 = zeros(1,numLevels);
percError2 = zeros(1,numLevels);
for i = 1:numLevels
  Xtest =
min(max(repmat(X,1,numNoise)+randn(35,26*numNoise)*noiseLevels(i),0
),1);
  Y1 = net1(Xtest);
  percError1(i) = sum(sum(abs(Tn-compet(Y1))))/(26*numNoise*2);
  Y2 = net2(Xtest);
  percError2(i) = sum(sum(abs(Tn-compet(Y2))))/(26*numNoise*2);
end

figure
plot(noiseLevels,percError1*100,'--',noiseLevels,percError2*100);
title('Percentage of Recognition Errors');
xlabel('Noise Level');
ylabel('Errors');
legend('Network 1','Network 2','Location','NorthWest')
```

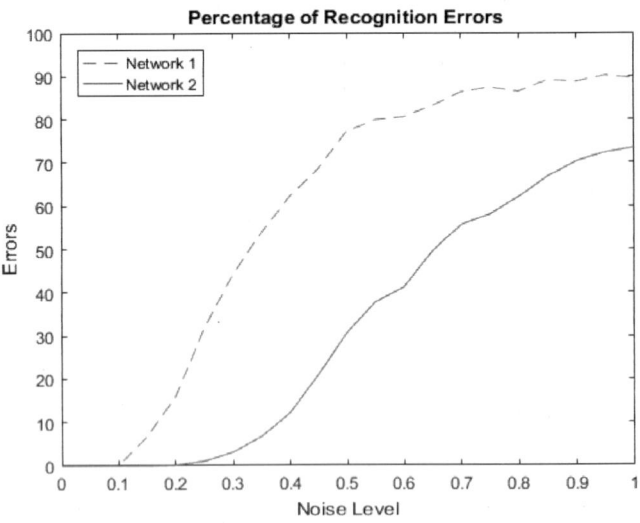

La red 1, entrenada sin ruido, tiene más errores debidos al ruido que la red 2, entrenada con ruido.

7.14 CUANTIZACIÓN VECTORIAL DE APRENDIZAJE (LVQ). EJEMPLO

Una red LVQ se entrena para clasificar vectores de entrada según objetivos dados.

Sean X 10 vectores de entrada de ejemplo de 2 elementos y C las clases a las que pertenecen estos vectores. Estas clases pueden transformarse en vectores que se utilizarán como objetivos, T, con IND2VEC.

```
x = [-3 -2 -2  0  0  0  0 +2 +2 +3;
      0 +1 -1 +2 +1 -1 -2 +1 -1  0];
c = [1 1 1 2 2 2 2 1 1 1];
t = ind2vec(c);
```

Aquí se representan los puntos de datos. Rojo = clase 1, Cian = clase 2. La red LVQ representa clústeres de vectores con neuronas ocultas, y agrupa los clústeres con neuronas de salida para formar las clases deseadas.

```
colormap(hsv);
plotvec(x,c)
title('Input Vectors');
xlabel('x(1)');
ylabel('x(2)');
```

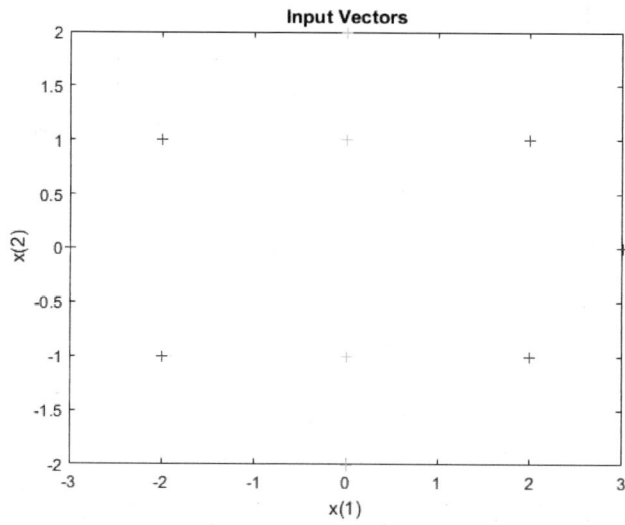

Aquí LVQNET crea una capa LVQ con cuatro neuronas ocultas y una tasa de aprendizaje de 0.1. A continuación, se configura la red para las entradas X y los objetivos T. (La configuración suele ser un paso innecesario, ya que el TRAIN la realiza automáticamente).

```
net = lvqnet(4,0.1);
net = configure(net,x,t);
```

Los vectores de pesos de las neuronas competitivas se representan como sigue.

```
hold on
w1 = net.IW{1};
plot(w1(1,1),w1(1,2),'ow')
title('Input/Weight Vectors');
xlabel('x(1), w(1)');
ylabel('x(2), w(2)');
```

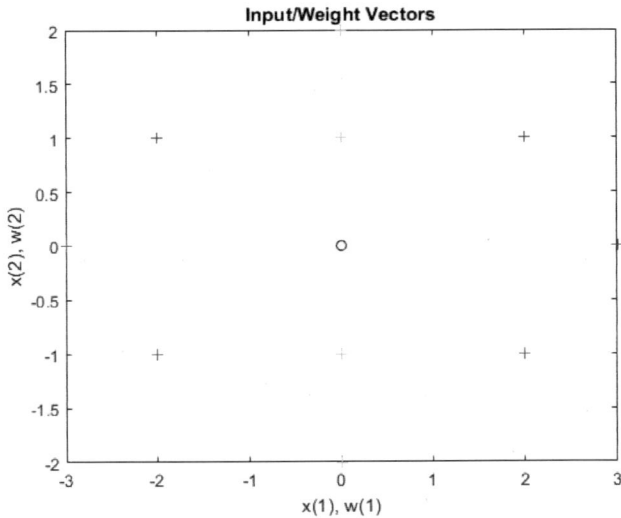

Para entrenar la red, primero anule el número predeterminado de épocas y, a continuación, entrene la red. Cuando haya terminado, vuelva a trazar los vectores de entrada '+' y los vectores de peso de las neuronas competitivas 'o'. Rojo = clase 1, Cian = clase 2.

```
net.trainParam.epochs=150;
net=train(net,x,t);

cla;
plotvec(x,c);
hold on;
plotvec(net.IW{1}',vec2ind(net.LW{2}),'o');
```

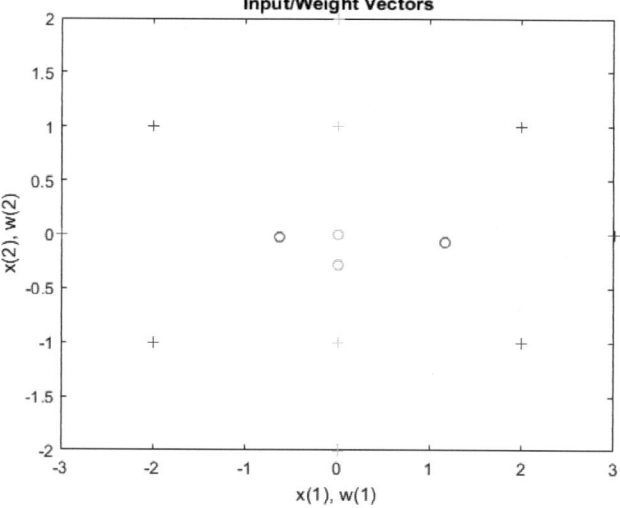

Utilice ahora la red LVQ como clasificador, donde cada neurona corresponde a una categoría diferente. Presente el vector de entrada [0,2; 1]. Rojo = clase 1, Cian = clase 2.

```
x1 = [0.2; 1];
y1 = vec2ind(net(x1))

y1 =

    2
```

PREDICCIÓN Y MODELIZACIÓN DE SERIES TEMPORALES MEDIANTE REDES NEURONALES. INTERFAZ GRÁFICA

8.1 INTRODUCCIÓN

Las redes neuronales dinámicas son buenas para predecir series temporales.

Supongamos, por ejemplo, que dispone de datos de un proceso de neutralización del pH. Quiere diseñar una red que pueda predecir el pH de una solución en un tanque a partir de valores pasados del pH y valores pasados del caudal de ácido y base en el tanque. Tienes un total de 2001 pasos de tiempo para los que tienes esas series.

Puedes resolver este problema de dos maneras:

- Utiliza una interfaz gráfica de usuario, ntstool.

- Utilice las funciones de la línea de comandos.

Por lo general, es mejor empezar con la GUI, y luego utilizar la GUI para generar automáticamente scripts de línea de comandos. Antes de utilizar cualquiera de los dos métodos, el primer paso es definir el problema seleccionando un conjunto de datos. Cada GUI tiene acceso a muchos conjuntos de datos de muestra que puede utilizar para experimentar con la caja de herramientas. Si tiene un problema específico que desea resolver, puede cargar sus propios datos en el área de trabajo. En la siguiente sección se describe el formato de los datos.

Para definir un problema de series temporales para la caja de herramientas, disponga un conjunto de vectores de entrada TS como columnas en una matriz de celdas. A continuación, disponga otro conjunto de vectores objetivo TS (los vectores de salida correctos para cada uno de los vectores de entrada) en una segunda matriz de celdas. Sin embargo, hay casos en los que sólo es necesario disponer de un conjunto de datos objetivo. Por ejemplo, puede definir el siguiente problema de series temporales, en el que desea utilizar valores anteriores de una serie para predecir el valor siguiente:

```
targets = {1 2 3 4 5};
```

La siguiente sección muestra cómo entrenar una red para que se ajuste a un conjunto de datos de series temporales, utilizando la GUI de la herramienta de series temporales de redes neuronales, *ntstool*. Este ejemplo utiliza el conjunto de datos de neutralización del pH proporcionado con la caja de herramientas.

8.2 UTILIZACIÓN DE LA HERRAMIENTA DE SERIES TEMPORALES DE REDES NEURONALES

Si es necesario, abra la interfaz gráfica de inicio de la red neuronal con este comando:

```
nnstart
```

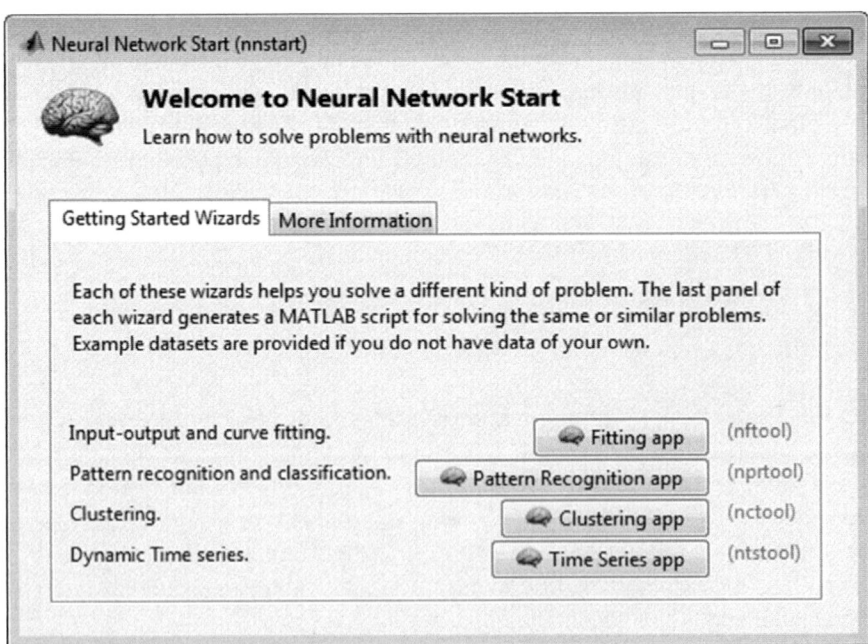

Haga clic en**Time Series Tool** para abrir la Herramienta de Series
Temporales de Redes Neuronales. (También puede utilizar el comando ntstool.)

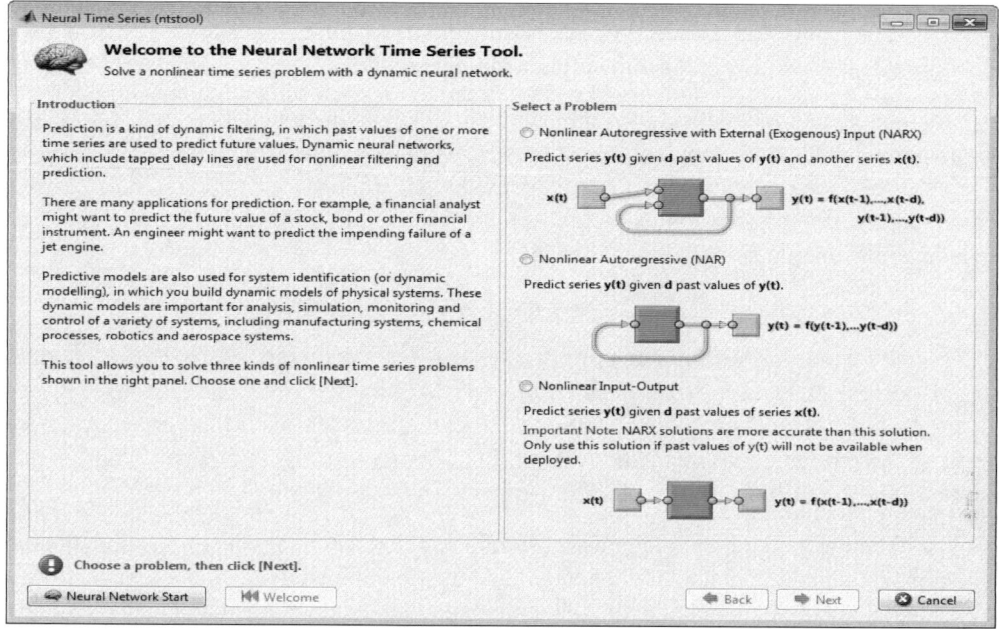

Observe que este panel de apertura es diferente de los paneles de apertura de las
otras interfaces gráficas de usuario. Esto se debe a que ntstool puede utilizarse para
resolver tres tipos diferentes de problemas de series temporales.

En el primer tipo de problema de series temporales, se desea predecir los
valores futuros de una serie temporal y(t) a partir de los valores pasados de esa serie
temporal y de los valores pasados de una segunda serie temporal x(t). Esta forma de
predicción se denomina autorregresiva no lineal con entrada exógena (externa), o
NARX, y puede escribirse de la siguiente manera:

$$y(t) = f(y(t-1), ..., y(t-d), x(t-1), ..., (t-d))$$

Este modelo podría utilizarse para predecir los valores futuros de una acción
o un bono, basándose en variables económicas como las tasas de desempleo, el PIB,
etc. También podría utilizarse para la identificación de sistemas, en la que se
desarrollan modelos para representar sistemas dinámicos, como procesos químicos,
sistemas de fabricación, robótica, vehículos aeroespaciales, etc.

En el segundo tipo de problema de series temporales, sólo interviene una
serie. Los valores futuros de una serie temporal y(t) se predicen sólo a partir de los

valores pasados de esa serie. Esta forma de predicción se denomina autorregresiva no lineal, o NAR, y puede escribirse de la siguiente manera:

$$y(t) = f(y(t-1), ..., y(t-d))$$

Este modelo también podría utilizarse para predecir instrumentos financieros, pero sin utilizar una serie complementaria.

El tercer problema de series temporales es similar al primero, en el que intervienen dos series, una serie de entrada x(t) y una serie de salida/objetivo y(t). En este caso, se desea predecir los valores de y(t) a partir de los valores anteriores de x(t), pero sin conocer los valores anteriores de y(t). Este modelo de entrada/salida puede escribirse de la siguiente manera:

$$y(t) = f(x(t-1), ..., x(t-d))$$

El modelo NARX proporcionará mejores predicciones que este modelo input-output, porque utiliza la información adicional contenida en los valores anteriores de y(t). Sin embargo, puede haber algunas aplicaciones en las que los valores anteriores de y(t) no estén disponibles. Estos son los únicos casos en los que se recomienda utilizar el modelo input-output en lugar del modelo NARX.

Para este ejemplo, seleccione el modelo NARX y haga clic en **Siguiente** para continuar.

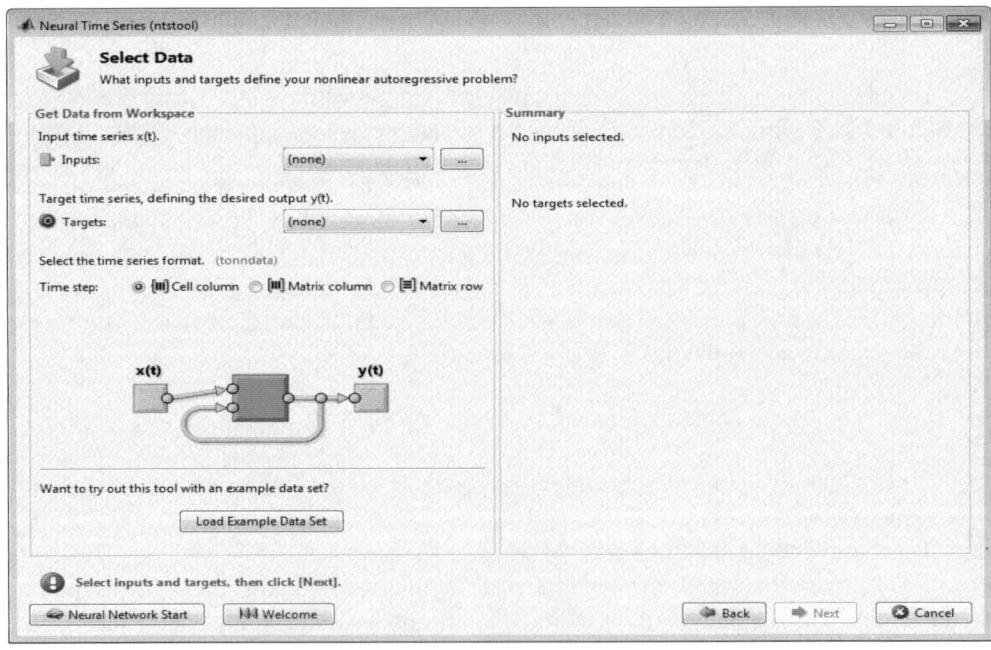

Haga clic en **Load Example Data Se** en la ventana Seleccionar datos.

Se abre la ventana Time Series Data Set Chooser.

Nota Utilice las opciones **Inputs** y **Targets** de la ventana Seleccionar datos cuando necesite cargar datos del espacio de trabajo de MATLAB.

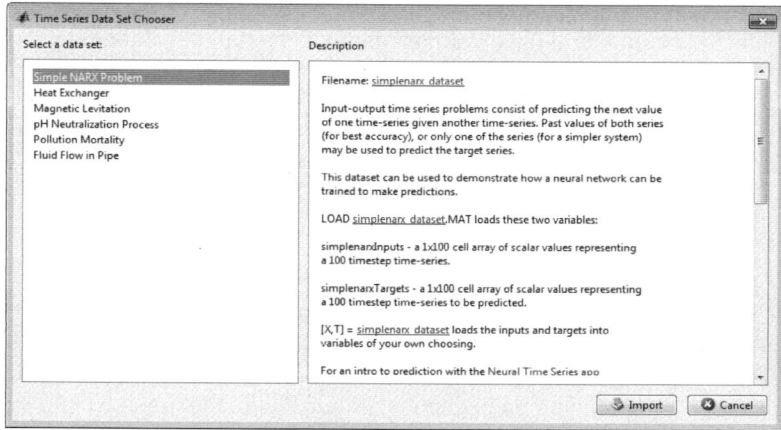

Seleccione **pH Neutralization Process**, y haga clic en **Import**. Volverá a la ventana Seleccionar datos.

Haga clic en **Next** para abrir la ventana Validación y datos de prueba, que se muestra en la siguiente figura.

Los conjuntos de datos de validación y de prueba representan cada uno el 15% de los datos originales.

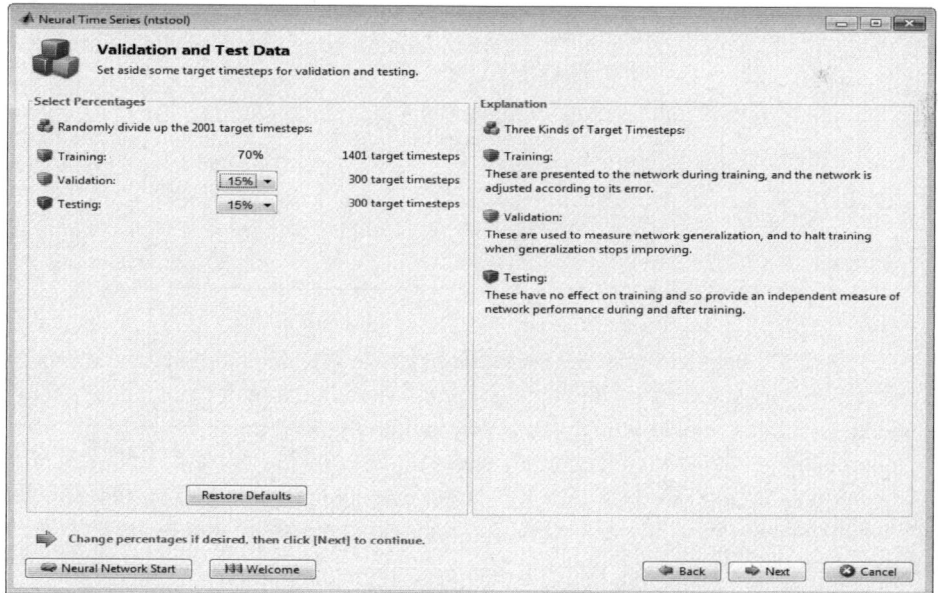

Con estos ajustes, los vectores de entrada y los vectores objetivo se dividirán aleatoriamente en tres conjuntos, como se indica a continuación:

- El 70% se destinará a formación.

- 15% se utilizará para validar que la red está generalizando y para detener el entrenamiento antes de sobreajustar.

- El último 15% se utilizará como prueba totalmente independiente de la generalización de la red.

Haga clic en **Next** .

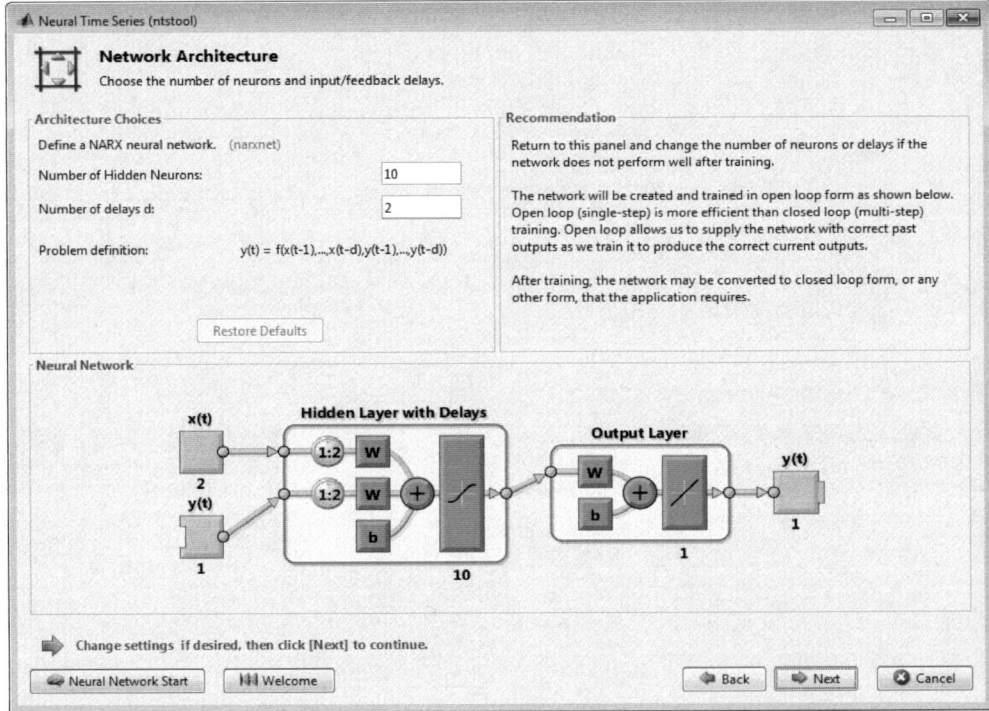

La red NARX estándar es una red feedforward de dos capas, con una función de transferencia sigmoidea en la capa oculta y una función de transferencia lineal en la capa de salida. Esta red también utiliza líneas de retardo para almacenar los valores anteriores de las secuencias x(t) e y(t). Tenga en cuenta que la salida de la red NARX, y(t), se realimenta a la entrada de la red (a través de retardos), ya que y(t) es una función de $y(t-1), y(t-2), ..., y(t-d)$. Sin embargo, para un entrenamiento eficaz, este bucle de realimentación puede abrirse.

Dado que la salida real está disponible durante el entrenamiento de la red, puede utilizar la arquitectura de bucle abierto mostrada anteriormente, en la que se utiliza la salida real en lugar de realimentar la salida estimada. Esto tiene dos ventajas. La primera es que la entrada a la red feedforward es más precisa. La segunda es que la red resultante tiene una arquitectura puramente feedforward y, por tanto, se puede utilizar un algoritmo más eficiente para el entrenamiento. Esta red se describe con más detalle en "Red NARX" (narxnet, closeloop).

El número de neuronas ocultas por defecto es 10. El número predeterminado de retardos es 2. Cambie este valor a 4. Es posible que desee ajustar estos números si el rendimiento de entrenamiento de la red es pobre.

Haga clic en **Next** .

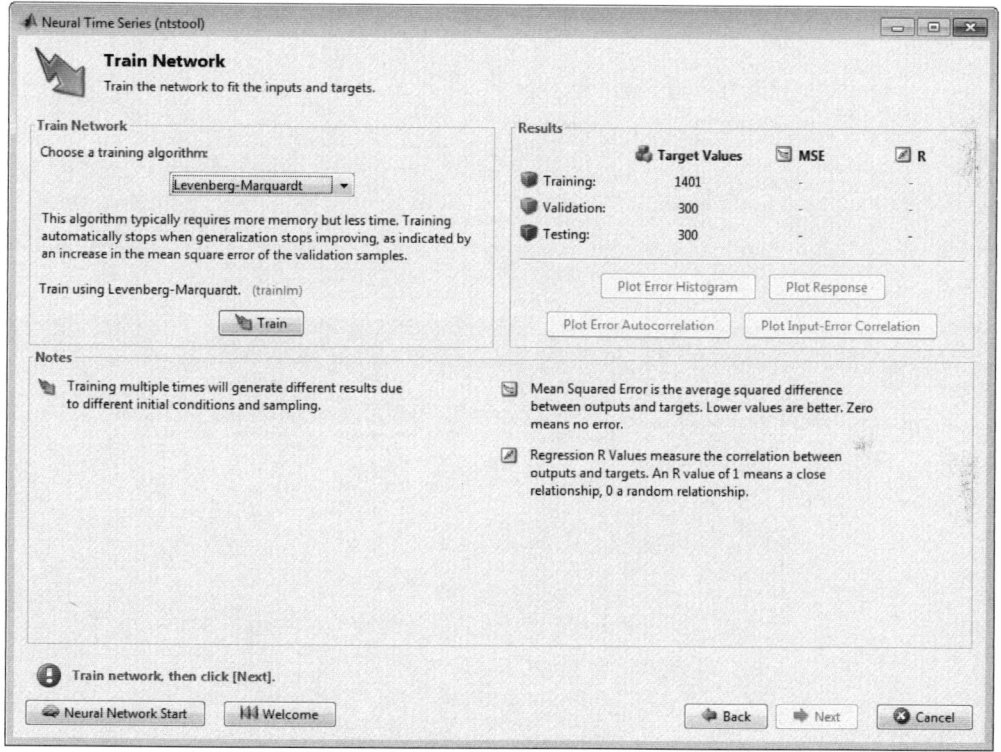

Seleccione un algoritmo de entrenamiento, luego haga clic en **Train**. Levenberg-Marquardt (trainlm) se recomienda para la mayoría de los problemas, pero para algunos problemas ruidosos y pequeños la Regularización Bayesiana (trainbr) puede tomar más tiempo, pero obtener una mejor solución. Para problemas grandes, sin embargo, se recomienda Scaled Conjugate Gradient (trainscg) ya que utiliza cálculos de gradiente que son más eficientes en memoria que los cálculos Jacobianos que utilizan los otros dos algoritmos. Este ejemplo utiliza el valor por defecto Levenberg-Marquardt.

El entrenamiento continuó hasta que el error de validación no disminuyó durante seis iteraciones (parada de validación).

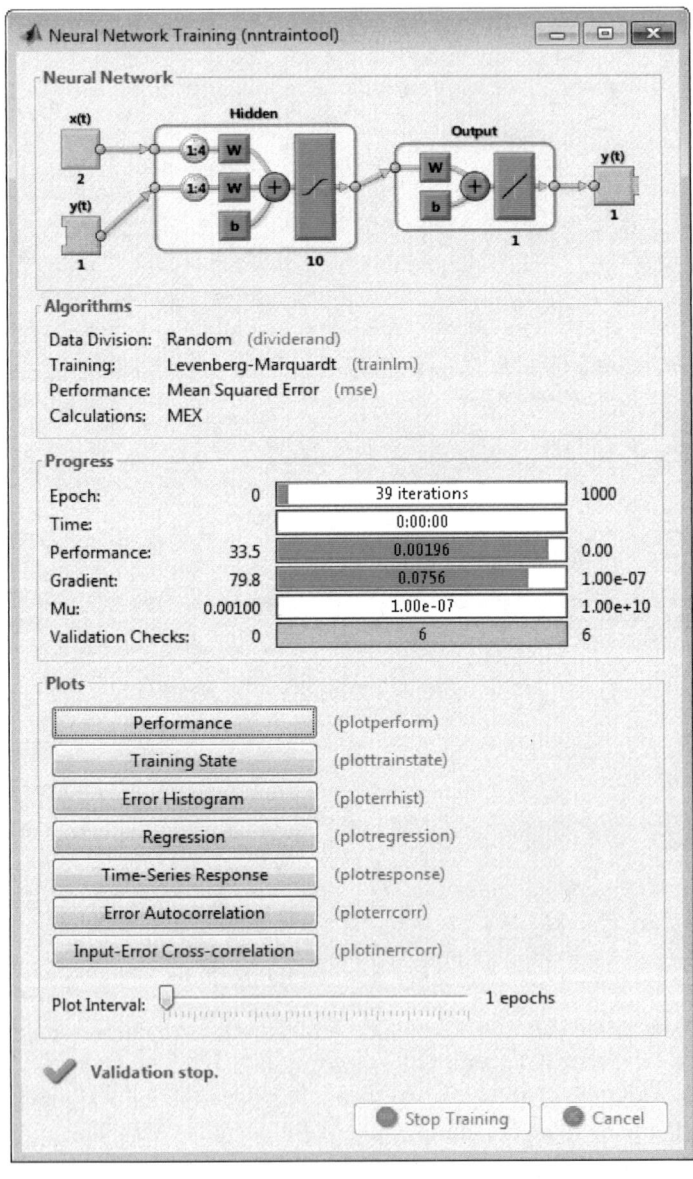

En **Plots**, haga clic en **Error Autocorrelation**. Se utiliza para validar el rendimiento de la red.

El siguiente gráfico muestra la función de autocorrelación de errores. Describe cómo se relacionan los errores de predicción en el tiempo. Para un modelo de predicción perfecto, sólo debería haber un valor distinto de cero en la función de autocorrelación, y debería producirse en el desfase cero. (Esto significaría que los errores de predicción no están correlacionados entre sí (ruido blanco). Si existiera una correlación significativa en los errores de predicción, sería posible mejorar la predicción, quizá aumentando el número de retardos en las líneas de retardo. En este caso, las correlaciones, salvo la del retardo cero, se sitúan aproximadamente dentro de los límites de confianza del 95% en torno a cero, por lo que el modelo parece adecuado. Si se necesitaran resultados aún más precisos, se podría volver a entrenar la red haciendo clic en **Retrain** en ntstool. Esto cambiará los pesos iniciales y los sesgos de la red, y puede producir una red mejorada después del reentrenamiento.

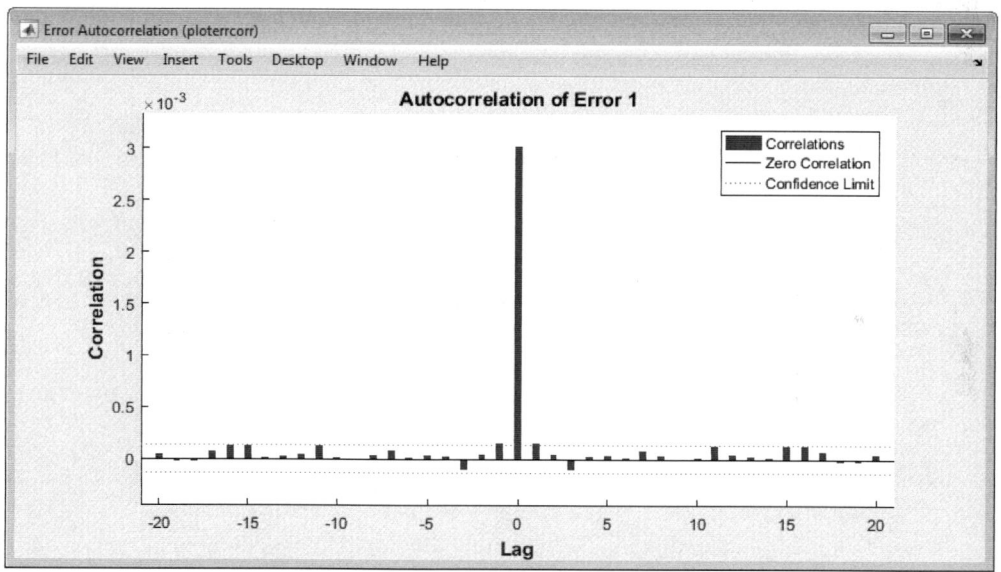

Vea la función de correlación cruzada de errores de entrada para obtener una verificación adicional del rendimiento de la red. En el panel **Plots**, haga clic en **Input-Error Cross-correlation**.

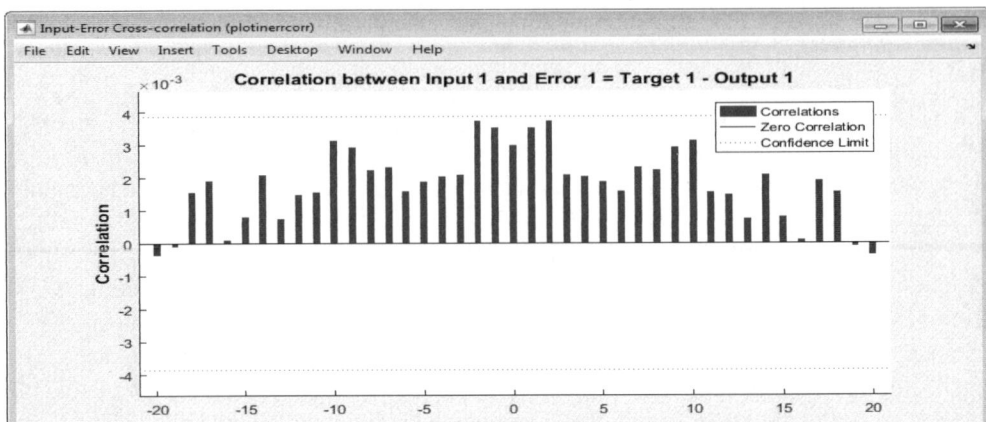

Esta función de correlación cruzada entrada-error ilustra cómo se correlacionan los errores con la secuencia de entrada $x(t)$. Para un modelo de predicción perfecto, todas las correlaciones deberían ser cero. Si la entrada está correlacionada con el error, entonces debería ser posible mejorar la predicción, quizás aumentando el número de retardos en las líneas de retardo de derivación. En este caso, todas las correlaciones caen dentro de los límites de confianza en torno a cero.

En **Plots**, haga clic en **Time Series Response**. Se muestran las entradas, los objetivos y los errores en función del tiempo. También indica qué puntos temporales se seleccionaron para el entrenamiento, la prueba y la validación.

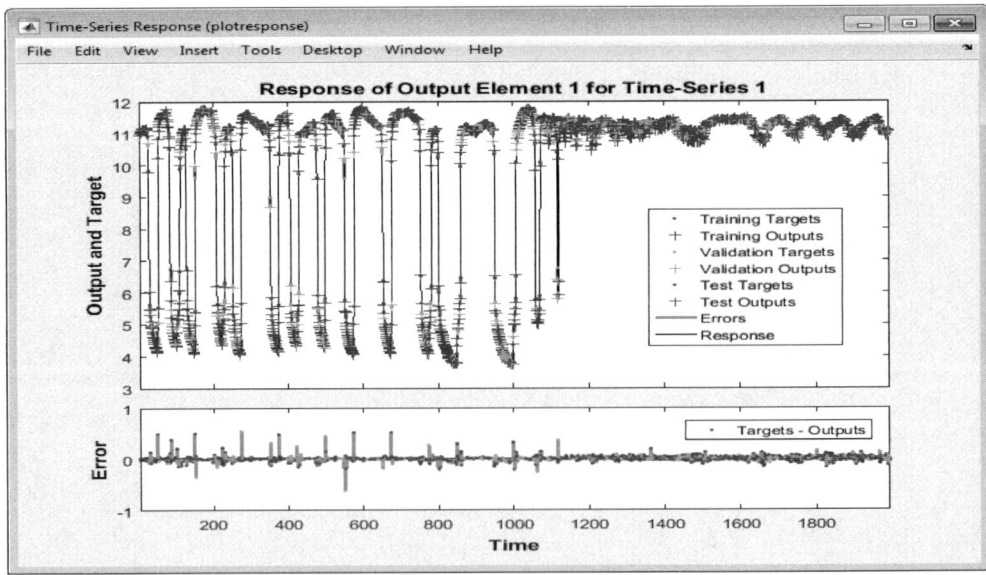

Haga clic en **Next** en la Herramienta de Series Temporales de Redes Neuronales para evaluar la red.

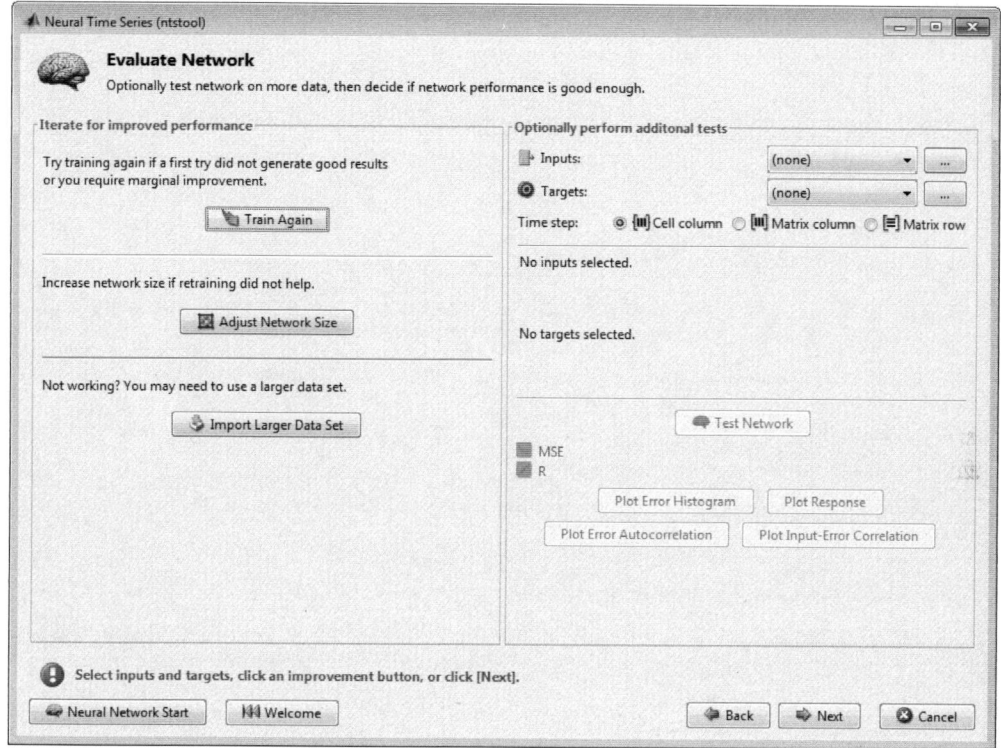

En este punto, puede probar la red con nuevos datos.

Si no estás satisfecho con el rendimiento de la red en los datos originales o nuevos, puedes hacer cualquiera de las siguientes cosas:

- Vuelve a entrenarlo.

- Aumentar el número de neuronas y/o el número de retardos.

- Obtener un conjunto de datos de entrenamiento más amplio.

Si el rendimiento en el conjunto de entrenamiento es bueno, pero el rendimiento en el conjunto de prueba es significativamente peor, lo que podría indicar un sobreajuste, reducir el número de neuronas puede mejorar los resultados.

Si está satisfecho con el rendimiento de la red, haga clic en **Next** .

Utilice este panel para generar una función de MATLAB o un diagrama de Simulink® para simular su red neuronal. Puede utilizar el código generado o el diagrama para comprender mejor cómo su red neuronal calcula las salidas a partir de las entradas, o implementar la red con las herramientas del compilador de MATLAB y otras herramientas de generación de código de MATLAB y Simulink.

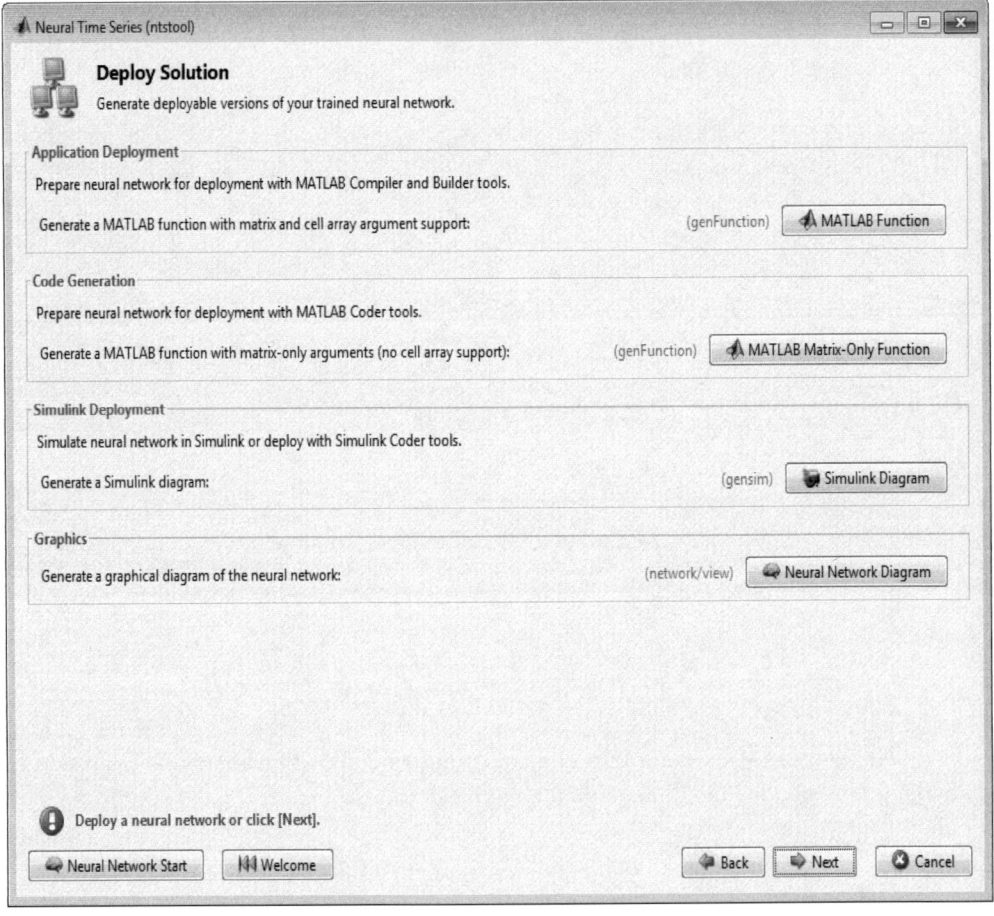

Utilice los botones de esta pantalla para generar guiones o guardar los resultados.

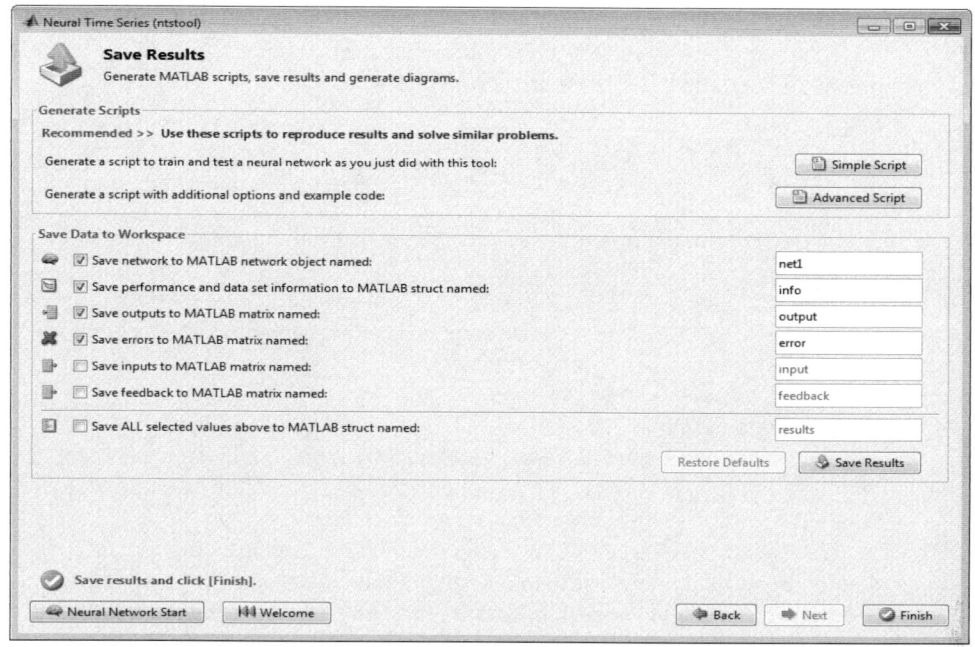

Puede hacer clic en **Simple Script** o **Advanced Script** para crear código MATLAB que puede utilizarse para reproducir todos los pasos anteriores desde la línea de comandos. La creación de código MATLAB puede ser útil si desea aprender a utilizar la funcionalidad de línea de comandos de la caja de herramientas para personalizar el proceso de entrenamiento.

También puede hacer que la red se guarde como red en el área de trabajo. Puedes realizar pruebas adicionales con ella o ponerla a trabajar con nuevas entradas.

Después de crear el código MATLAB y guardar los resultados, haga clic en **Finish**.

8.3 USO DE LAS FUNCIONES DE LA LÍNEA DE COMANDOS

La forma más fácil de aprender a utilizar la funcionalidad de la línea de comandos de la caja de herramientas es generar scripts a partir de las GUIs, y luego modificarlos para personalizar el entrenamiento de la red. Como ejemplo, mire el sencillo script que se creó en el paso 15 de la sección anterior.

```
% Solve an Autoregression Problem with External
% Input with a NARX Neural Network
% Script generated by NTSTOOL
```

```
%
% This script assumes the variables on the right of
% these equalities are defined:
%
%    phInputs - input time series.
%    phTargets - feedback time series.

inputSeries = phInputs;
targetSeries = phTargets;

% Create a Nonlinear Autoregressive Network with External Input
inputDelays = 1:4;
feedbackDelays = 1:4;
hiddenLayerSize = 10;
net = narxnet(inputDelays,feedbackDelays,hiddenLayerSize);

% Prepare the Data for Training and Simulation
% The function PREPARETS prepares time series data
% for a particular network, shifting time by the minimum
% amount to fill input states and layer states.
% Using PREPARETS allows you to keep your original
% time series data unchanged, while easily customizing it
% for networks with differing numbers of delays, with
% open loop or closed loop feedback modes.
[inputs,inputStates,layerStates,targets] = ...
    preparets(net,inputSeries,{},targetSeries);

% Set up Division of Data for Training, Validation, Testing
net.divideParam.trainRatio = 70/100;
net.divideParam.valRatio = 15/100;
net.divideParam.testRatio = 15/100;

% Train the Network
[net,tr] = train(net,inputs,targets,inputStates,layerStates);

% Test the Network
outputs = net(inputs,inputStates,layerStates);
errors = gsubtract(targets,outputs);
performance = perform(net,targets,outputs)

% View the Network
view(net)

% Plots
% Uncomment these lines to enable various plots.
```

```
% figure, plotperform(tr)
% figure, plottrainstate(tr)
% figure, plotregression(targets,outputs)
% figure, plotresponse(targets,outputs)
% figure, ploterrcorr(errors)
% figure, plotinerrcorr(inputs,errors)

% Closed Loop Network
% Use this network to do multi-step prediction.
% The function CLOSELOOP replaces the feedback input with a direct
% connection from the output layer.
netc = closeloop(net);
netc.name = [net.name ' - Closed Loop'];
view(netc)
[xc,xic,aic,tc] = preparets(netc,inputSeries,{},targetSeries);
yc = netc(xc,xic,aic);
closedLoopPerformance = perform(netc,tc,yc)

% Early Prediction Network
% For some applications it helps to get the prediction a
% timestep early.
% The original network returns predicted y(t+1) at the same
% time it is given y(t+1).
% For some applications such as decision making, it would
% help to have predicted y(t+1) once y(t) is available, but
% before the actual y(t+1) occurs.
% The network can be made to return its output a timestep early
% by removing one delay so that its minimal tap delay is now
% 0 instead of 1.  The new network returns the same outputs as
% the original network, but outputs are shifted left one timestep.
nets = removedelay(net);
nets.name = [net.name ' - Predict One Step Ahead'];
view(nets)
[xs,xis,ais,ts] = preparets(nets,inputSeries,{},targetSeries);
ys = nets(xs,xis,ais);
earlyPredictPerformance = perform(nets,ts,ys)
```

Puede guardar el script y, a continuación, ejecutarlo desde la línea de comandos para reproducir los resultados de la sesión GUI anterior. También puede editar el script para personalizar el proceso de entrenamiento. En este caso, siga cada uno de los pasos del script. El script asume que los vectores de entrada y los vectores objetivo ya están cargados en el espacio de trabajo. Si los datos no están cargados, puede cargarlos de la siguiente manera:

```
load ph_dataset
inputSeries = phInputs;
targetSeries = phTargets;
```

Crear una red. La red NARX, narxnetes una red feedforward con la función de transferencia por defecto tan-sigmoide en la capa oculta y una función de transferencia lineal en la capa de salida. Esta red tiene dos entradas. Una es una entrada externa y la otra es una conexión de realimentación desde la salida de la red. (Una vez entrenada la red, esta conexión de realimentación puede cerrarse, como se verá en un paso posterior). Para cada una de estas entradas, hay una línea de retardo para almacenar los valores anteriores. Para asignar la arquitectura de red a una red NARX, debe seleccionar los retardos asociados a cada línea de retardo y también el número de neuronas de la capa oculta. En los siguientes pasos, se asignan los retardos de entrada y los retardos de realimentación para que oscilen entre 1 y 4 y el número de neuronas ocultas para que sea 10.

```
inputDelays = 1:4;
feedbackDelays = 1:4;
hiddenLayerSize = 10;
net = narxnet(inputDelays,feedbackDelays,hiddenLayerSize);
```

Nota. Aumentar el número de neuronas y el número de retardos requiere más cálculo, y esto tiene tendencia a sobreajustar los datos cuando los números se fijan demasiado altos, pero permite a la red resolver problemas más complicados. Más capas requieren más cálculo, pero su uso puede hacer que la red resuelva problemas complejos con más eficacia. Para utilizar más de una capa oculta, introduzca los tamaños de las capas ocultas como elementos de una matriz en la función fitnet .

Preparar los datos para el entrenamiento. Cuando se entrena una red que contiene líneas de retardo intervenidas, es necesario rellenar los retardos con valores iniciales de las entradas y salidas de la red. Existe un comando en la caja de herramientas que facilita este proceso - preparets. Esta función tiene tres argumentos de entrada: la red, la secuencia de entrada y la secuencia de destino. La función devuelve las condiciones iniciales necesarias para rellenar las líneas de retardo de la red, así como las secuencias de entrada y de destino modificadas, en las que se han eliminado las condiciones iniciales. Puede llamar a la función de la siguiente manera:

```
[inputs,inputStates,layerStates,targets] = ...
    preparets(net,inputSeries,{},targetSeries);
```

Set up the division of data.
```
net.divideParam.trainRatio = 70/100;
net.divideParam.valRatio   = 15/100;
net.divideParam.testRatio  = 15/100;
```

Con estos ajustes, los vectores de entrada y los vectores objetivo se dividirán aleatoriamente, utilizándose el 70% para el entrenamiento, el 15% para la validación y el 15% para las pruebas.

Entrenar la red. La red utiliza el algoritmo Levenberg-Marquardt por defecto (trainlm) para el entrenamiento. Para problemas en los que Levenberg-Marquardt no produce resultados tan precisos como se desea, o para problemas de datos grandes, considere establecer la función de entrenamiento de la red en Regularización Bayesiana (trainbr) o Gradiente Conjugado Escalado (trainscg), respectivamente, con

```
net.trainFcn = 'trainbr';
```

```
net.trainFcn = 'trainscg';
```

Para entrenar la red, introduzca:

```
[net,tr] = train(net,inputs,targets,inputStates,layerStates);
```

Durante el entrenamiento, se abre la siguiente ventana de entrenamiento. Esta ventana muestra el progreso del entrenamiento y te permite interrumpirlo en cualquier momento haciendo clic en **Stop Training**.

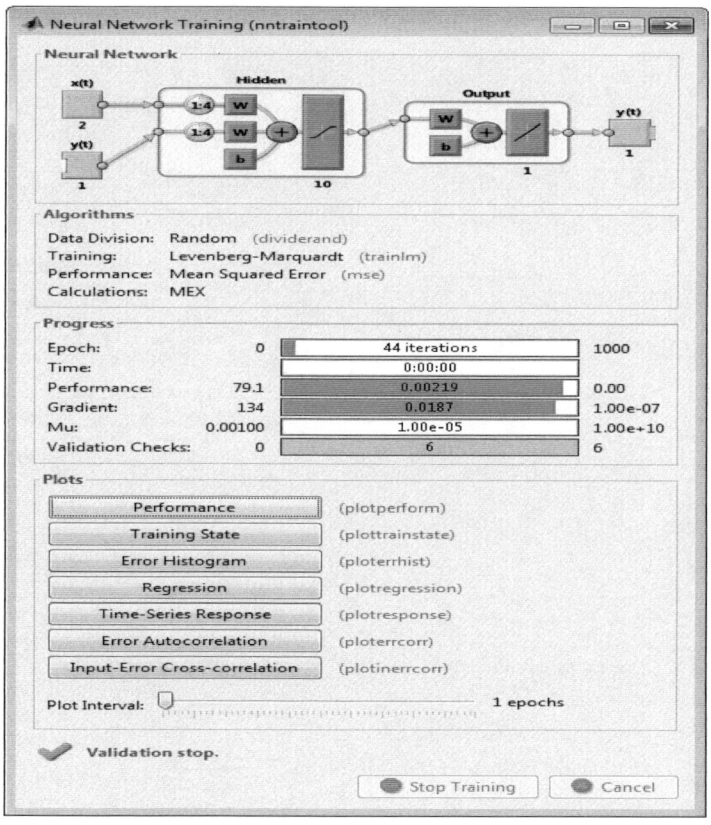

Este entrenamiento se detuvo cuando el error de validación aumentó durante seis iteraciones, lo que ocurrió en la iteración 44.

Probar la red. Una vez entrenada la red, puedes utilizarla para calcular sus resultados. El siguiente código calcula las salidas de la red, los errores y el rendimiento global. Tenga en cuenta que, para simular una red con líneas de retardo intervenidas, necesita asignar los valores iniciales para estas señales retardadas. Esto se hace con inputStates y layerStates proporcionados por preparets en una fase anterior.

```
outputs = net(inputs,inputStates,layerStates);
errors = gsubtract(targets,outputs);
performance = perform(net,targets,outputs)

performance =

    0.0042
```

Visualiza el diagrama de la red.

```
view(net)
```

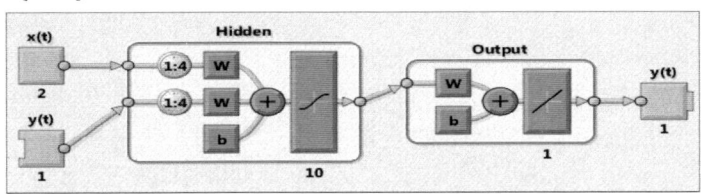

Trace el registro de entrenamiento de rendimiento para comprobar si existe un posible sobreajuste.

```
figure, plotperform(tr)
```

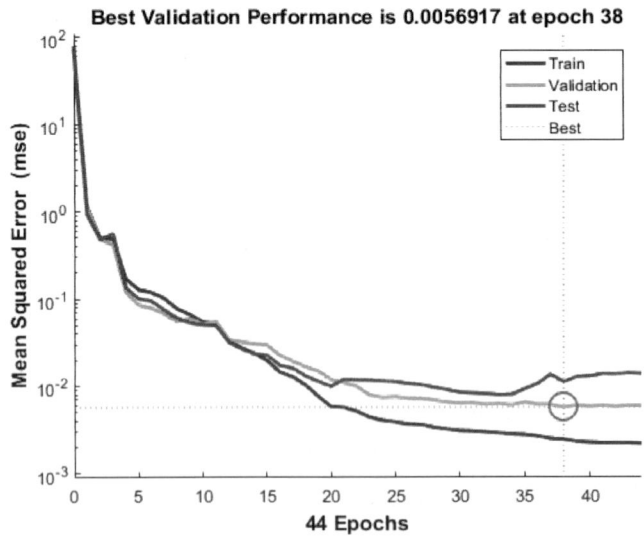

Esta figura muestra que los errores de entrenamiento, validación y prueba disminuyeron hasta la iteración 64. No parece que se haya producido un sobreajuste. No parece que se haya producido ningún sobreajuste, porque ni el error de prueba ni el de validación aumentaron antes de la iteración 64.

Todo el entrenamiento se realiza en bucle abierto (también llamado arquitectura serie-paralelo), incluidos los pasos de validación y prueba. El flujo de trabajo típico consiste en crear completamente la red en bucle abierto, y sólo cuando se ha entrenado (lo que incluye los pasos de validación y prueba) se transforma en bucle cerrado para la predicción multipaso. Asimismo, los valores R de la interfaz gráfica de usuario se calculan a partir de los resultados del entrenamiento en bucle abierto.

Cierre el bucle en la red NARX. Cuando el bucle de realimentación está abierto en la red NARX, está realizando una predicción de un paso por delante. Predice el siguiente valor de $y(t)$ a partir de los valores anteriores de $y(t)$ y $x(t)$. Con el bucle de realimentación cerrado, puede utilizarse para realizar predicciones con varios pasos de antelación. Esto se debe a que las predicciones de $y(t)$ se utilizarán en lugar de los valores futuros reales de $y(t)$. Los siguientes comandos se pueden utilizar para cerrar el bucle y calcular el rendimiento de bucle cerrado

```
netc = closeloop(net);
netc.name = [net.name ' - Closed Loop'];
view(netc)
[xc,xic,aic,tc] = preparets(netc,inputSeries,{},targetSeries);
yc = netc(xc,xic,aic);
perfc = perform(netc,tc,yc)

perfc =

    2.8744
```

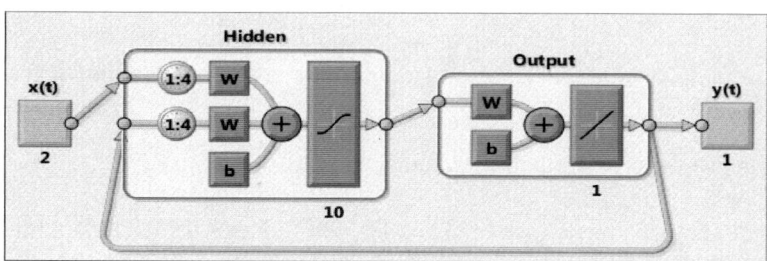

Elimina un retraso de la red, para obtener la predicción un paso de tiempo antes.

```
nets = removedelay(net);
nets.name = [net.name ' - Predict One Step Ahead'];
view(nets)
[xs,xis,ais,ts] = preparets(nets,inputSeries,{},targetSeries);
ys = nets(xs,xis,ais);
earlyPredictPerformance = perform(nets,ts,ys)

earlyPredictPerformance =

   0.0042
```

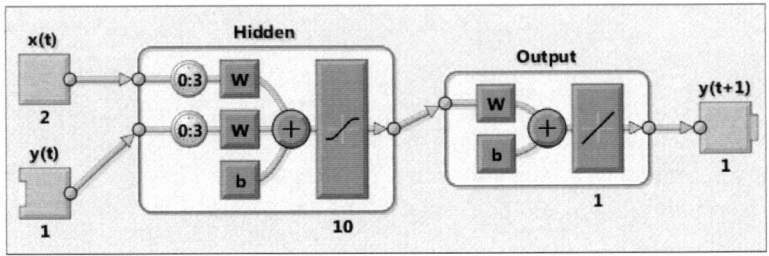

En esta figura, se puede ver que la red es idéntica a la red de bucle abierto anterior, excepto que se ha eliminado un retardo de cada una de las líneas de retardo derivadas. La salida de la red es entonces $y(t + 1)$ en lugar de y(t). Esto puede ser útil a veces cuando una red se despliega para ciertas aplicaciones.

Si el rendimiento de la red no es satisfactorio, puede probar cualquiera de estos métodos:

- Restablece los pesos y sesgos iniciales de la red a los nuevos valores con init y vuelve a entrenar

- Aumentar el número de neuronas ocultas o el número de retardos.

- Aumentar el número de vectores de entrenamiento.

- Aumente el número de valores de entrada si dispone de más información relevante.

- Pruebe con otro algoritmo de entrenamiento.

Para adquirir más experiencia en las operaciones de línea de comandos, pruebe algunas de estas tareas:

- Durante el entrenamiento, abra una ventana de gráfico (como el gráfico de correlación de errores) y observe cómo se anima.

- Trace desde la línea de comandos con funciones como trazarrespuesta, ploterrcorr y plotperform.

Además, consulte el script avanzado para obtener más opciones, cuando se entrena desde la línea de comandos.

Cada vez que se entrena una red neuronal, puede dar lugar a una solución diferente debido a los distintos valores iniciales de peso y sesgo y a las distintas divisiones de los datos en conjuntos de entrenamiento, validación y prueba. Como resultado, distintas redes neuronales entrenadas para el mismo problema pueden dar resultados diferentes para la misma entrada. Para asegurarse de que se ha encontrado una red neuronal de buena precisión, vuelva a entrenarla varias veces.

Existen otras técnicas para mejorar las soluciones iniciales si se desea una mayor precisión.

Capítulo 9

REDES NEURONALES DE SERIES TEMPORALES. EJEMPLOS

9.1 FUNCIONES DE MODELIZACIÓN Y PREDICCIÓN

Las funciones más importantes para el modelado y la predicción con redes NARX y de retardo temporal son las siguientes:

nnstart	Neural network getting started GUI
view	View neural network
timedelaynet	Time delay neural network
narxnet	Nonlinear autoregressive neural network with external input
narnet	Nonlinear autoregressive neural network
layrecnet	Layer recurrent neural network
distdelaynet	Distributed delay network
train	Train neural network
gensim	Generate Simulink block for neural network simulation
adddelay	Add delay to neural network response
removedelay	Remove delay to neural network's response
closeloop	Convert neural network open-loop feedback to closed loop
openloop	Convert neural network closed-loop feedback to open loop
ploterrhist	Plot error histogram
plotinerrcorr	Plot input to error time-series cross-correlation
plotregression	Plot linear regression
plotresponse	Plot dynamic network time series response
ploterrcorr	Plot autocorrelation of error time series
genFunction	Generate MATLAB function for simulating neural network

9.2 TIMEDELAYNET

Red neuronal con retardo temporal

Sintaxis

```
timedelaynet(inputDelays,hiddenSizes,trainFcn)
```

Descripción

Las redes de retardo temporal son similares a las redes feedforward, excepto en que el peso de entrada tiene asociada una línea de retardo de derivación. Esto permite que la red tenga una respuesta dinámica finita a los datos de entrada de series temporales. Esta red también es similar a la red neuronal de retardo distribuido (distdelaynet), que tiene retardos en los pesos de las capas además del peso de entrada.

timedelaynet(inputDelays,hiddenSizes,trainFcn) toma estos argumentos,

inputDelays	Row vector of increasing 0 or positive delays (default = 1:2)
hiddenSizes	Row vector of one or more hidden layer sizes (default = 10)
trainFcn	Training function (default = 'trainlm')

y devuelve una red neuronal con retardo temporal.

Ejemplos. Red con retardo

Aquí se utiliza una red neuronal de retardo temporal para resolver un problema sencillo de series temporales.

```
[X,T] = simpleseries_dataset;
net = timedelaynet(1:2,10);
[Xs,Xi,Ai,Ts] = preparets(net,X,T);
net = train(net,Xs,Ts,Xi,Ai);
view(net)
Y = net(Xs,Xi,Ai);
perf = perform(net,Ts,Y)

perf =

    0.0225
```

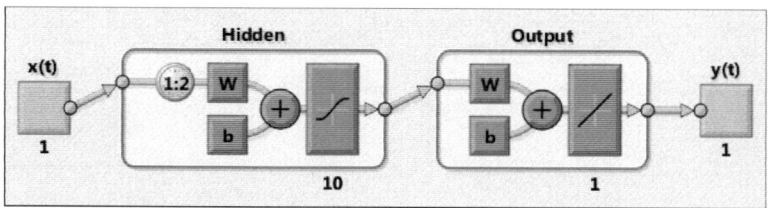

9.3 NARXNET

Red neuronal autorregresiva no lineal con entrada externa

Sintaxis

```
narxnet(inputDelays,feedbackDelays,hiddenSizes,trainFcn)
```

Descripción

Las redes NARX (autorregresivas no lineales con entrada externa) pueden aprender a predecir una serie temporal dados los valores pasados de la misma serie temporal, la entrada de realimentación, y otra serie temporal, denominada serie temporal externa o exógena.

`narxnet(inputDelays,feedbackDelays,hiddenSizes,trainFcn)` toma estos argumentos,

inputDelays	Row vector of increasing 0 or positive delays (default = 1:2)
feedbackDelays	Row vector of increasing 0 or positive delays (default = 1:2)
hiddenSizes	Row vector of one or more hidden layer sizes (default = 10)
trainFcn	Training function (default = 'trainlm')

y devuelve una red neuronal NARX.

Ejemplos. Utilización de la red NARX para problemas de series temporales

Aquí se utiliza una red neuronal NARX para resolver un problema sencillo de series temporales.

```
[X,T] = simpleseries_dataset;
net = narxnet(1:2,1:2,10);
[Xs,Xi,Ai,Ts] = preparets(net,X,{},T);
net = train(net,Xs,Ts,Xi,Ai);
view(net)
Y = net(Xs,Xi,Ai);
perf = perform(net,Ts,Y)

perf =

    0.0192
```

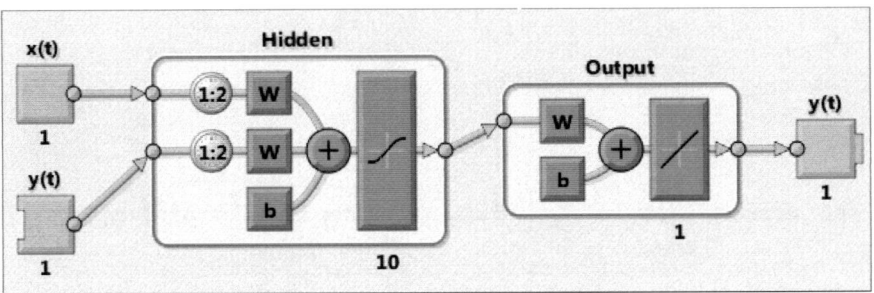

Aquí se simula la red NARX en bucle cerrado.

```
netc = closeloop(net);
view(netc)
[Xs,Xi,Ai,Ts] = preparets(netc,X,{},T);
y = netc(Xs,Xi,Ai);
```

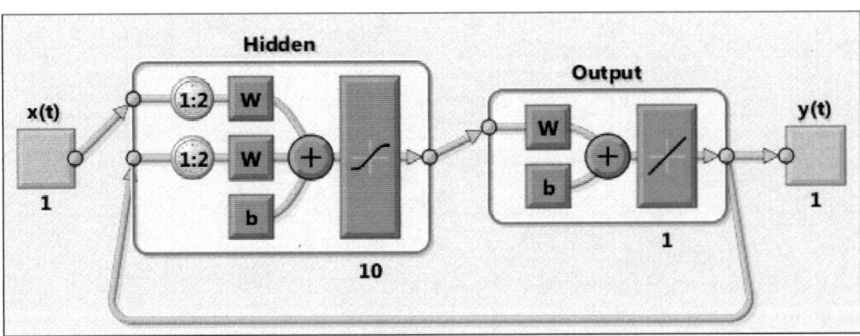

Aquí se utiliza la red NARX para predecir la siguiente salida, un paso de tiempo antes de que aparezca realmente.

```
netp = removedelay(net);
view(netp)
[Xs,Xi,Ai,Ts] = preparets(netp,X,{},T);
y = netp(Xs,Xi,Ai);
```

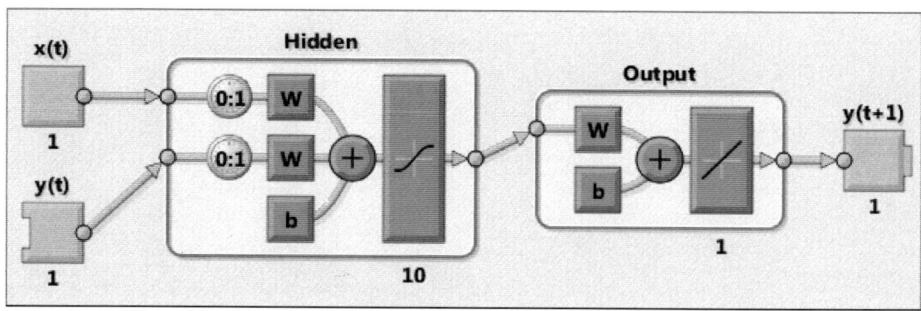

9.4 NARNET

Red neuronal autorregresiva no lineal

Sintaxis

```
narnet(feedbackDelays,hiddenSizes,trainFcn)
```

Descripción

Las redes neuronales NAR (autorregresivas no lineales) pueden entrenarse para predecir una serie temporal a partir de los valores pasados de esa serie.

`narnet(feedbackDelays,hiddenSizes,trainFcn)` toma estos argumentos,

feedbackDelays	Row vector of increasing 0 or positive delays (default = 1:2)
hiddenSizes	Row vector of one or more hidden layer sizes (default = 10)
trainFcn	Training function (default = 'trainlm')

y devuelve una red neuronal NAR.

Ejemplos. Red neuronal autorregresiva no lineal

Aquí se utiliza una red NAR para resolver un problema sencillo de series temporales.

```
T = simplenar_dataset;
net = narnet(1:2,10);
[Xs,Xi,Ai,Ts] = preparets(net,{},{},T);
net = train(net,Xs,Ts,Xi,Ai);
view(net)
Y = net(Xs,Xi);
perf = perform(net,Ts,Y)

perf =

    1.0100e-09
```

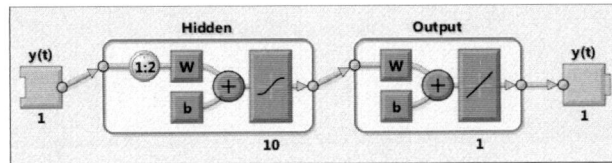

9.5 LAYRECNET

Red neuronal recurrente por capas

Sintaxis

```
layrecnet(layerDelays,hiddenSizes,trainFcn)
```

Descripción

Las redes neuronales recurrentes por capas son similares a las redes feedforward, salvo que cada capa tiene una conexión recurrente con un retardo de derivación asociado. Esto permite que la red tenga una respuesta dinámica infinita a los datos de entrada de series temporales. Esta red es similar a la red de retardo temporal (timedelaynet) y el retardo distribuido (distdelaynet), que tienen respuestas de entrada finitas.

`layrecnet(layerDelays,hiddenSizes,trainFcn)` toma estos argumentos,

layerDelays	Row vector of increasing 0 or positive delays (default = 1:2)
hiddenSizes	Row vector of one or more hidden layer sizes (default = 10)
trainFcn	Training function (default = 'trainlm')

y devuelve una red neuronal recurrente de capas.

Ejemplos. Red neuronal recurrente

Utilice una red neuronal recurrente de capas para resolver un problema sencillo de series temporales.

```
[X,T] = simpleseries_dataset;
net = layrecnet(1:2,10);
[Xs,Xi,Ai,Ts] = preparets(net,X,T);
net = train(net,Xs,Ts,Xi,Ai);
view(net)
Y = net(Xs,Xi,Ai);
perf = perform(net,Y,Ts)

perf =

    6.1239e-11
```

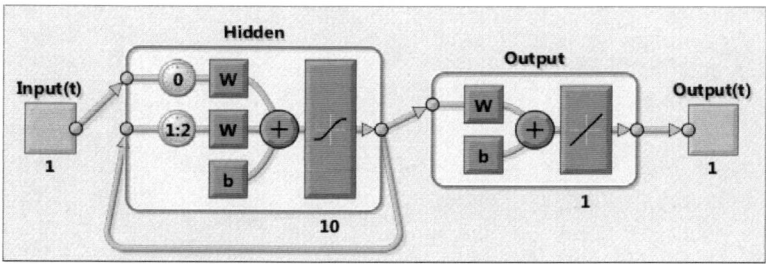

9.6 DISTDELAYNET

Red de retardo distribuida

Sintaxis

```
distdelaynet(delays,hiddenSizes,trainFcn)
```

Descripción

Las redes de retardo distribuido son similares a las redes feedforward, excepto en que cada entrada y pesos de capa tiene asociada una línea de retardo de derivación. Esto permite que la red tenga una respuesta dinámica finita a los datos de entrada de series temporales. Esta red también es similar a la red neuronal de retardo temporal (timedelaynet), que sólo tiene retardos en el peso de entrada.

`distdelaynet(delays,hiddenSizes,trainFcn)` toma estos argumentos,

delays	Row vector of increasing 0 or positive delays (default = 1:2)
hiddenSizes	Row vector of one or more hidden layer sizes (default = 10)
trainFcn	Training function (default = 'trainlm')

y devuelve una red neuronal de retardo distribuido.

Ejemplos. Red de retraso distribuido

Aquí se utiliza una red neuronal de retardo distribuido para resolver un problema sencillo de series temporales.

```
[X,T] = simpleseries_dataset;
net = distdelaynet({1:2,1:2},10);
[Xs,Xi,Ai,Ts] = preparets(net,X,T);
net = train(net,Xs,Ts,Xi,Ai);
view(net)
Y = net(Xs,Xi,Ai);
perf = perform(net,Y,Ts)

perf =

     0.0323
```

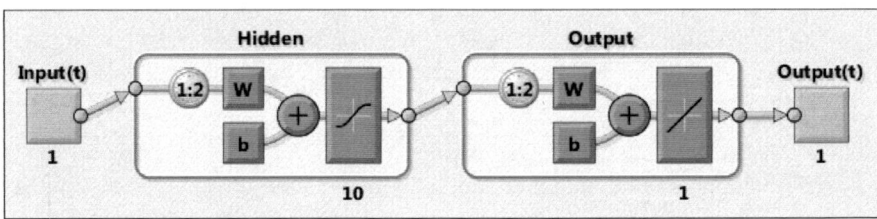

9.7 ENTRENAMIENTO

Entrenar la red neuronal

Sintaxis

```
[net,tr] = train(net,X,T,Xi,Ai,EW)
[net,__] = train(__,'useParallel',__)
[net,__] = train(__,'useGPU',__)
[net,__] = train(__,'showResources',__)
[net,__] = train(Xcomposite,Tcomposite,__)
[net,__] = train(Xgpu,Tgpu,__)
net =
train(__,'CheckpointFile','path/name','CheckpointDelay',numDel
ays)
```

Descripción

train trains a network net according to net.trainFcn and net.trainParam.

[net,tr] = train(net,X,T,Xi,Ai,EW) takes

net	Network
X	Network inputs
T	Network targets (default = zeros)
Xi	Initial input delay conditions (default = zeros)
Ai	Initial layer delay conditions (default = zeros)
EW	Error weights

and returns

net	Newly trained network
tr	Training record (epoch and perf)

Tenga en cuenta que:

- T es opcional y sólo debe utilizarse para redes que requieren objetivos.

- Xi también es opcional y sólo debe utilizarse para redes que tengan retardos de entrada o de capa.

train pueden tener dos formatos: matrices, para problemas estáticos y redes con entradas y salidas únicas, y matrices de celdas para múltiples pasos temporales y redes con múltiples entradas y salidas.

9.8 USO DE LAS FUNCIONES DE LA LÍNEA DE COMANDOS

Supongamos, por ejemplo, que dispone de datos de un proceso de neutralización del pH. Quiere diseñar una red que pueda predecir el pH de una solución en un tanque a partir de valores pasados del pH y valores pasados del caudal de ácido y base en el tanque. Tienes un total de 2001 pasos de tiempo para los que tienes esas series.

Puedes resolver este problema de dos maneras:

- Utilice una interfaz gráfica de usuario, `ntstool`.

- Utilice las funciones de la línea de comandos.

Por lo general, es mejor empezar con la GUI, y luego utilizar la GUI para generar automáticamente scripts de línea de comandos. Antes de utilizar cualquiera de los dos métodos, el primer paso es definir el problema seleccionando un conjunto de datos. Cada GUI tiene acceso a muchos conjuntos de datos de muestra que puede utilizar para experimentar con la caja de herramientas. Si tiene un problema específico que desea resolver, puede cargar sus propios datos en el área de trabajo. En la siguiente sección se describe el formato de los datos.

Para definir un problema de series temporales para la caja de herramientas, disponga un conjunto de vectores de entrada TS como columnas en una matriz de celdas. A continuación, disponga otro conjunto de vectores objetivo TS (los vectores de salida correctos para cada uno de los vectores de entrada) en una segunda matriz de celdas. Sin embargo, hay casos en los que sólo es necesario disponer de un conjunto de datos objetivo. Por ejemplo, puede definir el siguiente problema de series temporales, en el que desea utilizar valores anteriores de una serie para predecir el valor siguiente:

```
targets = {1 2 3 4 5};
```

La siguiente sección muestra cómo entrenar una red para que se ajuste a un conjunto de datos de series temporales, utilizando las funciones de series temporales de la red neuronal.

```
% Solve an Autoregression Problem with External
% Input with a NARX Neural Network
% Script generated by NTSTOOL
%
% This script assumes the variables on the right of
% these equalities are defined:
%
%   phInputs - input time series.
%   phTargets - feedback time series.

inputSeries = phInputs;
targetSeries = phTargets;
```

```
% Create a Nonlinear Autoregressive Network with External Input
inputDelays = 1:4;
feedbackDelays = 1:4;
hiddenLayerSize = 10;
net = narxnet(inputDelays,feedbackDelays,hiddenLayerSize);

% Prepare the Data for Training and Simulation
% The function PREPARETS prepares time series data
% for a particular network, shifting time by the minimum
% amount to fill input states and layer states.
% Using PREPARETS allows you to keep your original
% time series data unchanged, while easily customizing it
% for networks with differing numbers of delays, with
% open loop or closed loop feedback modes.
[inputs,inputStates,layerStates,targets] = ...
    preparets(net,inputSeries,{},targetSeries);

% Set up Division of Data for Training, Validation, Testing
net.divideParam.trainRatio = 70/100;
net.divideParam.valRatio = 15/100;
net.divideParam.testRatio = 15/100;

% Train the Network
[net,tr] = train(net,inputs,targets,inputStates,layerStates);

% Test the Network
outputs = net(inputs,inputStates,layerStates);
errors = gsubtract(targets,outputs);
performance = perform(net,targets,outputs)

% View the Network
view(net)

% Plots
% Uncomment these lines to enable various plots.
% figure, plotperform(tr)
% figure, plottrainstate(tr)
% figure, plotregression(targets,outputs)
% figure, plotresponse(targets,outputs)
% figure, ploterrcorr(errors)
% figure, plotinerrcorr(inputs,errors)

% Closed Loop Network
% Use this network to do multi-step prediction.
% The function CLOSELOOP replaces the feedback input with a direct
% connection from the output layer.
```

```
netc = closeloop(net);
netc.name = [net.name ' - Closed Loop'];
view(netc)
[xc,xic,aic,tc] = preparets(netc,inputSeries,{},targetSeries);
yc = netc(xc,xic,aic);
closedLoopPerformance = perform(netc,tc,yc)

% Early Prediction Network
% For some applications it helps to get the prediction a
% timestep early.
% The original network returns predicted y(t+1) at the same
% time it is given y(t+1).
% For some applications such as decision making, it would
% help to have predicted y(t+1) once y(t) is available, but
% before the actual y(t+1) occurs.
% The network can be made to return its output a timestep early
% by removing one delay so that its minimal tap delay is now
% 0 instead of 1.  The new network returns the same outputs as
% the original network, but outputs are shifted left one timestep.
nets = removedelay(net);
nets.name = [net.name ' - Predict One Step Ahead'];
view(nets)
[xs,xis,ais,ts] = preparets(nets,inputSeries,{},targetSeries);
ys = nets(xs,xis,ais);
earlyPredictPerformance = perform(nets,ts,ys)
```

Puede guardar el script y, a continuación, ejecutarlo desde la línea de comandos para reproducir los resultados de la sesión GUI anterior. También puede editar el script para personalizar el proceso de entrenamiento. En este caso, siga cada uno de los pasos del script.

El script asume que los vectores de entrada y los vectores objetivo ya están cargados en el espacio de trabajo. Si los datos no están cargados, puede cargarlos de la siguiente manera:

```
load ph_dataset
inputSeries = phInputs;
targetSeries = phTargets;
```

Crear una red. La red NARX, narxnetes una red feedforward con la función de transferencia por defecto tan-sigmoide en la capa oculta y una función de transferencia lineal en la capa de salida. Esta red tiene dos entradas. Una es una entrada externa y la otra es una conexión de realimentación desde la salida de la red. (Una vez entrenada la red, esta conexión de realimentación puede cerrarse, como se verá en un paso posterior). Para cada una de estas entradas, hay una línea de retardo para almacenar los valores anteriores. Para asignar la arquitectura de red a una red

NARX, debe seleccionar los retardos asociados a cada línea de retardo y también el número de neuronas de la capa oculta. En los pasos siguientes, se asignan los retardos de entrada y los retardos de realimentación para que oscilen entre 1 y 4 y el número de neuronas ocultas para que sea 10.

```
inputDelays = 1:4;
feedbackDelays = 1:4;
hiddenLayerSize = 10;
net = narxnet(inputDelays,feedbackDelays,hiddenLayerSize);
```

Nota Aumentar el número de neuronas y el número de retardos requiere más cálculo, y esto tiene tendencia a sobreajustar los datos cuando los números se fijan demasiado altos, pero permite a la red resolver problemas más complicados. Más capas requieren más cálculo, pero su uso puede hacer que la red resuelva problemas complejos con más eficacia. Para utilizar más de una capa oculta, introduzca los tamaños de las capas ocultas como elementos de una matriz en la función fitnet .

Preparar los datos para el entrenamiento. Cuando se entrena una red que contiene líneas de retardo intervenidas, es necesario rellenar los retardos con valores iniciales de las entradas y salidas de la red. Existe un comando en la caja de herramientas que facilita este proceso - preparets. Esta función tiene tres argumentos de entrada: la red, la secuencia de entrada y la secuencia de destino. La función devuelve las condiciones iniciales necesarias para rellenar las líneas de retardo de la red, así como las secuencias de entrada y de destino modificadas, en las que se han eliminado las condiciones iniciales. Puede llamar a la función de la siguiente manera:

```
[inputs,inputStates,layerStates,targets] = ...
    preparets(net,inputSeries,{},targetSeries);
```

Set up the division of data.

```
net.divideParam.trainRatio = 70/100;
net.divideParam.valRatio   = 15/100;
net.divideParam.testRatio  = 15/100;
```

Con estos ajustes, los vectores de entrada y los vectores objetivo se dividirán aleatoriamente, utilizándose el 70% para el entrenamiento, el 15% para la validación y el 15% para las pruebas.

Entrenar la red. La red utiliza el algoritmo Levenberg-Marquardt por defecto (trainlm) para el entrenamiento. Para problemas en los que Levenberg-Marquardt no produce resultados tan precisos como se desea, o para problemas de datos grandes, considere establecer la función de entrenamiento de la red en Regularización Bayesiana (trainbr) o Gradiente Conjugado Escalado (trainscg), respectivamente, con

```
net.trainFcn = 'trainbr';
```

```
net.trainFcn = 'trainscg';
```

Para entrenar la red, introduzca:

```
[net,tr] = train(net,inputs,targets,inputStates,layerStates);
```

Durante el entrenamiento, se abre la siguiente ventana de entrenamiento. Esta ventana muestra el progreso del entrenamiento y le permite interrumpirlo en cualquier momento haciendo clic en Detener entrenamiento.

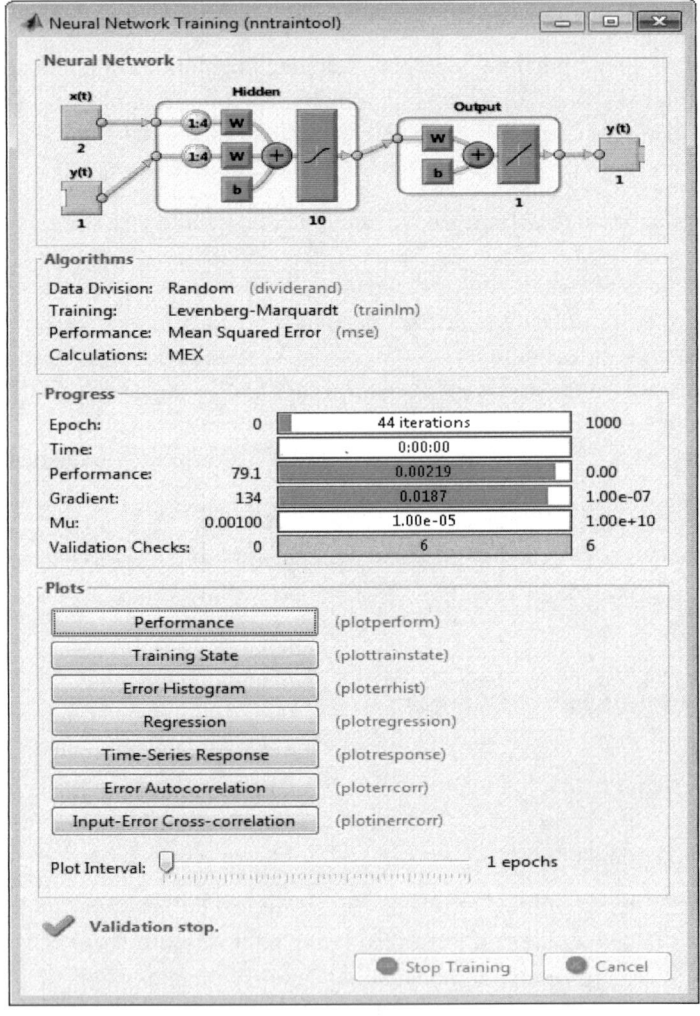

Este entrenamiento se detuvo cuando el error de validación aumentó durante seis iteraciones, lo que ocurrió en la iteración 44.

Probar la red. Una vez entrenada la red, puedes utilizarla para calcular sus resultados. El siguiente código calcula las salidas de la red, los errores y el rendimiento global. Tenga en cuenta que, para simular una red con líneas de retardo intervenidas, necesita asignar los valores iniciales para estas señales retardadas. Esto se hace con inputStates y layerStates proporcionados por preparets en una fase anterior.

```
outputs = net(inputs,inputStates,layerStates);
errors = gsubtract(targets,outputs);
performance = perform(net,targets,outputs)

performance =

    0.0042
```

Visualiza el diagrama de la red.

```
view(net)
```

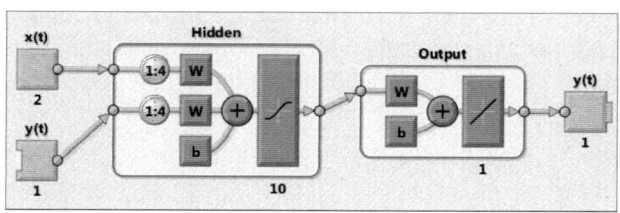

Trace el registro de entrenamiento de rendimiento para comprobar si existe un posible sobreajuste.

```
figure, plotperform(tr)
```

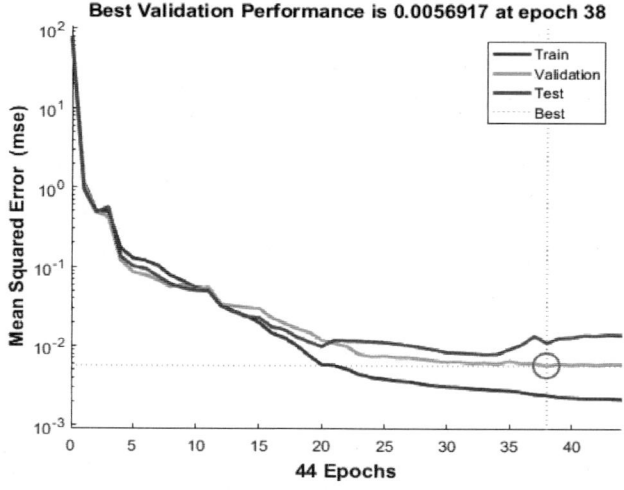

Esta figura muestra que los errores de entrenamiento, validación y prueba disminuyeron hasta la iteración 64. No parece que se haya producido un sobreajuste. No parece que se haya producido ningún sobreajuste, porque ni el error de prueba ni el de validación aumentaron antes de la iteración 64.

Todo el entrenamiento se realiza en bucle abierto (también llamado arquitectura serie-paralelo), incluidos los pasos de validación y prueba. El flujo de trabajo típico consiste en crear completamente la red en bucle abierto, y sólo cuando se ha entrenado (lo que incluye los pasos de validación y prueba) se transforma en bucle cerrado para la predicción multipaso. Asimismo, los valores R de la interfaz gráfica de usuario se calculan a partir de los resultados del entrenamiento en bucle abierto.

Cierre el bucle en la red NARX. Cuando el bucle de realimentación está abierto en la red NARX, está realizando una predicción de un paso por delante. Predice el siguiente valor de y(t) a partir de los valores anteriores de y(t) y x(t). Con el bucle de realimentación cerrado, puede utilizarse para realizar predicciones con varios pasos de antelación. Esto se debe a que las predicciones de y(t) se utilizarán en lugar de los valores futuros reales de y(t). Los siguientes comandos se pueden utilizar para cerrar el bucle y calcular el rendimiento de bucle cerrado

```
netc = closeloop(net);
netc.name = [net.name ' - Closed Loop'];
view(netc)
[xc,xic,aic,tc] = preparets(netc,inputSeries,{},targetSeries);
yc = netc(xc,xic,aic);
perfc = perform(netc,tc,yc)

perfc =

    2.8744
```

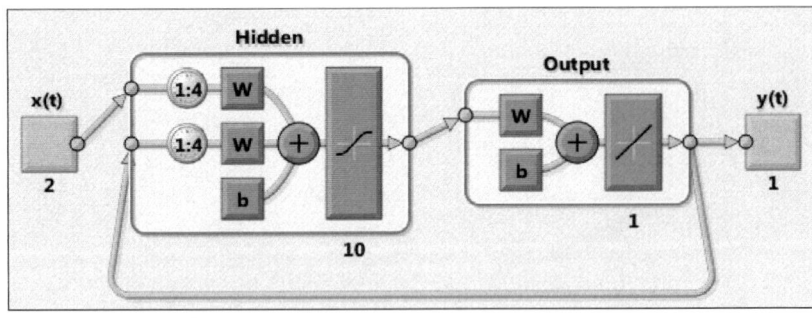

Elimina un retraso de la red, para obtener la predicción un paso de tiempo antes.

```
nets = removedelay(net);
nets.name = [net.name ' - Predict One Step Ahead'];
view(nets)
[xs,xis,ais,ts] = preparets(nets,inputSeries,{},targetSeries);
ys = nets(xs,xis,ais);
earlyPredictPerformance = perform(nets,ts,ys)

earlyPredictPerformance =

    0.0042
```

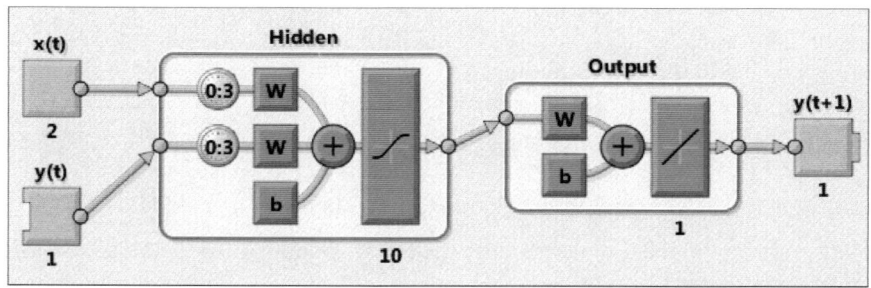

En esta figura, se puede ver que la red es idéntica a la red de bucle abierto anterior, excepto que se ha eliminado un retardo de cada una de las líneas de retardo derivadas. La salida de la red es entonces y(t + 1) en lugar de y(t). Esto puede ser útil a veces cuando una red se despliega para ciertas aplicaciones.

Si el rendimiento de la red no es satisfactorio, puede probar cualquiera de estos métodos:

- Restablece los pesos y sesgos iniciales de la red a los nuevos valores con init y vuelve a entrenar
- Aumentar el número de neuronas ocultas o el número de retardos.
- Aumentar el número de vectores de entrenamiento.
- Aumente el número de valores de entrada si dispone de más información relevante.
- Pruebe con otro algoritmo de entrenamiento.

Para adquirir más experiencia en las operaciones de línea de comandos, pruebe algunas de estas tareas:

- Durante el entrenamiento, abra una ventana de gráfico (como el gráfico de correlación de errores) y observe cómo se anima.
- Trace desde la línea de comandos con funciones como trazarrespuestaploterrcorr y plotperform.

Además, consulte el script avanzado para obtener más opciones, cuando se entrena desde la línea de comandos.

Cada vez que se entrena una red neuronal, puede dar lugar a una solución diferente debido a los distintos valores iniciales de peso y sesgo y a las distintas divisiones de los datos en conjuntos de entrenamiento, validación y prueba. Como resultado, distintas redes neuronales entrenadas para el mismo problema pueden dar resultados diferentes para la misma entrada. Para asegurarse de que se ha encontrado una red neuronal de buena precisión, vuelva a entrenarla varias veces.

Existen otras técnicas para mejorar las soluciones iniciales si se desea una mayor precisión.

9.9 UN EJEMPLO COMPLETO. MODELADO MAGLEV

Este ejemplo ilustra cómo una red neuronal NARX (Nonlinear AutoRegressive with eXternal input) puede modelar un sistema dinámico de levitación magnética.

9.9.1 El problema: modelar un sistema de levitación magnética

En este ejemplo intentamos construir una red neuronal que pueda predecir el comportamiento dinámico de un imán levitado mediante una corriente de control.

El sistema se caracteriza por la posición del imán y una corriente de control, que determinan dónde estará el imán un instante después.

Este es un ejemplo de un problema de series temporales, donde los valores pasados de una serie temporal de realimentación (la posición del imán) y una serie de entrada externa (la corriente de control) se utilizan para predecir los valores futuros de la serie de realimentación.

9.9.2 ¿Por qué redes neuronales?

Las redes neuronales son muy buenas para los problemas de series temporales. Una red neuronal con suficientes elementos (llamados neuronas) puede modelizar sistemas dinámicos con una precisión arbitraria. Son especialmente adecuadas para abordar problemas dinámicos no lineales. Las redes neuronales son un buen candidato para resolver este problema.

La red se diseñará utilizando grabaciones de la posición de un imán levitado real que responda a una corriente de control.

9.9.3 Preparación de los datos

Los datos para los problemas de ajuste de funciones se configuran para una red neuronal organizando los datos en dos matrices, la serie temporal de entrada X y la serie temporal objetivo T.

La serie de entrada X es una matriz de celdas en fila, donde cada elemento es el paso de tiempo asociado de la corriente de control.

La serie objetivo T es una matriz de celdas en fila, donde cada elemento es el paso de tiempo asociado a la posición de los imanes levitados.

Aquí se carga un conjunto de datos de este tipo.

```
[x,t] = maglev_dataset;
```

Podemos ver los tamaños de las entradas X y los objetivos T.

Observe que tanto X como T tienen 4001 columnas. Éstas representan 4001 pasos de tiempo de la corriente de control y la posición del imán.

```
size(x)
size(t)

ans =
          1        4001
ans =
          1        4001
```

9.9.4 Modelización de series temporales con una red neuronal

El siguiente paso es crear una red neuronal que aprenda a modelar cómo cambia de posición el imán.

Dado que la red neuronal comienza con pesos iniciales aleatorios, los resultados de este ejemplo diferirán ligeramente cada vez que se ejecute. La semilla aleatoria se establece para evitar esta aleatoriedad. Sin embargo, esto no es necesario para sus propias aplicaciones.

```
setdemorandstream(491218381)
```

Las redes neuronales NARX de dos capas (es decir, de una capa oculta) pueden ajustarse a cualquier relación dinámica de entrada-salida si hay suficientes neuronas en la capa oculta. Las capas que no son de salida se denominan capas ocultas.

Para este ejemplo probaremos con una única capa oculta de 10 neuronas. En general, los problemas más difíciles requieren más neuronas y quizá más capas. Los problemas más sencillos requieren menos neuronas.

También probaremos a utilizar retardos de toma con dos retardos para la entrada externa (corriente de control) y la realimentación (posición del imán). Un mayor número de retardos permite a la red modelar sistemas dinámicos más complejos.

La entrada y la salida tienen tamaños de 0 porque la red aún no se ha configurado para que coincida con nuestros datos de entrada y de destino. Esto ocurrirá cuando se entrene la red.

La salida y(t) también es una entrada, cuyo retardo v

```
net = narxnet(1:2,1:2,10);
view(net)
```

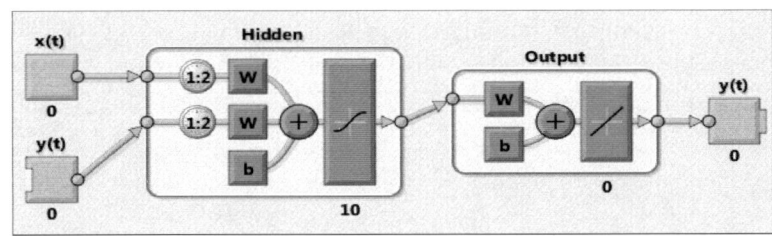

Antes de poder entrenar la red, debemos utilizar los dos primeros pasos temporales de las series temporales de entrada externa y realimentación para rellenar los dos estados de retardo de toma de la red.

Además, necesitamos utilizar la serie de realimentación tanto como serie de entrada como serie objetivo.

La función PREPARETS nos prepara los datos de las series temporales para la simulación y el entrenamiento. Xs consistirá en series de entrada y objetivo desplazadas que se presentarán a la red. Xi son los estados de retardo de entrada iniciales. Ai son los estados de retardo de capa (vacíos en este caso ya que no hay retardos entre capas), y Ts son las series de realimentación desplazadas.

```
[Xs,Xi,Ai,Ts] = preparets(net,x,{},t);
```

Ahora la red está lista para ser entrenada. Los tiempos se dividen automáticamente en conjuntos de entrenamiento, validación y prueba. El conjunto de entrenamiento se utiliza para enseñar a la red. El entrenamiento continúa mientras la red siga mejorando en el conjunto de validación. El conjunto de prueba proporciona una medida completamente independiente de la precisión de la red.

La herramienta de entrenamiento de NN muestra la red que se está entrenando y los algoritmos utilizados para entrenarla. También muestra el estado de entrenamiento durante el mismo y los criterios que detuvieron el entrenamiento se resaltarán en verde.

Los botones de la parte inferior abren gráficos útiles que pueden abrirse durante y después del entrenamiento. Los enlaces situados junto a los nombres de los algoritmos y los botones de gráficos abren documentación sobre esos temas.

```
[net,tr] = train(net,Xs,Ts,Xi,Ai);
nntraintool
```

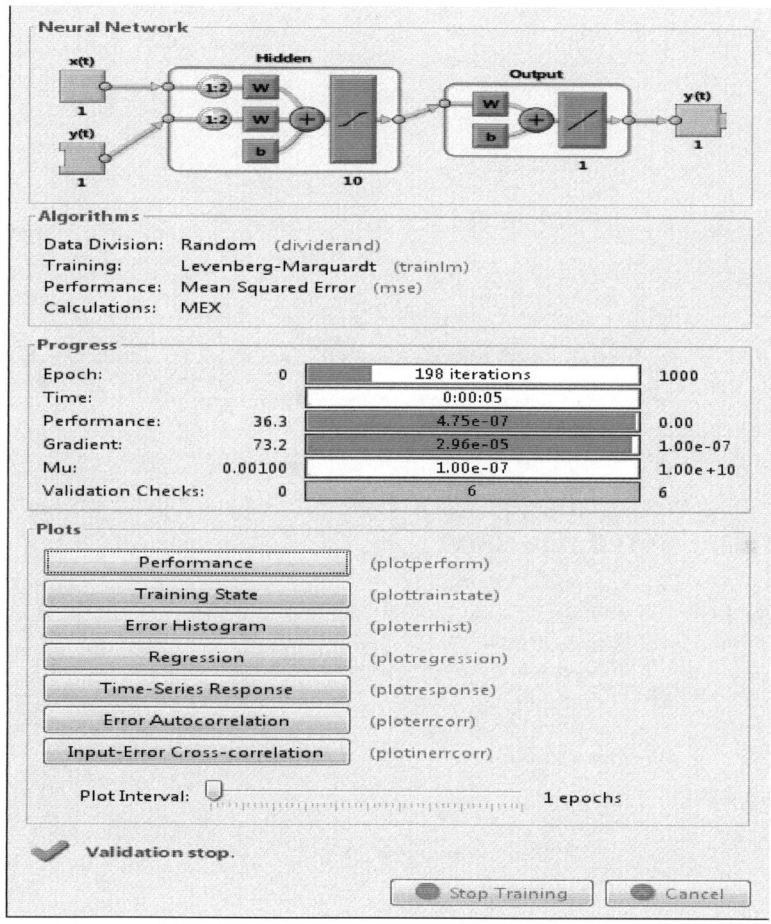

Para ver cómo ha mejorado el rendimiento de la red durante el entrenamiento, haz clic en el botón "Rendimiento" de la herramienta de entrenamiento o llama a PLOTPERFORM.

El rendimiento se mide en términos de error cuadrático medio y se muestra en escala logarítmica. Disminuye rápidamente a medida que se entrena la red.

El rendimiento se muestra para cada uno de los conjuntos de entrenamiento, validación y prueba. La versión de la red que obtuvo mejores resultados en el conjunto de validación es la que aparece después del entrenamiento.

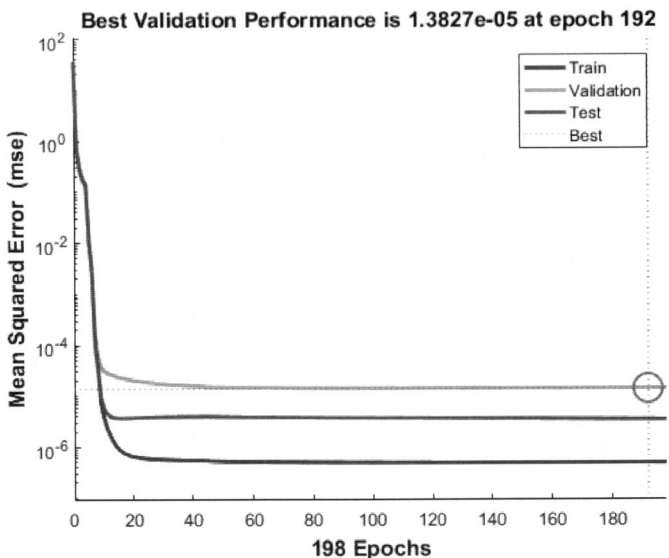

9.9.5 Probar la red neuronal

Ahora se puede medir el error cuadrático medio de la red neuronal entrenada para todos los pasos temporales.

```
Y = net(Xs,Xi,Ai);

perf = mse(net,Ts,Y)

perf =

    2.9245e-06
```

PLOTRESPONSE nos mostrará la respuesta de la red en comparación con la posición real del imán. Si el modelo es exacto los puntos '+' seguirán los puntos diamante, y los errores en el eje inferior serán muy pequeños.

```
plotresponse(Ts,Y)
```

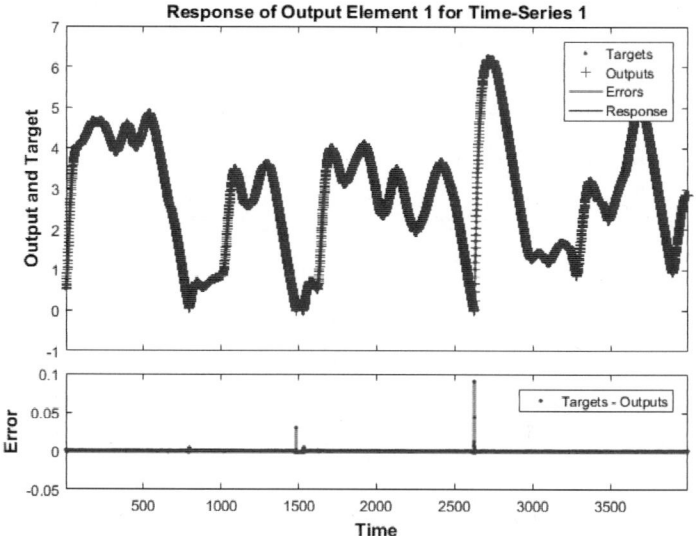

PLOTERRCORR muestra la correlación del error en el momento t, e(t), con los errores en distintos retardos, e(t+lag). La línea central muestra el error cuadrático medio. Si la red se ha entrenado bien, todas las demás líneas serán mucho más cortas y la mayoría, si no todas, caerán dentro de los límites de confianza rojos.

La función GSUBTRACT se utiliza para calcular el error. Esta función generaliza la sustracción para admitir diferencias entre datos de matrices de celdas.

```
E = gsubtract(Ts,Y);
```

```
ploterrcorr(E)
```

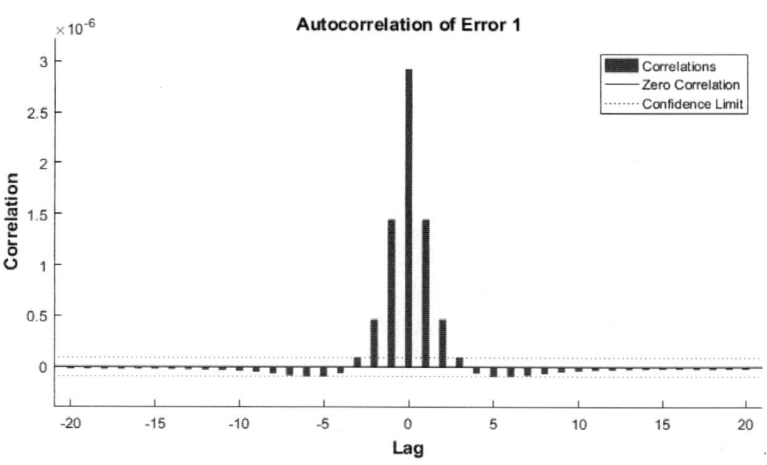

Del mismo modo, PLOTINERRCORR muestra la correlación del error con respecto a las entradas, con distintos grados de desfase. En este caso, la mayoría o todas las líneas deberían caer dentro de los límites de confianza, incluida la línea central.

```
plotinerrcorr(Xs,E)
```

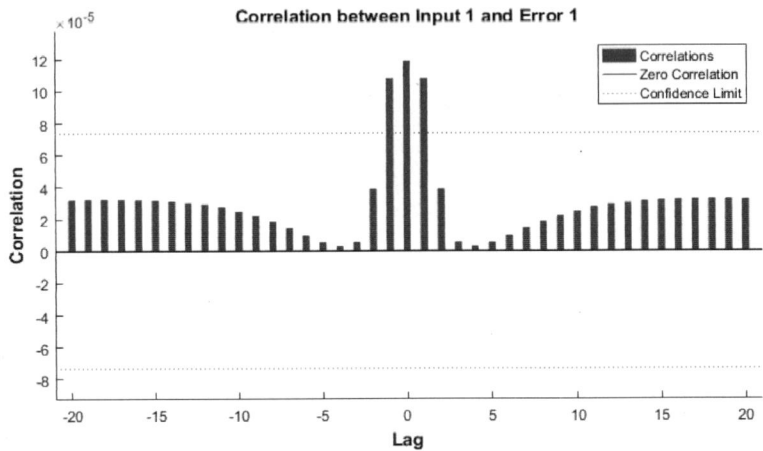

La red se entrenó en bucle abierto, utilizando los objetivos como entradas de realimentación. La red también se puede convertir a la forma de bucle cerrado, en la que sus propias predicciones se convierten en las entradas de retroalimentación.

```
net2 = closeloop(net);
view(net)
```

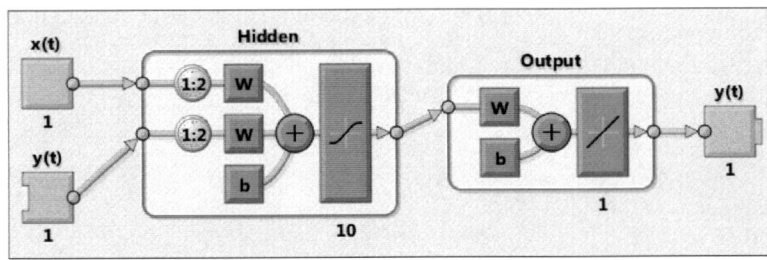

Podemos simular la red en forma de bucle cerrado. En este caso, la red sólo recibe las posiciones iniciales de los imanes, y luego debe utilizar sus propias posiciones predichas de forma recursiva para predecir nuevas posiciones.

Esto se traduce rápidamente en un mal ajuste entre la respuesta prevista y la real. Esto ocurrirá incluso si el modelo es muy bueno. Pero es interesante ver cuántos pasos coinciden antes de separarse.

Una vez más, PREPARETS hace el trabajo de preparar los datos de las series temporales por nosotros teniendo en cuenta la red alterada.

```
[Xs,Xi,Ai,Ts] = preparets(net2,x,{},t);
Y = net2(Xs,Xi,Ai);
plotresponse(Ts,Y)
```

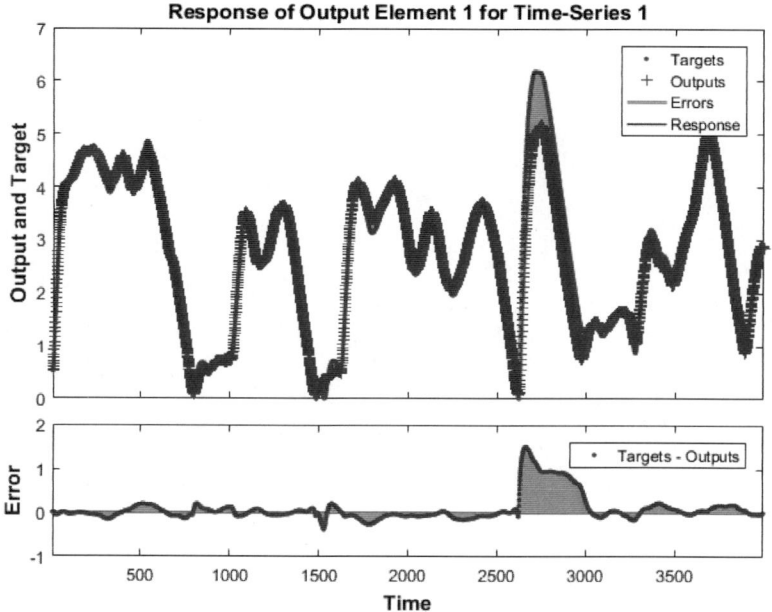

Si la aplicación nos exigiera acceder a la posición prevista del imán un paso de tiempo antes de que se produzca realmente, podemos eliminar un retardo de la red, de forma que en cualquier momento t dado, la salida sea una estimación de la posición en el momento t+1.

```
net3 = removedelay(net);
view(net)
```

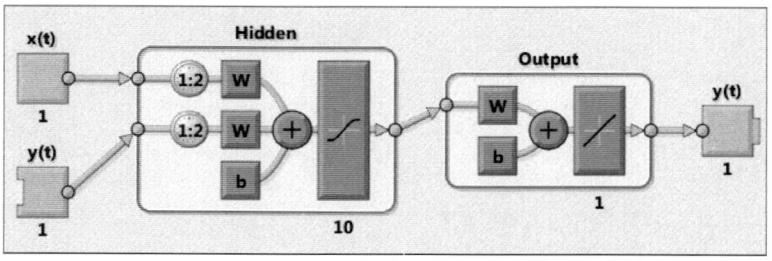

De nuevo utilizamos PREPARETS para preparar las series temporales para la simulación. Esta vez la red vuelve a ser muy precisa, ya que realiza la predicción en bucle abierto, pero la salida se desplaza un paso temporal.

```
[Xs,Xi,Ai,Ts] = preparets(net3,x,{},t);
Y = net3(Xs,Xi,Ai);
plotresponse(Ts,Y)
```

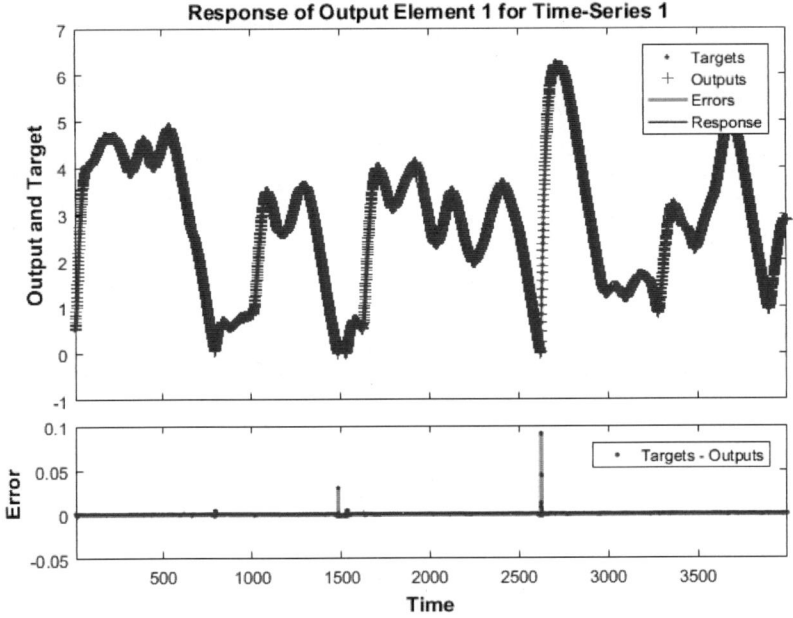

Este ejemplo ilustra cómo diseñar una red neuronal que modele el comportamiento de un sistema dinámico de levitación magnética.

Capítulo 10

REDES DE BASE RADIAL

10.1 RED DE FUNCIONES DE BASE RADIAL

En el campo de la modelización matemática, una **red de función de base radial** es una red neuronal artificial que utiliza funciones de base radial como funciones de activación. La salida de la red es una combinación lineal de las funciones de base radial de las entradas y los parámetros de las neuronas. Las redes de funciones de base radial tienen muchos usos, como la aproximación de funciones, la predicción de series temporales, la clasificación y el control de sistemas. Broomhead y Lowe, investigadores del Royal Signals and Radar Establishment, las formularon por primera vez en 1988.

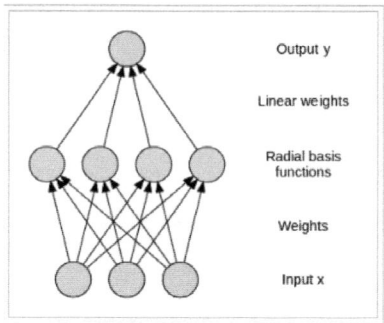

Architecture of a radial basis function network. An input vector x is used as input to all radial basis functions, each with different parameters. The output of the network is a linear combination of the outputs from radial basis functions.

Las redes RBF suelen entrenarse mediante un algoritmo de dos pasos. En el primer paso, se eligen los vectores centrales {\displaystyle \mathbf {c} i de las funciones RBF en la capa oculta. Este paso se puede realizar de varias maneras; los centros se pueden muestrear aleatoriamente a partir de algún conjunto de ejemplos, o se pueden determinar utilizando la agrupación k-means. Tenga en cuenta que este paso no está supervisado. Se puede realizar un tercer paso de retropropagación para afinar todos los parámetros de la red RBF

Si el objetivo no es realizar una interpolación estricta, sino una aproximación o clasificación de funciones más general, la optimización es algo más compleja porque no hay una elección obvia de los centros. El entrenamiento suele realizarse en dos fases: primero se fijan la anchura y los centros, y después los pesos. Esto puede justificarse considerando la diferente naturaleza de las neuronas ocultas no lineales frente a la neurona lineal de salida.

10.2 APROXIMACIÓN DE BASE RADIAL

Este ejemplo utiliza la función NEWRB para crear una red de base radial que aproxima una función definida por un conjunto de puntos de datos.

Definir 21 entradas P y objetivos asociados T.

```
X = -1:.1:1;
T = [-.9602 -.5770 -.0729  .3771  .6405  .6600  .4609 ...
      .1336 -.2013 -.4344 -.5000 -.3930 -.1647  .0988 ...
      .3072  .3960  .3449  .1816 -.0312 -.2189 -.3201];
plot(X,T,'+');
title('Training Vectors');
xlabel('Input Vector P');
ylabel('Target Vector T');
```

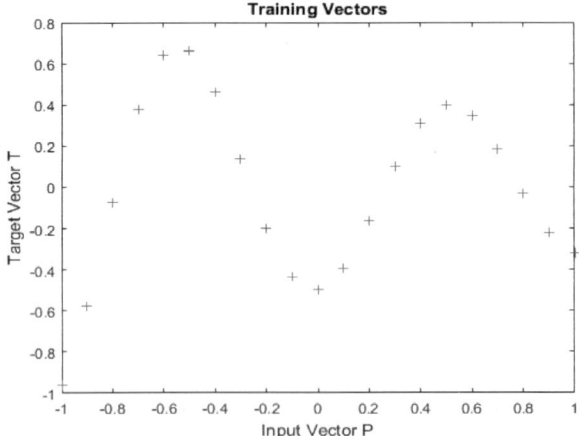

Queremos encontrar una función que se ajuste a los 21 puntos de datos. Una forma de hacerlo es con una red de base radial. Una red de base radial es una red con dos capas. Una capa oculta de neuronas de base radial y una capa de salida de neuronas lineales. Esta es la función de transferencia de base radial utilizada por la capa oculta.

```
x = -3:.1:3;
a = radbas(x);
plot(x,a)
title('Radial Basis Transfer Function');
xlabel('Input p');
ylabel('Output a');
```

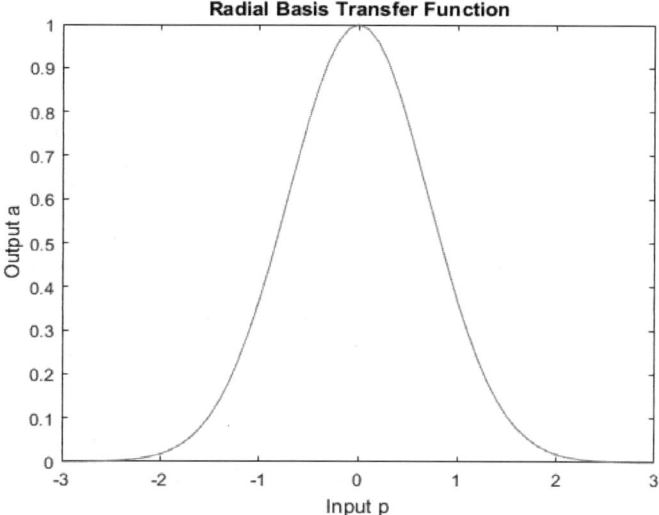

Los pesos y los sesgos de cada neurona de la capa oculta definen la posición y la anchura de una función de base radial. Cada neurona lineal de salida forma una suma ponderada de estas funciones de base radial. Con los valores correctos de peso y sesgo para cada capa, y suficientes neuronas ocultas, una red de base radial puede ajustar cualquier función con la precisión deseada. Este es un ejemplo de tres funciones de base radial (en azul) escaladas y sumadas para producir una función (en magenta).

```
a2 = radbas(x-1.5);
a3 = radbas(x+2);
a4 = a + a2*1 + a3*0.5;
plot(x,a,'b-',x,a2,'b--',x,a3,'b--',x,a4,'m-')
title('Weighted Sum of Radial Basis Transfer Functions');
xlabel('Input p');
ylabel('Output a');
```

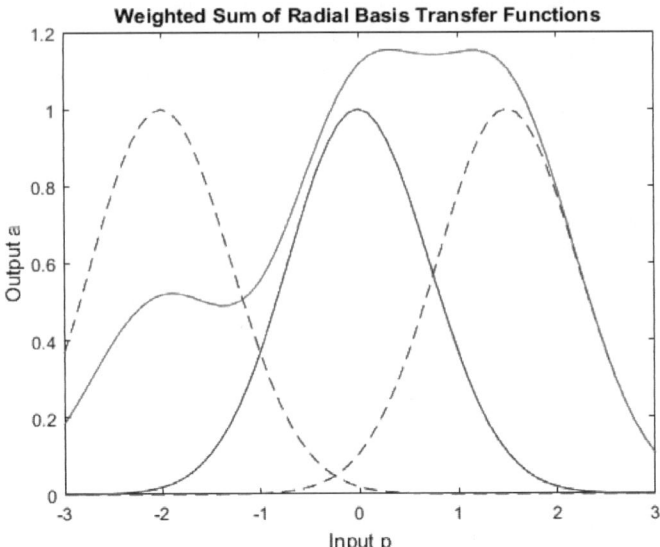

La función NEWRB crea rápidamente una red de base radial que aproxima la función definida por P y T. Además del conjunto de entrenamiento y los objetivos, NEWRB toma dos argumentos, el objetivo de error cuadrático sumado y la constante de dispersión.

```
eg = 0.02; % sum-squared error goal
sc = 1;    % spread constant
net = newrb(X,T,eg,sc);
NEWRB, neurons = 0, MSE = 0.176192
```

Para ver cómo se comporta la red, vuelva a trazar el conjunto de entrenamiento. A continuación, simule la respuesta de la red para entradas en el mismo intervalo. Por último, representa los resultados en el mismo gráfico.

```
plot(X,T,'+');
xlabel('Input');

X = -1:.01:1;
Y = net(X);

hold on;
plot(X,Y);
hold off;
legend({'Target','Output'})
```

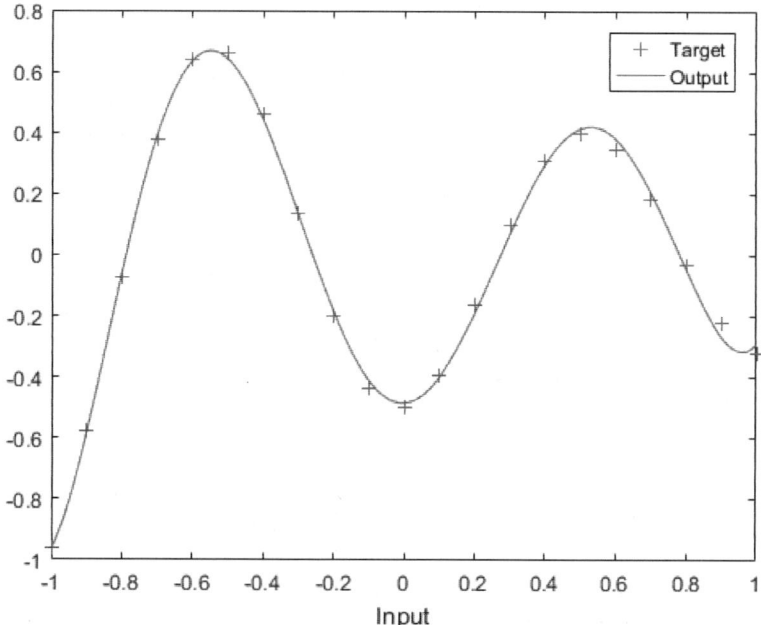

10.3 NEURONAS DE BASE RADIAL SUPERPUESTAS

Una red de base radial se entrena para responder a entradas específicas con salidas objetivo. Sin embargo, como la dispersión de las neuronas de base radial es muy baja, la red necesita muchas neuronas.

Definir 21 entradas P y objetivos asociados T.

```
P = -1:.1:1;
T = [-.9602 -.5770 -.0729  .3771  .6405  .6600  .4609 ...
       .1336 -.2013 -.4344 -.5000 -.3930 -.1647  .0988 ...
       .3072  .3960  .3449  .1816 -.0312 -.2189 -.3201];
plot(P,T,'+');
title('Training Vectors');
xlabel('Input Vector P');
ylabel('Target Vector T');
```

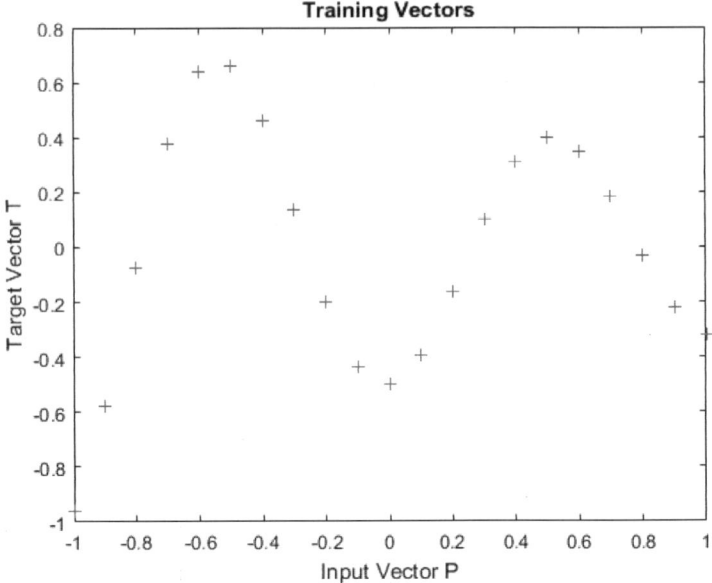

La función NEWRB crea rápidamente una red de base radial que aproxima la función definida por P y T. Además del conjunto de entrenamiento y los objetivos, NEWRB toma dos argumentos, el objetivo de error cuadrático y la constante de dispersión. La dispersión de las neuronas de base radial B se fija en un número muy pequeño.

```
eg = 0.02; % sum-squared error goal
sc = .01;  % spread constant
net = newrb(P,T,eg,sc);
NEWRB, neurons = 0, MSE = 0.176192
```

Para comprobar que la red se ajusta a la función de forma suave, define otro conjunto de vectores de entrada de prueba y simula la red con estas nuevas entradas. Represente los resultados en el mismo gráfico que el conjunto de entrenamiento. Los vectores de prueba revelan que la función se ha ajustado en exceso. La red podría haber funcionado mejor con una constante de dispersión más alta.

```
X = -1:.01:1;
Y = net(X);
hold on;
plot(X,Y);
hold off;
```

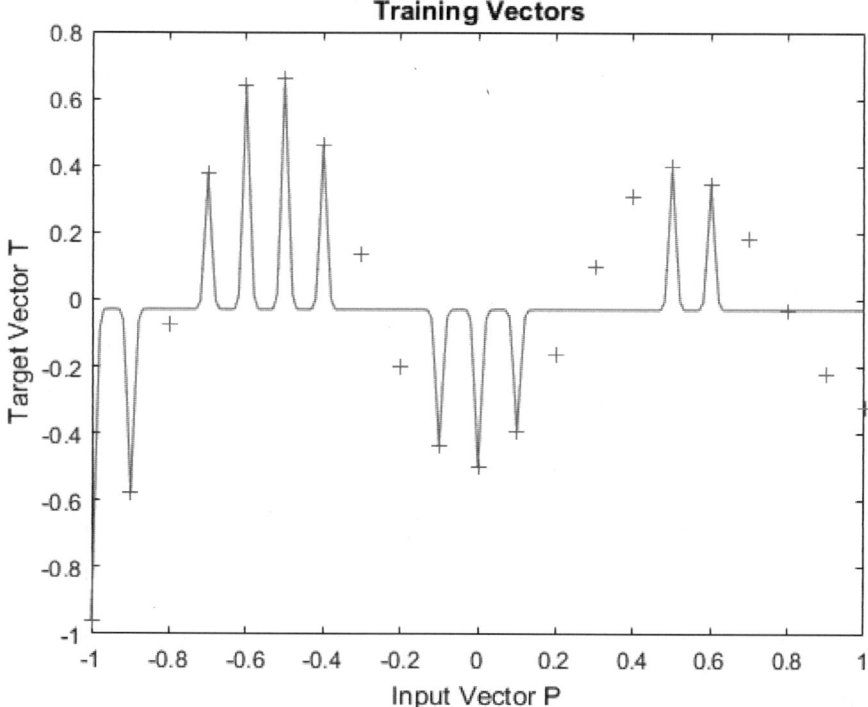

10.4 APROXIMACIÓN DE FUNCIONES GRNN

Este ejemplo utiliza las funciones NEWGRNN y SIM.

Aquí hay ocho puntos de datos de la función y que nos gustaría ajustar. Las entradas X de la función deben dar como resultado salidas T.

```
X = [1 2 3 4 5 6 7 8];
T = [0 1 2 3 2 1 2 1];

plot(X,T,'.','markersize',30)
axis([0 9 -1 4])
title('Function to approximate.')
xlabel('X')
ylabel('T')
```

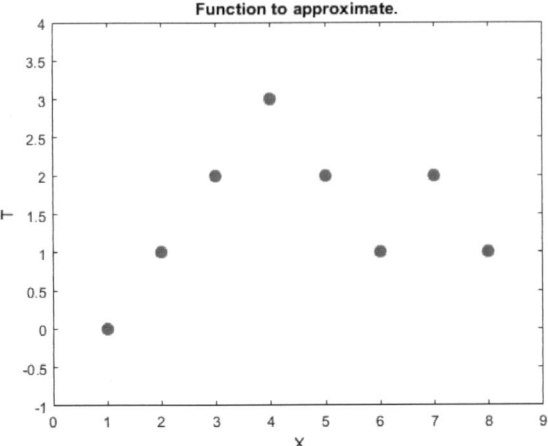

Utilizamos NEWGRNN para crear una red de regresión generalizada y. Utilizamos y SPREAD ligeramente inferior a 1, la distancia entre los valores de entrada, para obtener una función y que se ajuste bastante a los puntos de datos individuales. Una dispersión menor se ajustaría mejor a los datos, pero sería menos suave.

```
spread = 0.7;
net = newgrnn(X,T,spread);
A = net(X);

hold on
outputline = plot(X,A,'.','markersize',30,'color',[1 0 0]);
title('Create and test y network.')
xlabel('X')
ylabel('T and A')
```

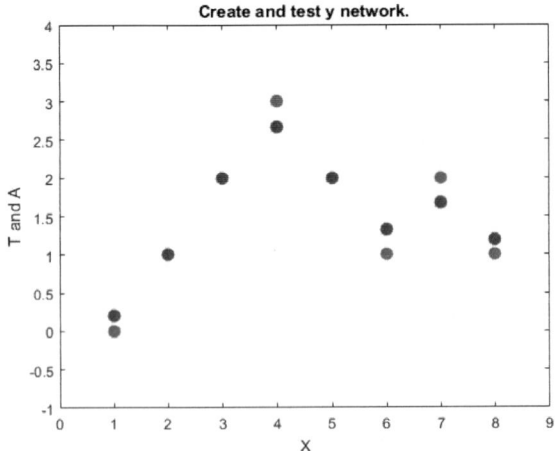

Podemos utilizar la red para aproximar la función a y nuevo valor de entrada.

```
x = 3.5;
y = net(x);
plot(x,y,'.','markersize',30,'color',[1 0 0]);
title('New input value.')
xlabel('X and x')
ylabel('T and y')
```

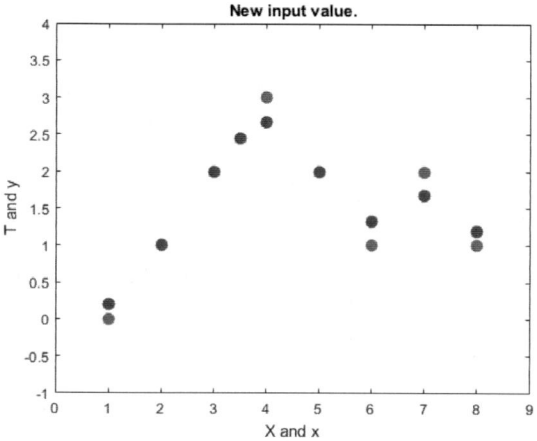

Aquí se simula la respuesta de la red para muchos valores, lo que nos permite ver la función que representa.

```
X2 = 0:.1:9;
Y2 = net(X2);
plot(X2,Y2,'linewidth',4,'color',[1 0 0])
title('Function to approximate.')
xlabel('X and X2')
ylabel('T and Y2')
```

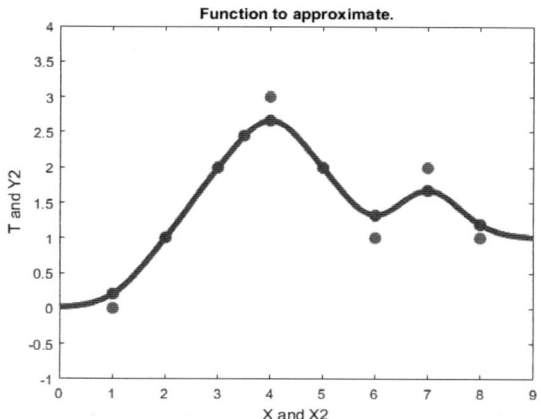

10.5 CLASIFICACIÓN PNN

Este ejemplo utiliza las funciones NEWPNN y SIM.

Aquí tenemos tres vectores de entrada de dos elementos X y sus clases asociadas Tc. Queremos crear una red neuronal probabilística que clasifique correctamente estos vectores.

```
X = [1 2; 2 2; 1 1]';
Tc = [1 2 3];
plot(X(1,:),X(2,:),'.','markersize',30)
for i = 1:3, text(X(1,i)+0.1,X(2,i),sprintf('class %g',Tc(i))), end
axis([0 3 0 3])
title('Three vectors and their classes.')
xlabel('X(1,:)')
ylabel('X(2,:)')
```

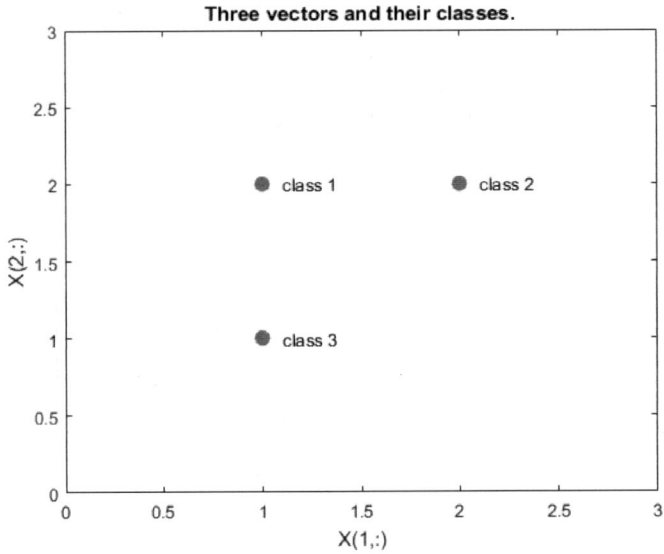

En primer lugar, convertimos los índices de clase objetivo Tc en vectores T. A continuación, diseñamos una red neuronal probabilística con NEWPNN. Utilizamos el valor y SPREAD de 1 porque es la distancia típica entre los vectores de entrada.

```
T = ind2vec(Tc);
spread = 1;
net = newpnn(X,T,spread);
```

Ahora probamos la red con los vectores de entrada de diseño. Para ello, simulamos la red y convertimos sus salidas vectoriales en índices.

```
Y = net(X);
Yc = vec2ind(Y);
plot(X(1,:),X(2,:),'.','markersize',30)
axis([0 3 0 3])
for i = 1:3,text(X(1,i)+0.1,X(2,i),sprintf('class %g',Yc(i))),end
title('Testing the network.')
xlabel('X(1,:)')
ylabel('X(2,:)')
```

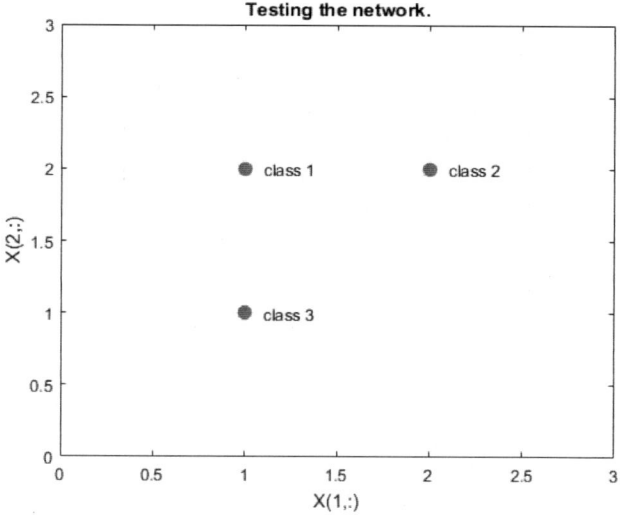

Clasifiquemos y nuevo vector con nuestra red.

```
x = [2; 1.5];
y = net(x);
ac = vec2ind(y);
hold on
plot(x(1),x(2),'.','markersize',30,'color',[1 0 0])
text(x(1)+0.1,x(2),sprintf('class %g',ac))
hold off
title('Classifying y new vector.')
xlabel('X(1,:) and x(1)')
ylabel('X(2,:) and x(2)')
```

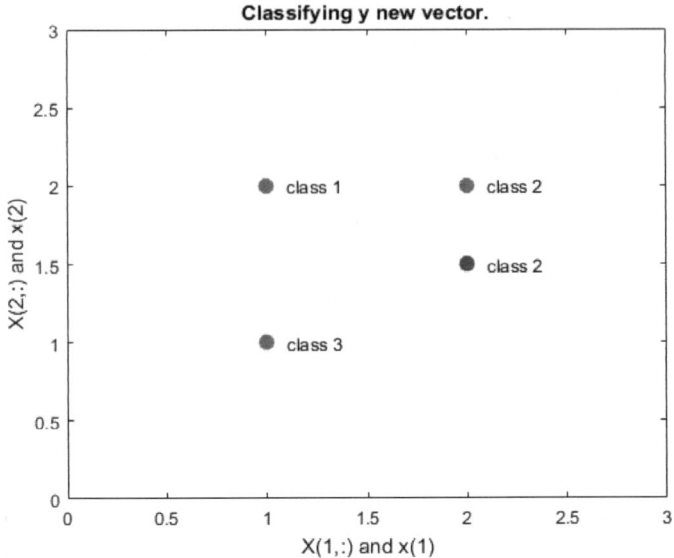

Este diagrama muestra cómo la red neuronal probabilística divide el espacio de entrada en las tres clases.

```
x1 = 0:.05:3;
x2 = x1;
[X1,X2] = meshgrid(x1,x2);
xx = [X1(:) X2(:)]';
yy = net(xx);
yy = full(yy);
m = mesh(X1,X2,reshape(yy(1,:),length(x1),length(x2)));
m.FaceColor = [0 0.5 1];
m.LineStyle = 'none';
hold on
m = mesh(X1,X2,reshape(yy(2,:),length(x1),length(x2)));
m.FaceColor = [0 1.0 0.5];
m.LineStyle = 'none';
m = mesh(X1,X2,reshape(yy(3,:),length(x1),length(x2)));
m.FaceColor = [0.5 0 1];
m.LineStyle = 'none';
plot3(X(1,:),X(2,:),[1 1 1]+0.1,'.','markersize',30)
plot3(x(1),x(2),1.1,'.','markersize',30,'color',[1 0 0])
hold off
view(2)
title('The three classes.')
xlabel('X(1,:) and x(1)')
ylabel('X(2,:) and x(2)')
```

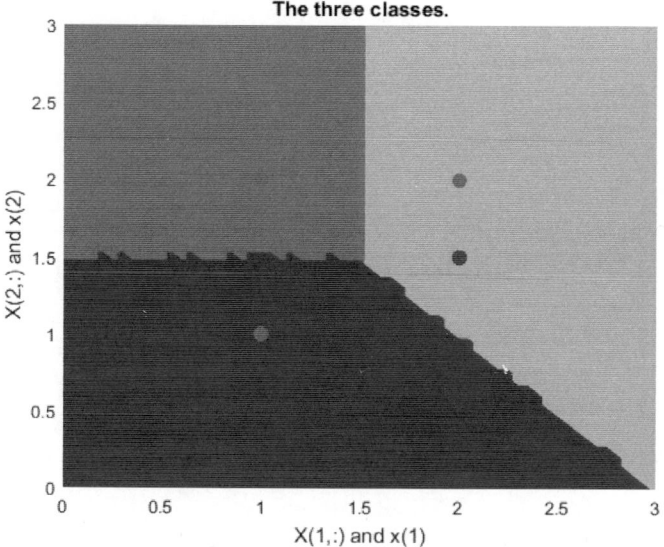

Capítulo 11

APLICACIONES SENCILLAS Y REDES HOLFIELD

11.1 DISEÑO DE PREDICCIÓN LINEAL

Este ejemplo ilustra cómo diseñar una neurona lineal para predecir el siguiente valor de una serie temporal dados los últimos cinco valores.

11.1.1 Definición de una forma de onda

Aquí el tiempo se define de 0 a 5 segundos en pasos de 1/40 de segundo.

```
time = 0:0.025:5;
We can define a signal with respect to time.

signal = sin(time*4*pi);
plot(time,signal)
xlabel('Time');
ylabel('Signal');
title('Signal to be Predicted');
```

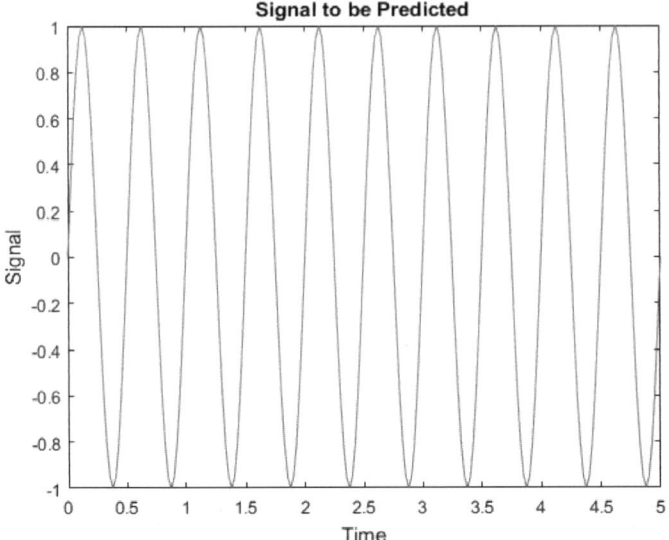

11.1.2 Planteamiento del problema para una red neuronal

La señal convertida se convierte entonces en una matriz de celdas. Las redes neuronales representan los pasos de tiempo como columnas de una matriz de celdas y los distinguen de las distintas muestras en un momento dado, que se representan con columnas de matrices.

```
signal = con2seq(signal);
```

Para plantear el problema utilizaremos los cuatro primeros valores de la señal como estados iniciales de retardo de entrada, y el resto, excepto el último paso, como entradas.

```
Xi = signal(1:4);
X = signal(5:(end-1));
timex = time(5:(end-1));
```

Los objetivos se definen ahora para que coincidan con las entradas, pero desplazados antes un paso de tiempo.

```
T = signal(6:end);
```

11.1.3 Diseño de la capa lineal

La función newlind diseñará ahora una capa lineal con una única neurona que predice el siguiente paso temporal de la señal dados los valores actuales y cuatro pasados.

```
net = newlind(X,T,Xi);
view(net)
```

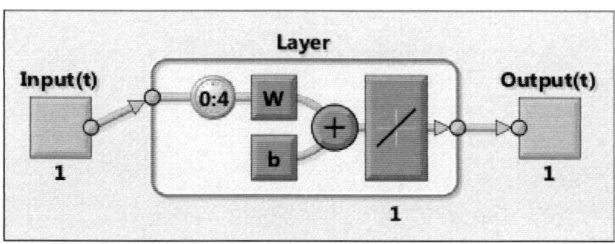

11.1.4 Prueba de la capa lineal

Ahora se puede llamar a la red como una función sobre las entradas y los estados retardados para obtener su respuesta temporal.
```
Y = net(X,Xi);
```

La señal de salida se traza con los objetivos.

```
figure
plot(timex,cell2mat(Y),timex,cell2mat(T),'+')
xlabel('Time');
ylabel('Output -  Target +');
title('Output and Target Signals');
```

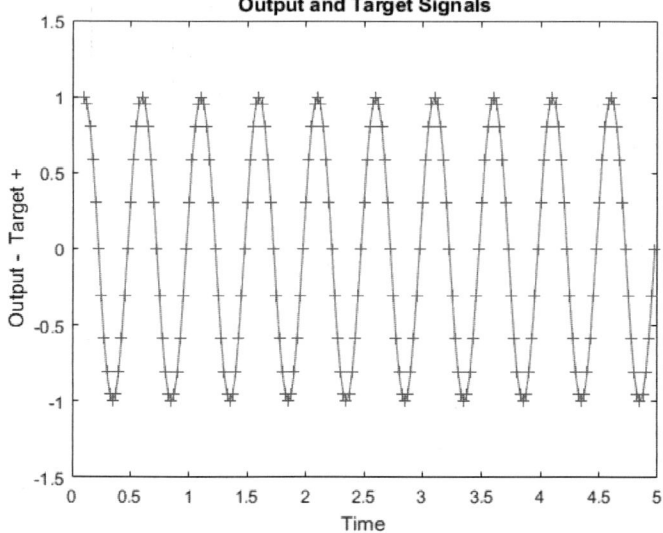

El error también se puede representar gráficamente.

```
figure
E = cell2mat(T)-cell2mat(Y);
plot(timex,E,'r')
hold off
xlabel('Time');
ylabel('Error');
title('Error Signal');
```

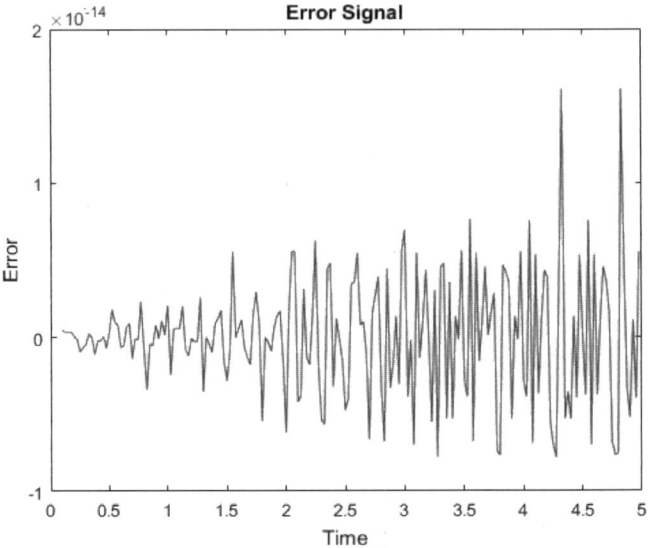

Fíjate en lo pequeño que es el error. Este ejemplo ilustra cómo diseñar una red lineal dinámica capaz de predecir el próximo valor de una señal a partir de los valores actuales y pasados.

11.2 PREDICCIÓN LINEAL ADAPTATIVA

Este ejemplo ilustra cómo una capa lineal adaptativa puede aprender a predecir el siguiente valor de una señal, dados el valor actual y los cuatro últimos valores.

11.2.1 Definición de una forma de onda

Aquí se definen dos segmentos de tiempo de 0 a 6 segundos en pasos de 1/40 de segundo.

```
time1 = 0:0.025:4;       % from 0 to 4 seconds
time2 = 4.025:0.025:6;   % from 4 to 6 seconds
time = [time1 time2];    % from 0 to 6 seconds
```

Se trata de una señal que comienza en una frecuencia y luego pasa a otra.

```
signal = [sin(time1*4*pi) sin(time2*8*pi)];
plot(time,signal)
xlabel('Time');
ylabel('Signal');
title('Signal to be Predicted');
```

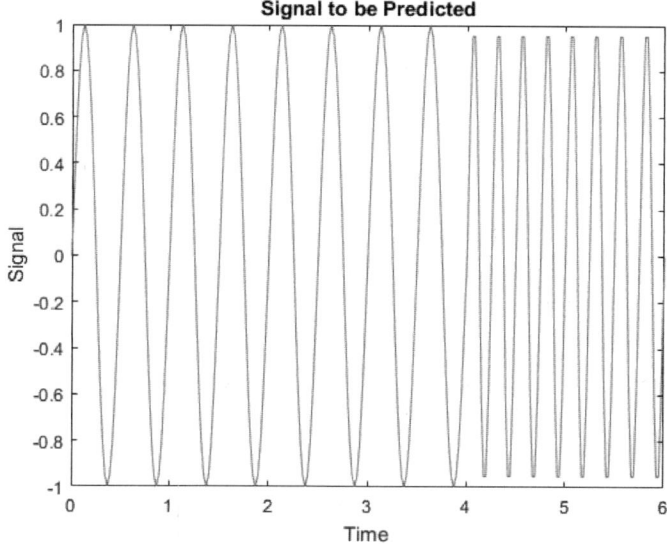

11.2.2 Planteamiento del problema para una red neuronal

La señal convertida se convierte entonces en una matriz de celdas. Las redes neuronales representan los pasos de tiempo como columnas de una matriz de celdas y los distinguen de las distintas muestras en un momento dado, que se representan con columnas de matrices.

```
signal = con2seq(signal);
```

Para plantear el problema utilizaremos los cinco primeros valores de la señal como estados iniciales de retardo de entrada, y el resto para las entradas.

```
Xi = signal(1:5);
X = signal(6:end);
timex = time(6:end);
```

Los objetivos se definen ahora para que coincidan con las entradas. La red debe predecir la entrada actual utilizando únicamente los cinco últimos valores.

```
T = signal(6:end);
```

11.2.3 Creación de la capa lineal

La función **linearlayer** crea una capa lineal con una sola neurona con un retardo de tap de las últimas cinco entradas.

```
net = linearlayer(1:5,0.1);
view(net)
```

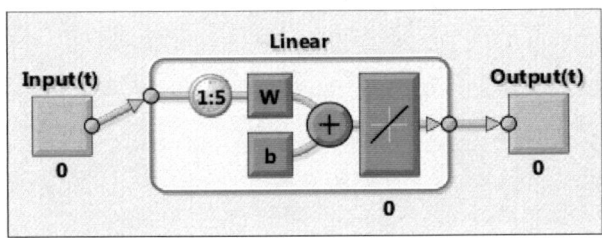

11.2.4 Adaptación de la capa lineal

La función *adapt* simula la red en la entrada, mientras ajusta sus pesos y sesgos después de cada paso de tiempo en respuesta a lo cerca que su salida coincide con el objetivo. Devuelve las redes actualizadas, sus salidas y sus errores.

```
[net,Y] = adapt(net,X,T,Xi);
```

La señal de salida se traza con los objetivos.

```
figure
plot(timex,cell2mat(Y),timex,cell2mat(T),'+')
xlabel('Time');
ylabel('Output -  Target +');
title('Output and Target Signals');
```

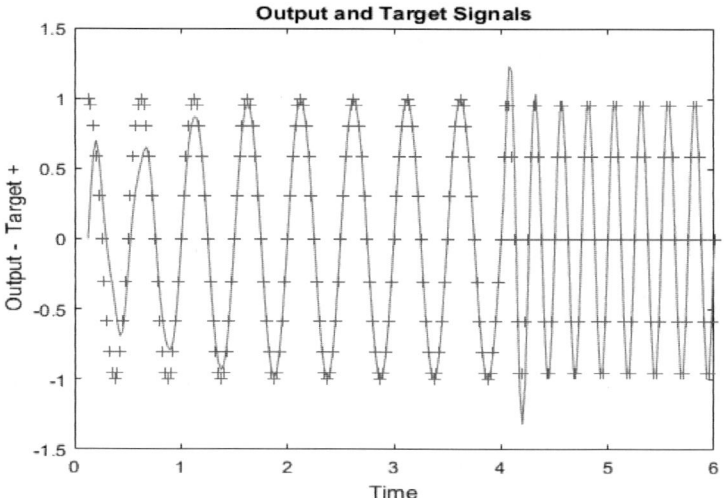

El error también se puede representar gráficamente.

```
figure
E = cell2mat(T)-cell2mat(Y);
plot(timex,E,'r')
hold off
xlabel('Time');
ylabel('Error');
title('Error Signal');
```

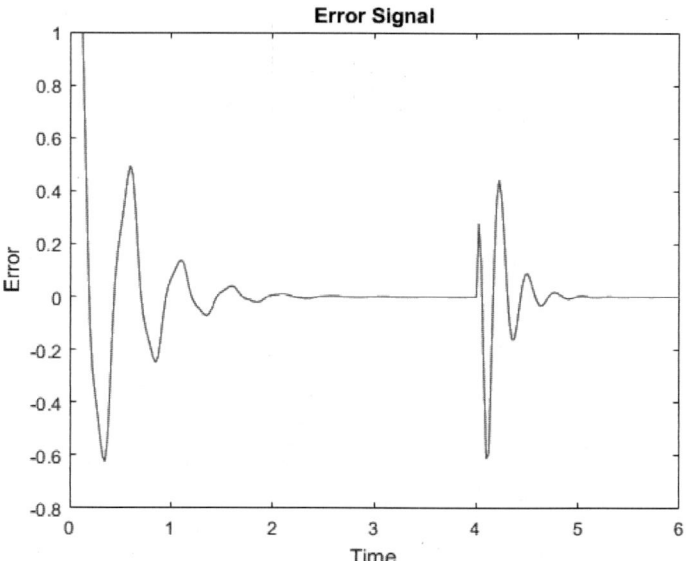

Obsérvese lo pequeño que es el error, salvo en el caso de los errores iniciales, y que la red aprende el comportamiento del sistema al principio y después de la transición del sistema.

Este ejemplo ilustra cómo simular una red lineal adaptativa que puede predecir el próximo valor de una señal a partir de los valores actuales y pasados a pesar de los cambios en el comportamiento de las señales.

11.3 RED HOLPFIELD

Una red de Hopfield es una forma de red neuronal artificial recurrente popularizada por John Hopfield en 1982, pero descrita anteriormente por Little en 1974. Las redes de Hopfield funcionan como sistemas de memoria de contenido direccionable con nodos de umbral binario. Se garantiza que convergen a un mínimo local, pero a veces convergen a un patrón falso (mínimo local erróneo) en lugar del patrón almacenado (mínimo local esperado). Las redes de Hopfield también constituyen un modelo para comprender la memoria humana.

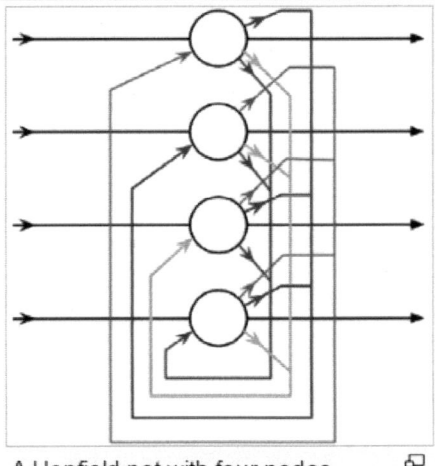

A Hopfield net with four nodes.

La inicialización de las redes de Hopfield se realiza ajustando los valores de las unidades al patrón inicial deseado. A continuación, se realizan actualizaciones repetidas hasta que la red converge a un patrón atractor. En general, la convergencia está asegurada, ya que Hopfield demostró que los atractores de este sistema dinámico no lineal son estables, no periódicos ni caóticos como en otros sistemas. Por lo tanto, en el contexto de las redes de Hopfield, un patrón atractor es un estado final estable, un patrón que no puede cambiar ningún valor dentro de él bajo actualización.

Entrenar una red de Hopfield consiste en reducir la energía de los estados que la red debe "recordar". Esto permite que la red funcione como un sistema de memoria de contenido direccionable, es decir, la red convergerá a un estado "recordado" si se le da sólo una parte del estado. La red puede recuperarse de una entrada distorsionada hasta el estado entrenado más similar a esa entrada. Esto se llama memoria asociativa porque recupera los recuerdos basándose en la similitud. Por ejemplo, si entrenamos una red de Hopfield con cinco unidades para que el estado $(1, 0, 1, 0, 1)$ sea un mínimo energético, y le damos a la red el estado $(1, 0, 0, 0, 1)$ convergerá a $(1, 0, 1, 0, 1)$. Así pues, la red está correctamente entrenada cuando la energía de los estados que la red debe recordar son mínimos locales.

Existen varias reglas de aprendizaje diferentes que pueden utilizarse para almacenar información en la memoria de la Red de Hopfield. Es deseable que una regla de aprendizaje tenga las dos propiedades siguientes:

- *Local*: Una regla de aprendizaje es *local* si cada peso se actualiza utilizando la información disponible para las neuronas a ambos lados de la conexión que está asociada con ese peso en particular.

- *Incremental*: se pueden aprender nuevos patrones sin utilizar la información de los patrones antiguos que también se han utilizado para el entrenamiento. Es decir, cuando se utiliza un nuevo patrón para el entrenamiento, los nuevos valores de los pesos sólo dependen de los valores antiguos y del nuevo patrón.

Estas propiedades son deseables, ya que una regla de aprendizaje que las satisfaga es más plausible desde el punto de vista biológico. Por ejemplo, dado que el cerebro humano siempre está aprendiendo nuevos conceptos, se puede razonar que el aprendizaje humano es incremental. Un sistema de aprendizaje que no fuera incremental se entrenaría generalmente una sola vez, con un enorme lote de datos de entrenamiento.

La capacidad de red del modelo de red Hopfield viene determinada por la cantidad de neuronas y conexiones dentro de una red determinada. Por lo tanto, el número de memorias que se pueden almacenar depende de las neuronas y las conexiones. Además, se demostró que la precisión de recuerdo entre vectores y nodos era de 0,138 (se pueden recordar aproximadamente 138 vectores almacenados por cada 1000 nodos) (Hertz et al., 1991). Por lo tanto, es evidente que se producirán muchos errores si se intenta almacenar un gran número de vectores. Cuando el modelo de Hopfield no recuerda el patrón correcto, es posible que se haya producido una intrusión, ya que los elementos semánticamente relacionados tienden a confundir al individuo y se produce el recuerdo del patrón equivocado. Por lo tanto, el modelo de red Hopfield confunde un elemento almacenado con otro al recuperarlo. Los recuerdos perfectos y la alta capacidad, >0,14, pueden cargarse en la red mediante el método de aprendizaje Hebbian.

El modelo Hopfield tiene en cuenta la memoria asociativa mediante la incorporación de vectores de memoria. Los vectores de memoria pueden utilizarse ligeramente, lo que provocaría la recuperación del vector más similar de la red. Sin embargo, descubriremos que debido a este proceso pueden producirse intrusiones. En la memoria asociativa de la red Hopfield, existen dos tipos de operaciones: la autoasociación y la heteroasociación. La primera es cuando un vector se asocia consigo mismo, y la segunda es cuando dos vectores diferentes se asocian en el almacenamiento. Además, ambos tipos de operaciones son posibles de almacenar dentro de una misma matriz de memoria, pero sólo si esa matriz de representación dada no es una u otra de las operaciones, sino la combinación (auto-asociativa y hetero-asociativa) de las dos. Es importante señalar que el modelo de red de Hopfield utiliza la misma regla de aprendizaje que la regla de aprendizaje de Hebb (1949), que básicamente trató de demostrar que el aprendizaje se produce como resultado del fortalecimiento de los pesos por cuando se produce actividad.

Rizzuto y Kahana (2001) lograron demostrar que el modelo de red neuronal puede dar cuenta de la repetición en la precisión de la recuperación incorporando un algoritmo de aprendizaje probabilístico. Durante el proceso de recuperación, no se produce ningún aprendizaje. Como resultado, los pesos de la red permanecen fijos, lo que demuestra que el modelo es capaz de pasar de una fase de aprendizaje a una fase de recuperación. Al añadir la deriva contextual, somos capaces de mostrar el rápido olvido que se produce en un modelo de Hopfield durante una tarea de recuerdo. Toda la red contribuye al cambio en la activación de cualquier nodo.

La regla dinámica de McCullough y Pitts (1943), que describe el comportamiento de las neuronas, lo hace de forma que muestra cómo las activaciones de múltiples neuronas se mapean en la activación de la frecuencia de disparo de una nueva neurona, y cómo los pesos de las neuronas refuerzan las conexiones sinápticas entre la nueva neurona activada (y las que la activaron). Hopfield utilizaría la regla dinámica de McCullough-Pitts para mostrar cómo es posible la recuperación en la red Hopfield. Sin embargo, es importante señalar que Hopfield lo haría de forma repetitiva. Hopfield utilizaría una función de activación no lineal, en lugar de utilizar una función lineal. De este modo, se crearía la regla dinámica de Hopfield y, con ella, Hopfield pudo demostrar que con la función de activación no lineal, la regla dinámica siempre modificará los valores del vector de estado en la dirección de uno de los patrones almacenados.

11.4 DISEÑO DE DOS NEURONAS HOPFIELD

Se diseña una red Hopfield formada por dos neuronas con dos puntos de equilibrio estables y se simula utilizando las funciones anteriores.

Queremos obtener una red Hopfield que tenga los dos puntos estables definidos por los dos vectores objetivo (columna) en T.

```
T = [+1 -1; ...
        -1 +1];
```

Este es un gráfico en el que los puntos estables se muestran en las esquinas. Todos los estados posibles de la red Hopfield de 2 neuronas se encuentran dentro de los límites del gráfico.

```
plot(T(1,:),T(2,:),'r*')
axis([-1.1 1.1 -1.1 1.1])
title('Hopfield Network State Space')
xlabel('a(1)');
ylabel('a(2)');
```

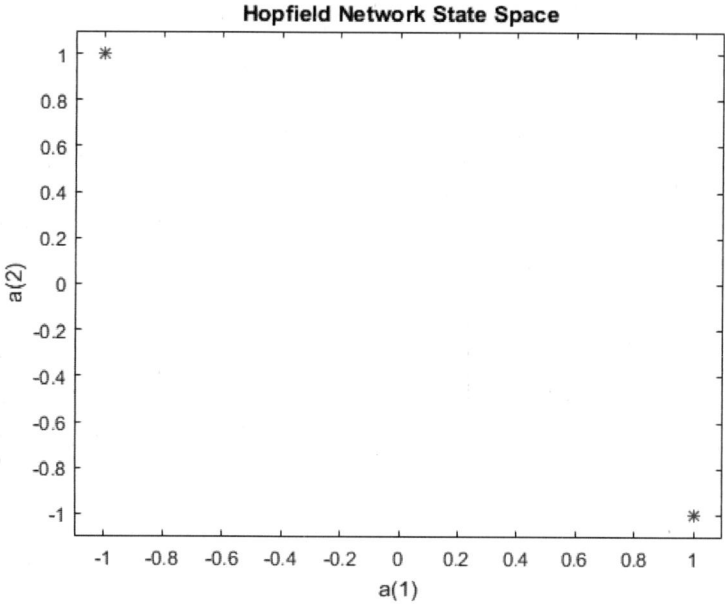

La función NEWHOP crea redes de Hopfield dados los puntos estables T.

```
net = newhop(T);
```

Primero comprobamos que los vectores objetivo son estables. Para ello, le damos los vectores objetivo a la red de Hopfield. Debería devolver los dos objetivos sin cambios, y así es.

```
[Y,Pf,Af] = net([],[],T);
Y
Y =


    1    -1
   -1     1
```

Aquí definimos un punto de partida aleatorio y simulamos la red Hopfield durante 20 pasos. Debe alcanzar uno de sus puntos estables.

```
a = {rands(2,1)};
[y,Pf,Af] = net({20},{},a);
```

Podemos hacer un gráfico de la actividad de las redes de Hopfield.

Con toda seguridad, la red termina en las esquinas superior izquierda o inferior derecha de la parcela.

```
record = [cell2mat(a) cell2mat(y)];
start = cell2mat(a);
hold on
plot(start(1,1),start(2,1),'bx',record(1,:),record(2,:))
```

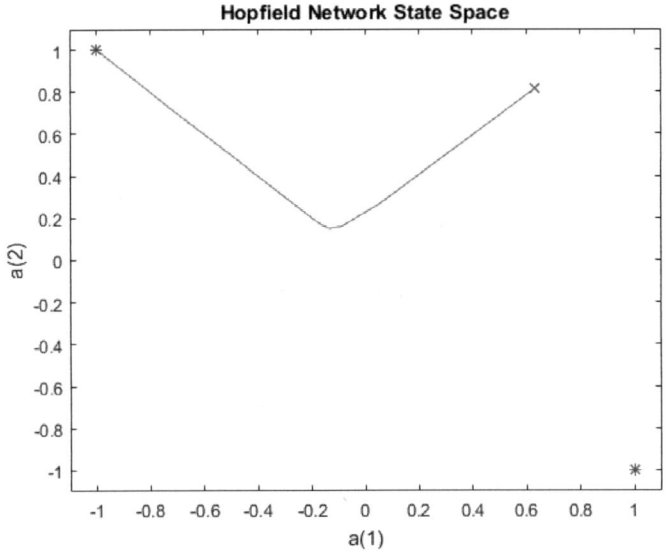

Repetimos la simulación para 25 condiciones iniciales más.

Obsérvese que si la red de Hopfield empieza más cerca de la parte superior izquierda, irá hacia la parte superior izquierda, y viceversa. Esta capacidad de encontrar la memoria más cercana a una entrada inicial es lo que hace útil a la red de Hopfield.

```
color = 'rgbmy';
for i=1:25
    a = {rands(2,1)};
    [y,Pf,Af] = net({20},{},a);
    record=[cell2mat(a) cell2mat(y)];
    start=cell2mat(a);

plot(start(1,1),start(2,1),'kx',record(1,:),record(2,:),color(rem(i
,5)+1))
end
```

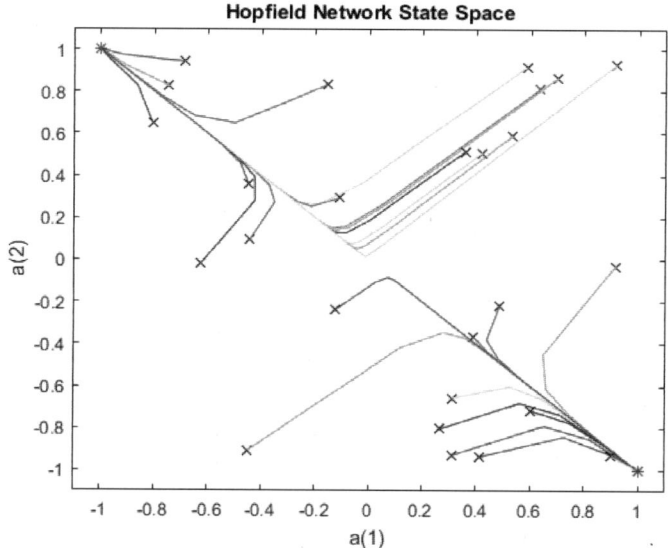

11.5 EQUILIBRIOS INESTABLES DE HOPFIELD

Una red Hopfield se diseña con puntos estables objetivo. Sin embargo, aunque NEWHOP encuentra una solución con el mínimo número de puntos estables no especificados, éstos aparecen con frecuencia. Se demuestra que la red Hopfield diseñada aquí tiene un punto de equilibrio no deseado. Sin embargo, estos puntos son inestables en el sentido de que cualquier ruido en el sistema desplazará la red fuera de ellos.

Queremos obtener una red Hopfield que tenga los dos puntos estables definidos por los dos vectores objetivo (columna) en T.

```
T = [+1 -1; ...
     -1 +1];
```

Este es un gráfico en el que los puntos estables se muestran en las esquinas. Todos los estados posibles de la red Hopfield de 2 neuronas se encuentran dentro de los límites del gráfico.

```
plot(T(1,:),T(2,:),'r*')
axis([-1.1 1.1 -1.1 1.1])
title('Hopfield Network State Space')
xlabel('a(1)');
ylabel('a(2)');
```

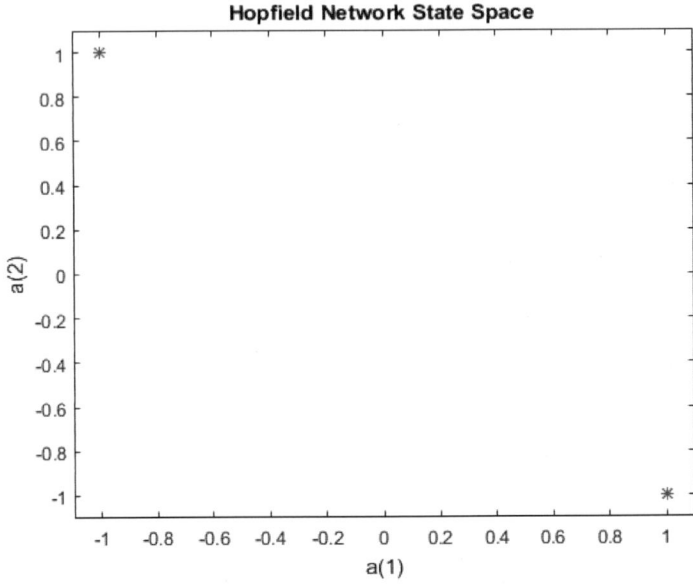

La función NEWHOP crea redes de Hopfield dados los puntos estables T.

```
net = newhop(T);
```

Aquí definimos un punto de partida aleatorio y simulamos la red Hopfield durante 50 pasos. Debe alcanzar uno de sus puntos estables.

```
a = {rands(2,1)};
[y,Pf,Af] = net({1 50},{},a);
```

Podemos hacer un gráfico de la actividad de las redes de Hopfield.

Con toda seguridad, la red termina en las esquinas superior izquierda o inferior derecha de la parcela.

```
record = [cell2mat(a) cell2mat(y)];
start = cell2mat(a);
hold on
plot(start(1,1),start(2,1),'bx',record(1,:),record(2,:))
```

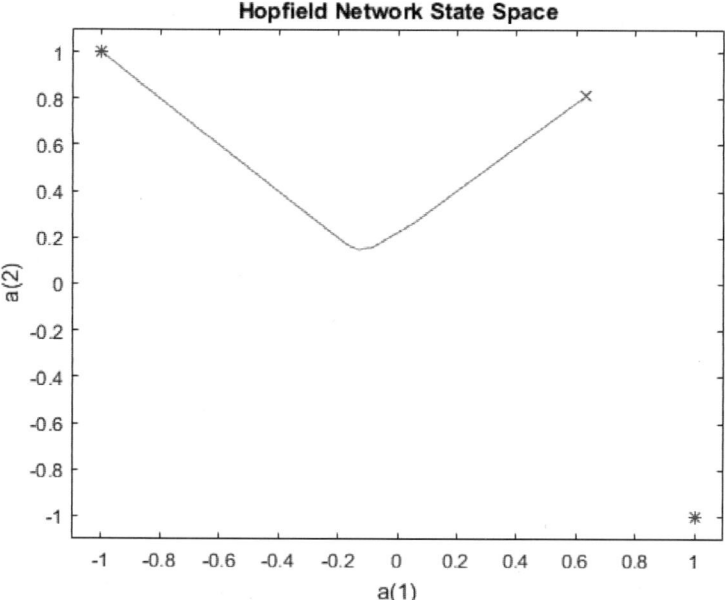

Desgraciadamente, la red tiene puntos estables no deseados en lugares distintos de las esquinas. Podemos ver esto cuando simulamos el Hopfield para los cinco pesos iniciales, P.

Estos puntos se encuentran exactamente entre los dos puntos estables deseados. El resultado es que todos ellos se desplazan al centro del espacio de estados, donde existe un punto estable no deseado.

```
plot(0,0,'ko');
P = [-1.0 -0.5 0.0 +0.5 +1.0;
     -1.0 -0.5 0.0 +0.5 +1.0];
color = 'rgbmy';
for i=1:5
    a = {P(:,i)};
    [y,Pf,Af] = net({1 50},{},a);
    record=[cell2mat(a) cell2mat(y)];
    start = cell2mat(a);

plot(start(1,1),start(2,1),'kx',record(1,:),record(2,:),color(rem(i
,5)+1))
    drawnow
end
```

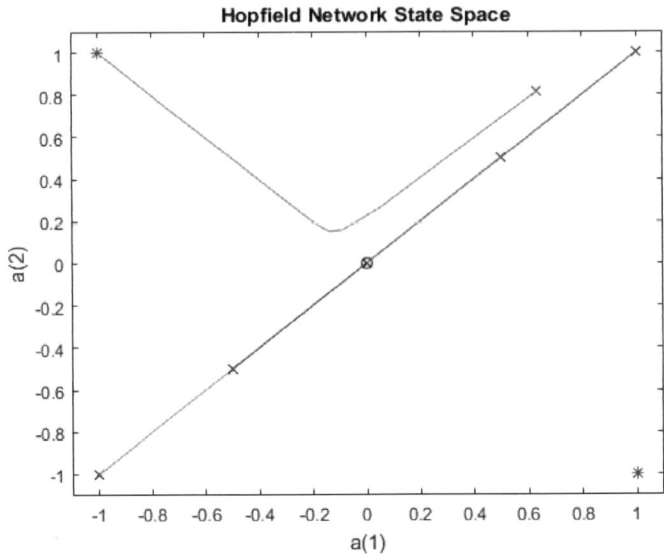

11.6 DISEÑO HOPFIELD DE TRES NEURONAS

Se diseña una red Hopfield con puntos estables objetivo. Se estudia el comportamiento de la red Hopfield para distintas condiciones iniciales.

Queremos obtener una red Hopfield que tenga los dos puntos estables definidos por los dos vectores objetivo (columna) en T.

```
T = [+1 +1; ...
     -1 +1; ...
     -1 -1];
```

Este es un gráfico en el que los puntos estables se muestran en las esquinas. Todos los estados posibles de la red Hopfield de 2 neuronas se encuentran dentro de los límites del gráfico.

```
axis([-1 1 -1 1 -1 1])
gca.box = 'on';
axis manual;
hold on;
plot3(T(1,:),T(2,:),T(3,:),'r*')
title('Hopfield Network State Space')
xlabel('a(1)');
ylabel('a(2)');
zlabel('a(3)');
view([37.5 30]);
```

Hopfield Network State Space

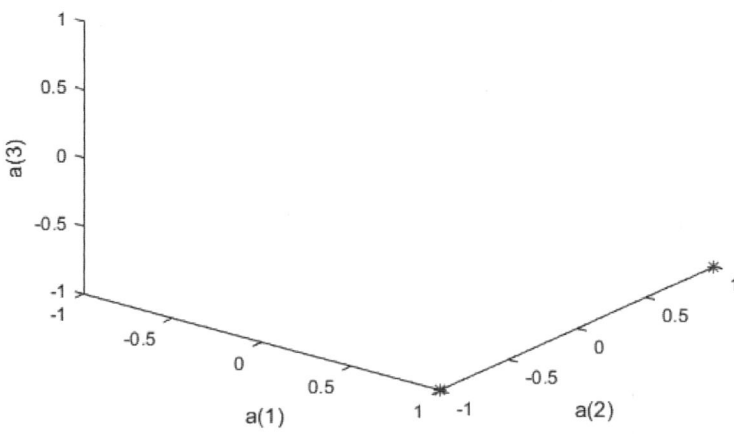

La función NEWHOP crea redes de Hopfield dados los puntos estables T.

```
net = newhop(T);
```

Aquí definimos un punto de partida aleatorio y simulamos la red Hopfield durante 50 pasos. Debe alcanzar uno de sus puntos estables.

```
a = {rands(3,1)};
[y,Pf,Af] = net({1 10},{},a);
```

Podemos hacer un gráfico de la actividad de las redes de Hopfield.

Efectivamente, la red termina en un punto estable diseñado en la esquina.

```
record = [cell2mat(a) cell2mat(y)];
start = cell2mat(a);
hold on
plot3(start(1,1),start(2,1),start(3,1),'bx', ...
    record(1,:),record(2,:),record(3,:))
```

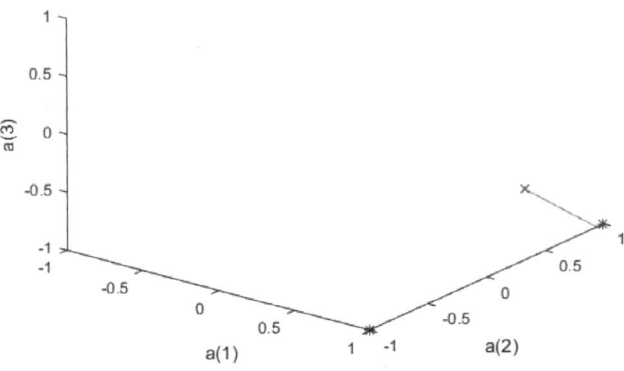

Repetimos la simulación para otras 25 condiciones iniciales generadas aleatoriamente.

```
color = 'rgbmy';
for i = 1:25
    a = {rands(3,1)};
    [y,Pf,Af] = net({1 10},{},a);
    record = [cell2mat(a) cell2mat(y)];
    start = cell2mat(a);
    plot3(start(1,1),start(2,1),start(3,1),'kx', ...
        record(1,:),record(2,:),record(3,:),color(rem(i,5)+1))
end
```

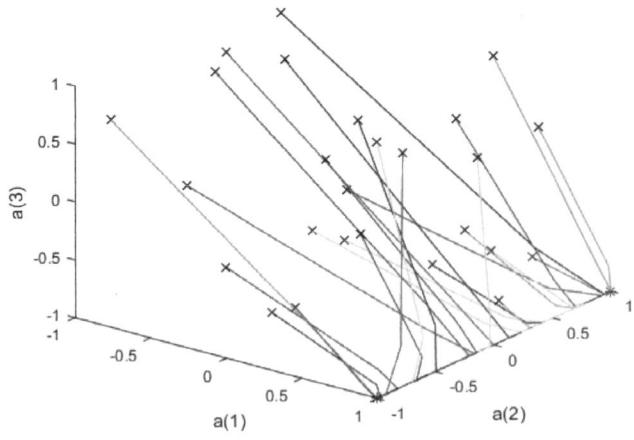

Ahora simulamos el Hopfield para las siguientes condiciones iniciales, cada una un vector columna de P.

Estos puntos se encontraban exactamente entre los dos puntos estables deseados. El resultado es que todos ellos se desplazan al centro del espacio de estados, donde existe un punto estable no deseado.

```
P = [ 1.0   -1.0   -0.5   1.00   1.00   0.0; ...
      0.0    0.0    0.0   0.00   0.00  -0.0; ...
     -1.0    1.0    0.5  -1.01  -1.00   0.0];
cla
plot3(T(1,:),T(2,:),T(3,:),'r*')
color = 'rgbmy';
for i = 1:6
   a = {P(:,i)};
   [y,Pf,Af] = net({1 10},{},a);
   record = [cell2mat(a) cell2mat(y)];
   start = cell2mat(a);
   plot3(start(1,1),start(2,1),start(3,1),'kx', ...
      record(1,:),record(2,:),record(3,:),color(rem(i,5)+1))
end
```

Hopfield Network State Space

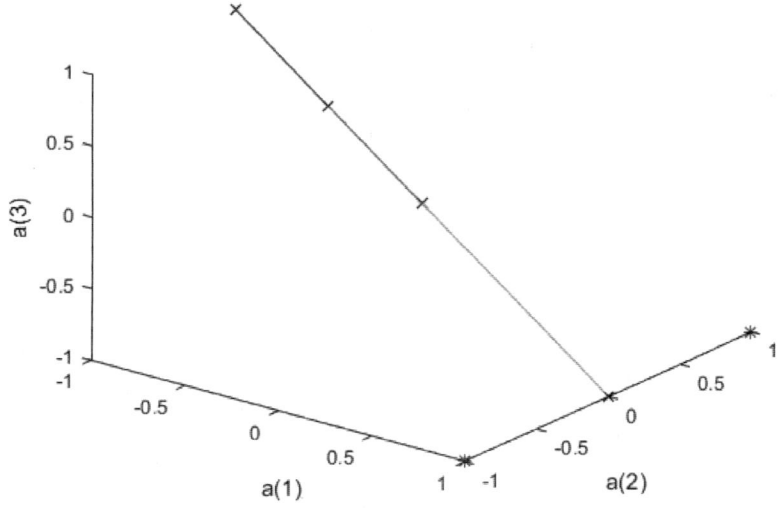

11.7 PUNTOS ESTABLES ESPURIOS DE HOPFIELD

Una red Hopfield con cinco neuronas está diseñada para tener cuatro equilibrios estables. Sin embargo, inevitablemente, tiene otros equilibrios no deseados.

Queremos obtener una red Hopfield que tenga los cuatro puntos estables definidos por los dos vectores objetivo (columna) en T.

```
T = [+1 +1 -1 +1; ...
     -1 +1 +1 -1; ...
     -1 -1 -1 +1; ...
     +1 +1 +1 +1; ...
     -1 -1 +1 +1];
```

La función NEWHOP crea redes de Hopfield dados los puntos estables T.

```
net = newhop(T);
```

Aquí definimos 4 puntos de partida aleatorios y simulamos la red Hopfield durante 50 pasos.

Algunas condiciones iniciales conducirán a puntos estables deseados. Otras conducirán a puntos estables no deseados.

```
P = {rands(5,4)};
[Y,Pf,Af] = net({4 50},{},P);
Y{end}
ans =

      1    -1     1     1
      1    -1     1    -1
     -1    -1     1     1
      1     1     1     1
     -1     1     1     1
```

Capítulo 12

PERCEPTRONES

12.1 PERCEPTRÓN

En aprendizaje automático, perceptrón es un algoritmo para el aprendizaje supervisado de clasificadores binarios (funciones que pueden decidir si una entrada, representada por un vector de números, pertenece o no a alguna clase específica).[1] Es un tipo de clasificador lineal, es decir, un algoritmo de clasificación que realiza sus predicciones basándose en una función de predicción lineal que combina un conjunto de pesos con el vector de características. El algoritmo permite el aprendizaje en línea, ya que procesa los elementos del conjunto de entrenamiento de uno en uno.

El algoritmo del perceptrón se remonta a finales de la década de 1950; su primera implementación, en hardware personalizado, fue una de las primeras redes neuronales artificiales que se fabricaron.

El algoritmo del perceptrón fue inventado en 1957 en el Laboratorio Aeronáutico de Cornell por Frank Rosenblatt, financiado por la Oficina de Investigación Naval de Estados Unidos.[El perceptrón se concibió como una máquina, no como un programa, y aunque su primera implementación fue en software para el IBM 704, posteriormente se implementó en hardware a medida como el "perceptrón Mark 1". Esta máquina se diseñó para el reconocimiento de imágenes: tenía una matriz de 400 fotocélulas, conectadas aleatoriamente a las "neuronas". Las ponderaciones se codificaban en potenciómetros, y las actualizaciones de las ponderaciones durante el aprendizaje se realizaban mediante motores eléctricos.

En una rueda de prensa organizada en 1958 por la Marina estadounidense, Rosenblatt hizo unas declaraciones sobre el perceptrón que provocaron una acalorada polémica entre la incipiente comunidad de la IA; basándose en las declaraciones de Rosenblatt, The New York Times informó de que el perceptrón era "el embrión de un ordenador electrónico que [la Marina] espera que sea capaz de andar, hablar, ver, escribir, reproducirse y ser consciente de su existencia".

Aunque en un principio el perceptrón parecía prometedor, pronto se demostró que los perceptrones no podían entrenarse para reconocer muchas clases de patrones. Esto hizo que el campo de la investigación en redes neuronales se estancara durante muchos años, antes de que se reconociera que una red neuronal con dos o más capas (también llamada perceptrón multicapa) tenía una capacidad de procesamiento mucho mayor que los perceptrones de una sola capa (también llamados perceptrones monocapa). Los perceptrones monocapa sólo son capaces de aprender patrones linealmente separables; en 1969, un famoso libro titulado Perceptrones, de Marvin Minsky y Seymour Papert, demostró que era imposible que estas clases de redes aprendieran una función XOR. A menudo se cree que también conjeturaron (incorrectamente) que un resultado similar sería válido para una red perceptrón multicapa. Sin embargo, esto no es cierto, ya que tanto Minsky como Papert ya sabían que los perceptrones multicapa eran capaces de producir una función XOR. (Véase la página sobre Perceptrones (libro) para más información). Tres años más tarde, Stephen Grossberg publicó una serie de artículos en los que presentaba redes capaces de modelar funciones diferenciales, de contraste y XOR. (Los trabajos se publicaron en 1972 y 1973, véase por ejemplo:*Grossberg (1973)*. "Contour enhancement, short-term memory, and constancies in reverberating neural networks" *(PDF). Estudios de Matemática Aplicada. 52: 213-257.*). No obstante, el texto de Minsky/Papert, a menudo citado, provocó un descenso significativo del interés y la financiación de la investigación en redes neuronales. Pasaron diez años más hasta que la investigación sobre redes neuronales experimentó un resurgimiento en la década de 1980. Este texto se reimprimió en 1987 como "Perceptrons - Expanded Edition", donde se muestran y corrigen algunos errores del texto original.

El algoritmo de perceptrón de núcleo ya fue introducido en 1964 por Aizerman et al. Se dieron garantías de límites de margen para el algoritmo de perceptrón en el caso general no separable primero por Freund y Schapire (1998), y más recientemente por Mohri y Rostamizadeh (2013) que amplían los resultados anteriores y dan nuevos límites L1.

El perceptrón es un clasificador lineal, por lo que nunca llegará al estado con todos los vectores de entrada clasificados correctamente si el conjunto de entrenamiento D no es linealmente separable, es decir, si los ejemplos positivos no pueden separarse de los negativos mediante un hiperplano. En este caso, el algoritmo de aprendizaje estándar no se aproximará gradualmente a una solución "aproximada", sino que el aprendizaje fracasará por completo. Por lo tanto, si no se conoce a priori la separabilidad lineal del conjunto de entrenamiento, deberá utilizarse una de las variantes de entrenamiento que se indican a continuación.

Pero si el conjunto de entrenamiento es linealmente separable, se garantiza la convergencia del perceptrón, y existe un límite superior en el número de veces que el perceptrón ajustará sus pesos durante el entrenamiento.

Aunque está garantizado que el algoritmo del perceptrón converge en alguna solución en el caso de un conjunto de entrenamiento linealmente separable, puede elegir cualquier solución y los problemas pueden admitir muchas soluciones de calidad variable. El perceptrón de estabilidad óptima, hoy más conocido como máquina lineal de vectores soporte, se diseñó para resolver este problema.

12.2 CLASIFICACIÓN CON UN PERCEPTRÓN DE 2 ENTRADAS

Se entrena una neurona de límite duro de 2 entradas para clasificar 5 vectores de entrada en dos categorías.

Cada uno de los cinco vectores columna de X define un vector de entrada de 2 elementos y un vector fila T define las categorías objetivo del vector. Podemos trazar estos vectores con PLOTPV.

```
X = [ -0.5 -0.5 +0.3 -0.1;  ...
        -0.5 +0.5 -0.5 +1.0];
T = [1 1 0 0];
plotpv(X,T);
```

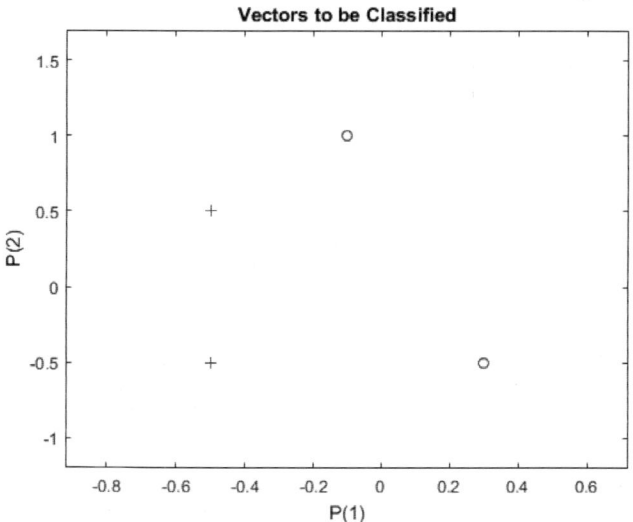

El perceptrón debe clasificar correctamente los 5 vectores de entrada en X en las dos categorías definidas por T. Los perceptrones tienen neuronas HARDLIM. Estas neuronas son capaces de separar un espacio de entrada con una línea recta en dos categorías (0 y 1).

Aquí PERCEPTRON crea una nueva red neuronal con una sola neurona. A continuación, la red se configura según los datos, para que podamos examinar sus valores iniciales de peso y sesgo. (Normalmente el paso de configuración puede saltarse, ya que lo hace automáticamente ADAPT o TRAIN).

```
net = perceptron;
net = configure(net,X,T);
```

Los vectores de entrada se vuelven a trazar con el intento inicial de clasificación de la neurona.

Los pesos iniciales son cero, por lo que cualquier entrada da la misma salida y la línea de clasificación ni siquiera aparece en el gráfico. No temas... ¡vamos a entrenarlo!

```
plotpv(X,T);
plotpc(net.IW{1},net.b{1});
```

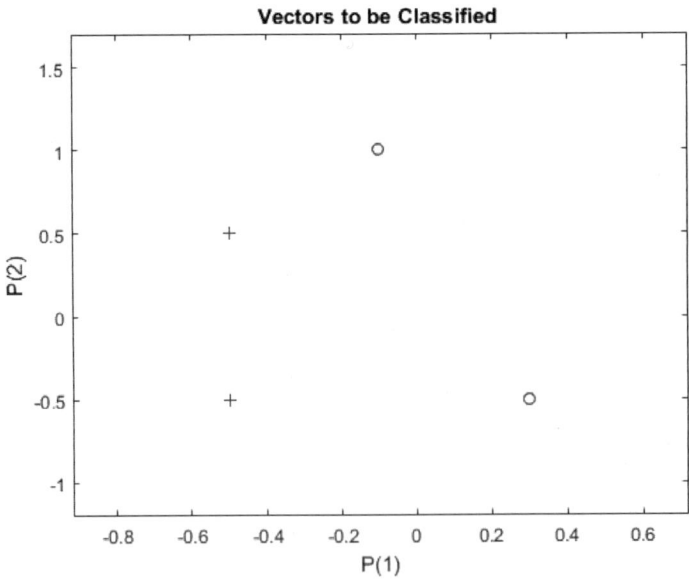

Aquí los datos de entrada y de destino se convierten en datos secuenciales (matriz de celdas donde cada columna indica un paso de tiempo) y se copian tres veces para formar las series XX y TT.

ADAPT actualiza la red para cada paso temporal de la serie y devuelve un nuevo objeto de red que funciona como un mejor clasificador.

```
XX = repmat(con2seq(X),1,3);
TT = repmat(con2seq(T),1,3);
net = adapt(net,XX,TT);
plotpc(net.IW{1},net.b{1});
```

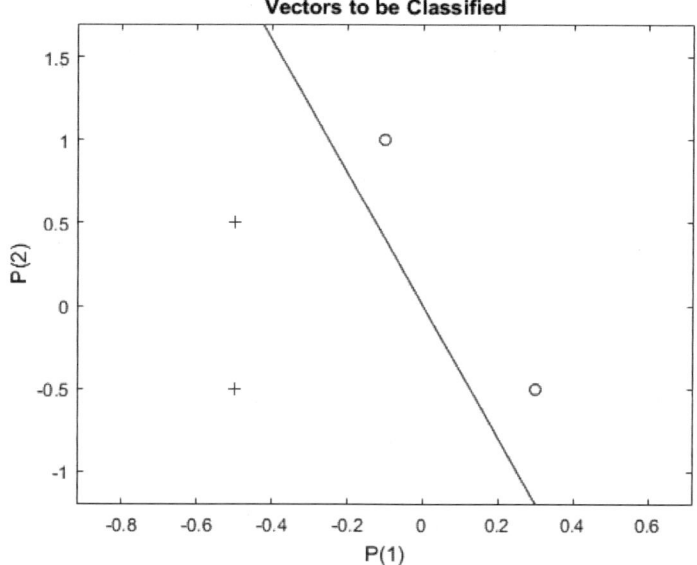

Ahora SIM se utiliza para clasificar cualquier otro vector de entrada, como [0,7; 1,2]. Un gráfico de este nuevo punto con el conjunto de entrenamiento original muestra el rendimiento de la red. Para distinguirlo del conjunto de entrenamiento, lo coloreamos en rojo.

```
x = [0.7; 1.2];
y = net(x);
plotpv(x,y);
point = findobj(gca,'type','line');
point.Color = 'red';
```

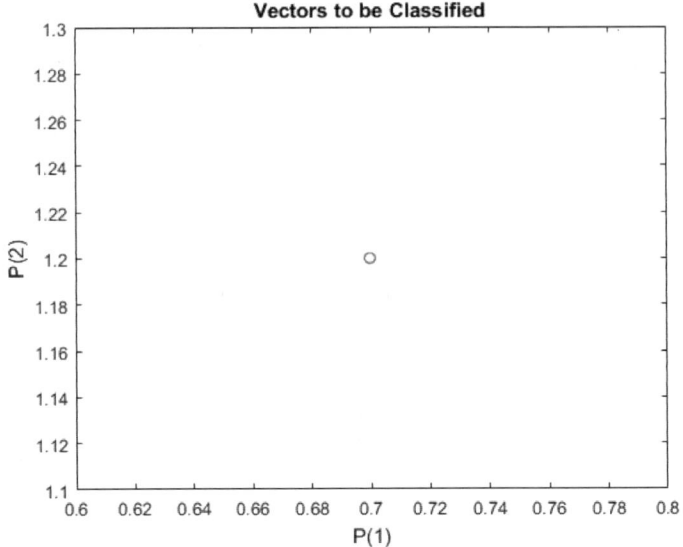

Encienda "hold" para que no se borre el trazado anterior y trace el conjunto de entrenamiento y la línea de clasificación.

El perceptrón clasificó correctamente nuestro nuevo punto (en rojo) como categoría "cero" (representado por un círculo) y no como "uno" (representado por un signo más).

```
hold on;
plotpv(X,T);
plotpc(net.IW{1},net.b{1});
hold off;
```

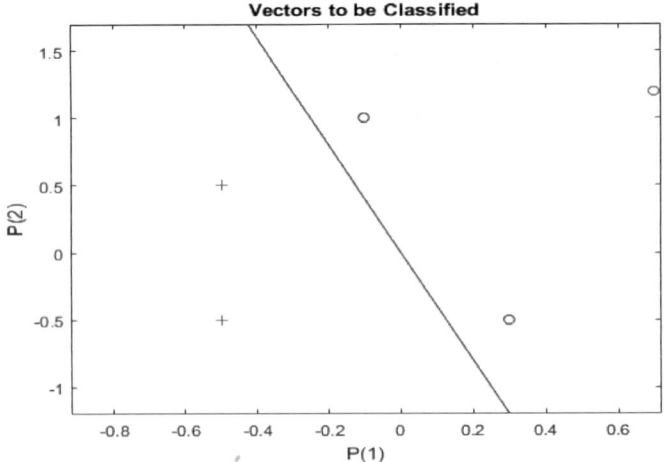

12.3 VECTORES DE ENTRADA DE VALORES ATÍPICOS

Se entrena una neurona de límite duro de 2 entradas para clasificar 5 vectores de entrada en dos categorías. Sin embargo, como 1 vector de entrada es mucho mayor que todos los demás, el entrenamiento lleva mucho tiempo.

Cada uno de los cinco vectores columna de X define un vector de entrada de 2 elementos, y un vector fila T define las categorías objetivo del vector. Trace estos vectores con PLOTPV.

```
X = [-0.5 -0.5 +0.3 -0.1 -40; -0.5 +0.5 -0.5 +1.0 50];
T = [1 1 0 0 1];
plotpv(X,T);
```

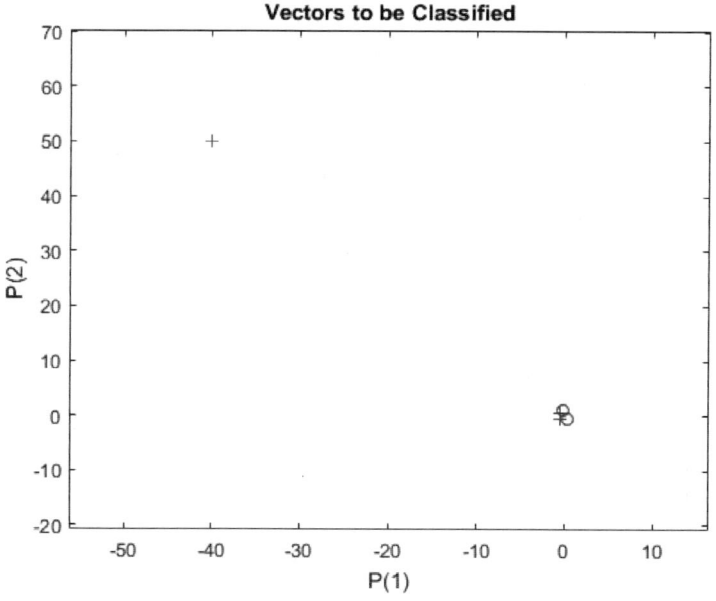

Observe que 4 vectores de entrada tienen magnitudes mucho menores que el quinto vector en la parte superior izquierda del gráfico. El perceptrón debe clasificar correctamente los 5 vectores de entrada en X en las dos categorías definidas por T.

PERCEPTRON crea una nueva red que se configura con los datos de entrada y de destino, lo que da lugar a los valores iniciales de sus pesos y sesgo. (La configuración no suele ser necesaria, ya que ADAPT y TRAIN la realizan automáticamente).

```
net = perceptron;
net = configure(net,X,T);
```

Añade el intento inicial de clasificación de la neurona al gráfico.

Los pesos iniciales son cero, por lo que cualquier entrada da la misma salida y la línea de clasificación ni siquiera aparece en el gráfico. No temas... ¡vamos a entrenarlo!

```
hold on
linehandle = plotpc(net.IW{1},net.b{1});
```

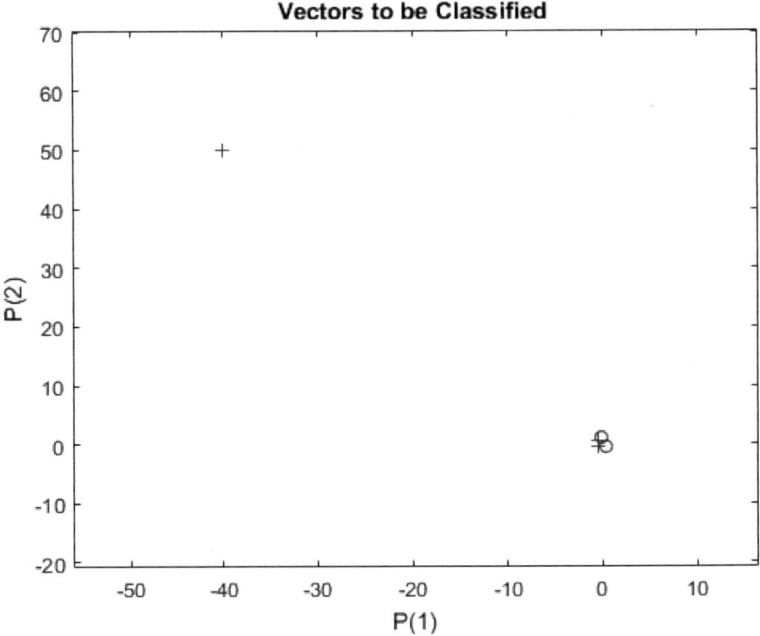

ADAPT devuelve un nuevo objeto red que funciona como mejor clasificador, la salida de la red y el error. Este bucle adapta la red y traza la línea de clasificación, hasta que el error es cero.

```
E = 1;
while (sse(E))
    [net,Y,E] = adapt(net,X,T);
    linehandle = plotpc(net.IW{1},net.b{1},linehandle);
    drawnow;
end
```

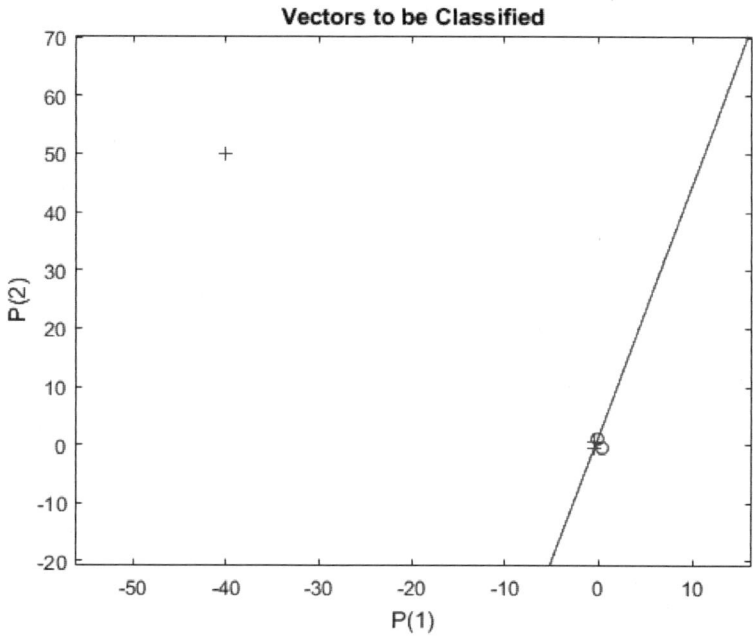

Obsérvese que el perceptrón tardó tres pasadas en acertar. Es mucho tiempo para un problema tan sencillo. La razón del largo tiempo de entrenamiento es el vector de valores atípicos. A pesar del largo tiempo de entrenamiento, el perceptrón sigue aprendiendo correctamente y puede utilizarse para clasificar otras entradas.

Ahora SIM se puede utilizar para clasificar cualquier otro vector de entrada. Por ejemplo, clasificar un vector de entrada de [0,7; 1,2].

Un gráfico de este nuevo punto con el conjunto de entrenamiento original muestra el rendimiento de la red. Para distinguirlo del conjunto de entrenamiento, se colorea en rojo.

```
x = [0.7; 1.2];
y = net(x);
plotpv(x,y);
circle = findobj(gca,'type','line');
circle.Color = 'red';
```

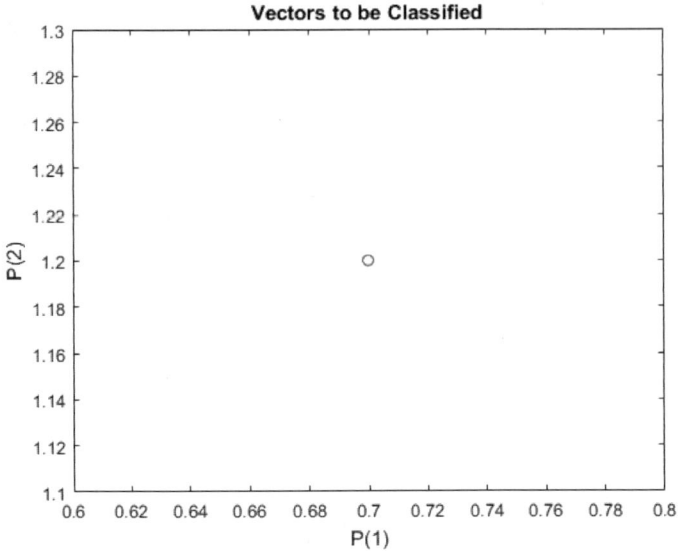

Activa la opción "Mantener" para que no se borre el gráfico anterior. Añade el conjunto de entrenamiento y la línea de clasificación al gráfico.

```
hold on;
plotpv(X,T);
plotpc(net.IW{1},net.b{1});
hold off;
```

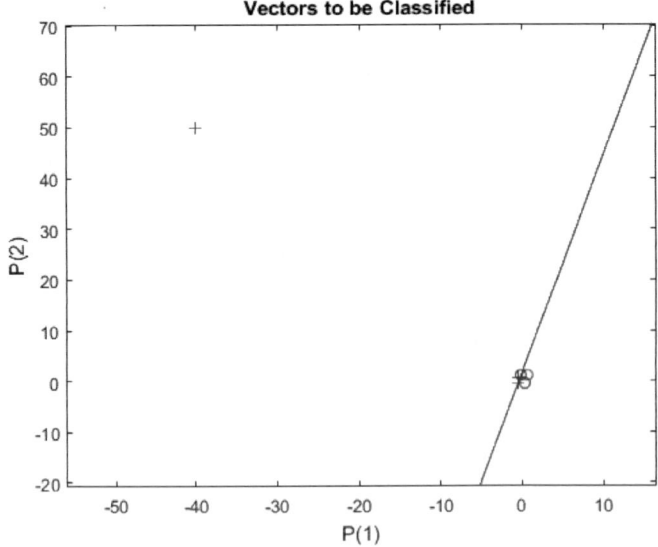

Por último, haz zoom en la zona de interés.

El perceptrón clasificó correctamente nuestro nuevo punto (en rojo) como categoría "cero" (representado por un círculo) y no como "uno" (representado por un signo más). A pesar del largo tiempo de entrenamiento, el perceptrón sigue aprendiendo correctamente. Para ver cómo reducir los tiempos de entrenamiento asociados a los vectores atípicos, consulte el ejemplo "Regla del perceptrón normalizado".

```
axis([-2 2 -2 2]);
```

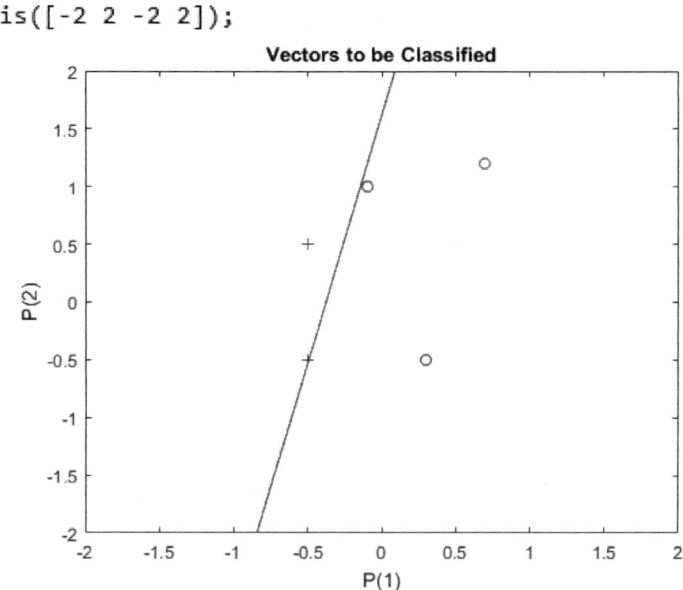

12.4 REGLA DEL PERCEPTRÓN NORMALIZADO

Se entrena una neurona de límite duro de 2 entradas para clasificar 5 vectores de entrada en dos categorías. A pesar de que un vector de entrada es mucho mayor que los demás, el entrenamiento con LEARNPN es rápido.

Cada uno de los cinco vectores columna de X define un vector de entrada de 2 elementos, y un vector fila T define las categorías objetivo del vector. Trace estos vectores con PLOTPV.

```
X = [ -0.5 -0.5 +0.3 -0.1 -40; ...
        -0.5 +0.5 -0.5 +1.0 50];
T = [1 1 0 0 1];
plotpv(X,T);
```

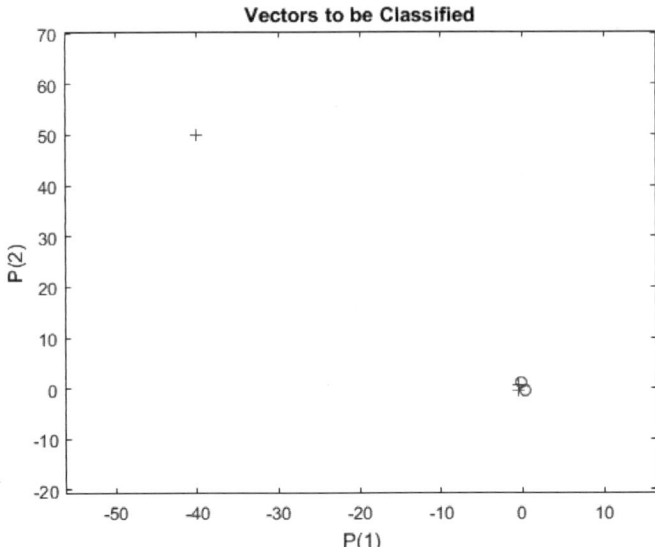

Observe que 4 vectores de entrada tienen magnitudes mucho menores que el quinto vector en la parte superior izquierda del gráfico. El perceptrón debe clasificar correctamente los 5 vectores de entrada en X en las dos categorías definidas por T.

PERCEPTRON crea una nueva red con la regla de aprendizaje LEARPN, que es menos sensible a grandes variaciones en el tamaño del vector de entrada que LEARNP (la predeterminada).

A continuación, se configura la red con los datos de entrada y de destino, lo que da lugar a los valores iniciales de sus pesos y sesgo. (Normalmente, la configuración no es necesaria, ya que ADAPT y TRAIN la realizan automáticamente).

```
net = perceptron('hardlim','learnpn');
net = configure(net,X,T);
```

Añade el intento inicial de clasificación de la neurona al gráfico.

Los pesos iniciales son cero, por lo que cualquier entrada da la misma salida y la línea de clasificación ni siquiera aparece en el gráfico. No temas... ¡vamos a entrenarlo!

```
hold on
linehandle = plotpc(net.IW{1},net.b{1});
```

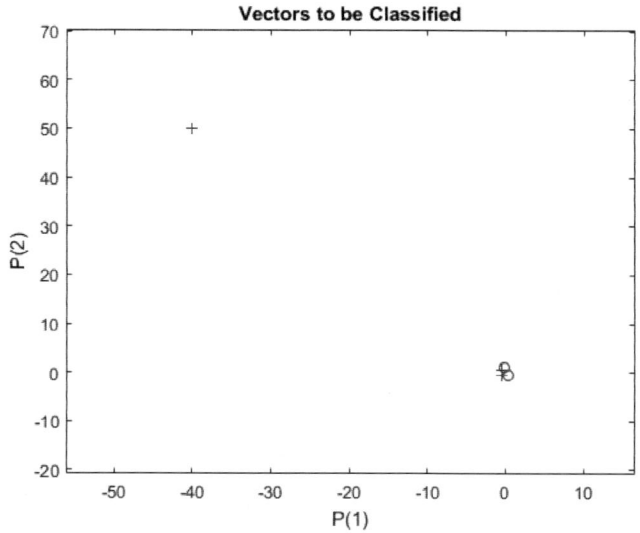

ADAPT devuelve un nuevo objeto de red que funciona como mejor clasificador, la salida de la red y el error. Este bucle permite que la red se adapte, traza la línea de clasificación y continúa hasta que el error es cero.

```
E = 1;
while (sse(E))
    [net,Y,E] = adapt(net,X,T);
    linehandle = plotpc(net.IW{1},net.b{1},linehandle);
    drawnow;
end
```

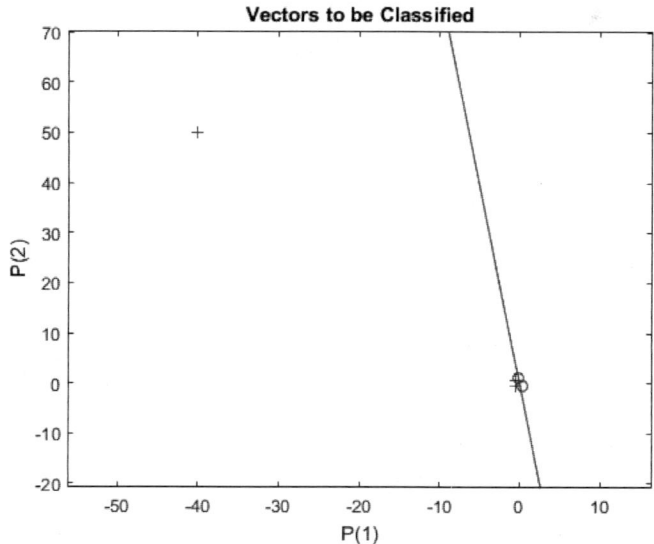

Obsérvese que el entrenamiento con LEARNP sólo requirió 3 epochs, mientras que resolver el mismo problema con LEARNPN requirió 32 epochs. Por tanto, LEARNPN funciona mucho mejor que LEARNP cuando hay grandes variaciones en el tamaño del vector de entrada.

Ahora SIM se puede utilizar para clasificar cualquier otro vector de entrada. Por ejemplo, clasificar un vector de entrada de [0,7; 1,2].

Un gráfico de este nuevo punto con el conjunto de entrenamiento original muestra el rendimiento de la red. Para distinguirlo del conjunto de entrenamiento, se colorea en rojo.

```
x = [0.7; 1.2];
y = net(x);
plotpv(x,y);
circle = findobj(gca,'type','line');
circle.Color = 'red';
```

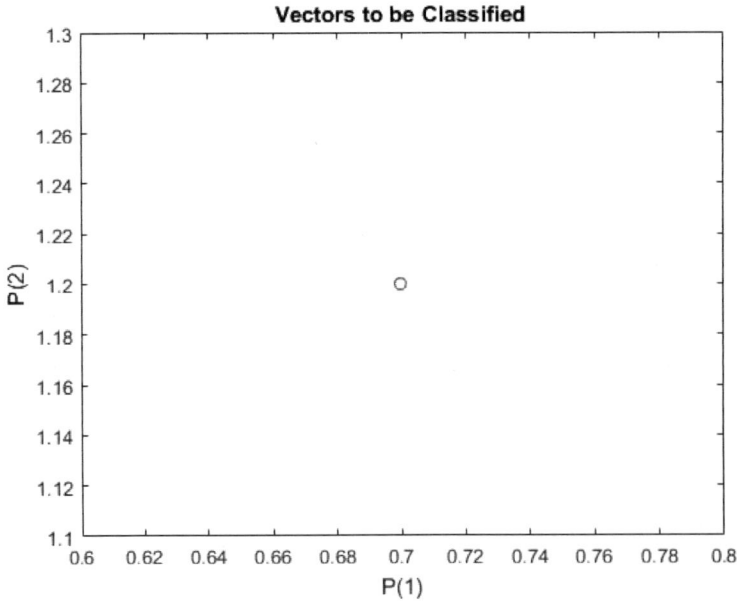

Activa la opción "Mantener" para que no se borre el gráfico anterior. Añade el conjunto de entrenamiento y la línea de clasificación al gráfico.

```
hold on;
plotpv(X,T);
plotpc(net.IW{1},net.b{1});
hold off;
```

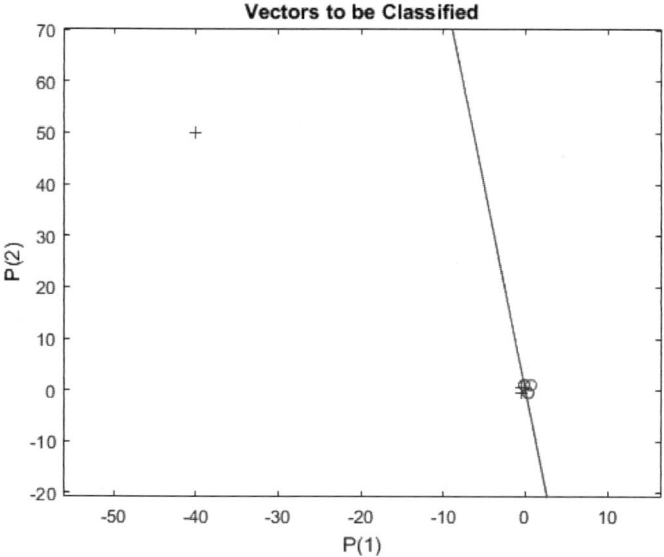

Por último, haz zoom en la zona de interés.

El perceptrón clasificó correctamente nuestro nuevo punto (en rojo) como categoría "cero" (representado por un círculo) y no como "uno" (representado por un signo más). El perceptrón aprende correctamente en mucho menos tiempo a pesar del valor atípico (compárese con el ejemplo "Vectores de entrada atípicos").

```
axis([-2 2 -2 2]);
```

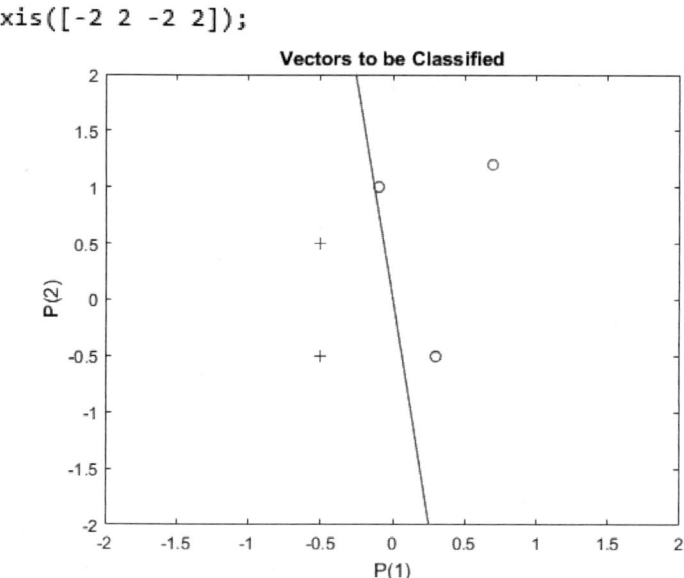

12.5 VECTORES LINEALMENTE NO SEPARABLES

Una neurona de límite duro de 2 entradas no consigue clasificar correctamente 5 vectores de entrada porque son linealmente no separables.

Cada uno de los cinco vectores columna de X define un vector de entrada de 2 elementos, y un vector fila T define las categorías objetivo del vector. Trace estos vectores con PLOTPV.

```
X = [ -0.5 -0.5 +0.3 -0.1 -0.8; ...
      -0.5 +0.5 -0.5 +1.0 +0.0 ];
T = [1 1 0 0 0];
plotpv(X,T);
```

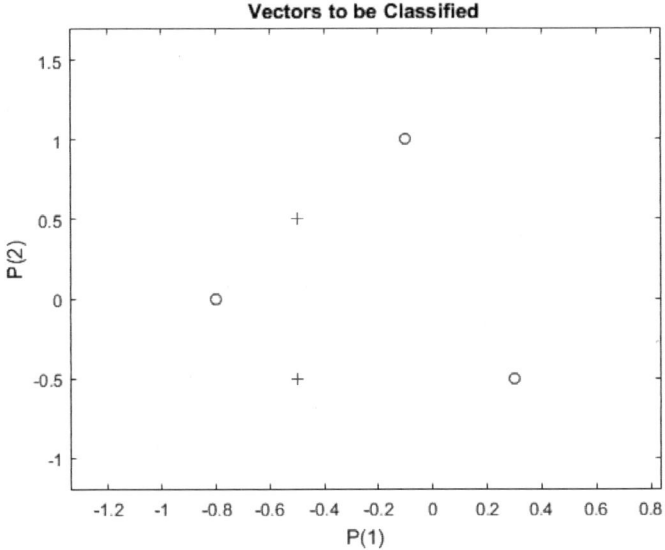

El perceptrón debe clasificar correctamente los vectores de entrada en X en las categorías definidas por T. Dado que los dos tipos de vectores de entrada no pueden separarse mediante una línea recta, el perceptrón no podrá hacerlo.

Aquí se crea y configura el perceptrón inicial. (El paso de configuración es normalmente opcional, ya que es realizado automáticamente por ADAPT y TRAIN).

```
net = perceptron;
net = configure(net,X,T);
```

Añade el intento inicial de clasificación de la neurona al gráfico. Los pesos iniciales son cero, por lo que cualquier entrada da la misma salida y la línea de clasificación ni siquiera aparece en el gráfico.

```
hold on
plotpv(X,T);
linehandle = plotpc(net.IW{1},net.b{1});
```

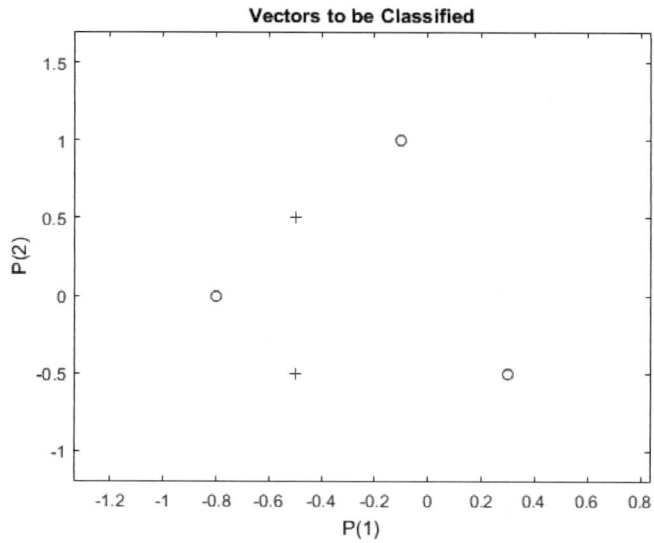

ADAPT devuelve una nueva red después de aprender sobre los datos de entrada y de destino, las salidas y el error. El bucle permite que la red se adapte repetidamente, traza la línea de clasificación y se detiene tras 25 iteraciones.

```
for a = 1:25
    [net,Y,E] = adapt(net,X,T);
    linehandle = plotpc(net.IW{1},net.b{1},linehandle);   drawnow;
end;
```

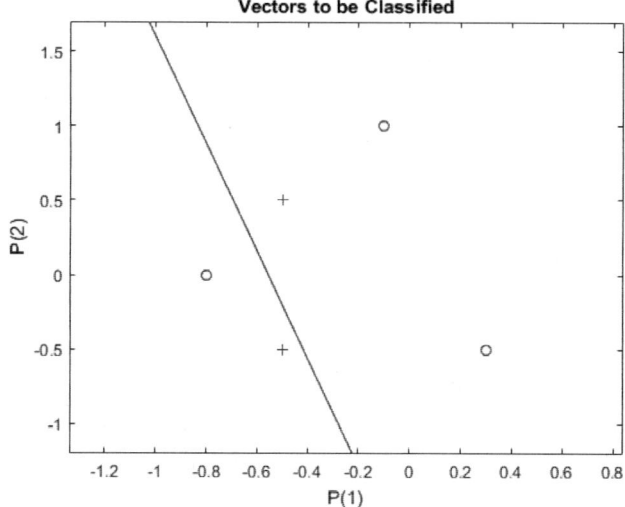

Obsérvese que nunca se ha obtenido un error cero. A pesar del entrenamiento, el perceptrón no se ha convertido en un clasificador aceptable. Sólo poder clasificar datos linealmente separables es la limitación fundamental de los perceptrones.